KB196358

놓치고 싶지 않은
나의 꿈 나의 인생

❶

놓치고 싶지 않은 나의 꿈 나의 인생 1

놓치고 싶지 않은
나의 꿈 나의 인생 1

부, 성공

THINK AND GROW RICH

나폴레온 힐 지음 | 권혁철 옮김

국일미디어

풍요로운 내일을
꿈꾸는 이들을 위하여

당신이 읽고 있는 이 책은 당신을 성공으로 이끈다. 이 책은 당신의 인생 목표가 무엇이건 그 목표를 반드시 달성시키기 위해 완전한 철학을 제공하려고 기획된 것이다. 그래서 당신이 성공하는 구체적인 방법과 당신이 목표를 향해 전력투구하도록 하는 에너지에 대해 상세하게 소개하였다.

당신에게 보다 확실하게 부와 성공과 행복을 가져다 주는 에너지는 어떤 것일까? 이 에너지는 당신이 어려운 일에 직면했을 때 좌절하거나 절망에 빠지지 않고 꿋꿋하게 대처할 수 있는 힘을 준다. 이것은 당신의 이상을 실현시키는 창조력의 원천이며, 험난한 인생 항로를 거뜬히 헤쳐 나가게 해주는 용기의 원천이기도 하다.

나폴레온 힐은 철강왕 앤드류 카네기를 만났을 때 그의 성공의 밑거름이 된 '성공철학'을 직감할 수 있었다. 그는 카네기와 절친해져 신뢰하는 사이가 되었는데, 어느 날 카네기로부터 자신의 성공철학을 책으로 묶어 세상 사람들에게 발표해 달라는 부탁을 받았다. 이렇게 하여 카네기의 성공철학을 소개한 『The Think and Grow Rich Action Pack』이 출판된 것이다.

이 책은 세상에 선을 보이자마자 불티나게 팔렸는데 무려 42판이나 계속 찍었다. 여기에 보다 더 많은 성공 사례와 자기 트레이닝 코스를 첨가한 이 책은, 당신의 모든 목표와 소망을 이루게 하는 길잡이가 될 것이다. 또한 당신에게 자기 인생을 개척하는 훌륭한 에너지를 제공할 뿐 아니라 지금 부와 성공과 행복을 누리고 있는 사람은 어째서 그러한가 그 이유에 대해 가르쳐 줄 것이다.

이 책에서 최고의 이익을 얻는 사람이란, 이 책의 핵심을 가장 많이 찾아 실천하는 사람이다. 그 중에서도 자신의 실정에 맞게 응용할 줄 아는 사람이다. 이 책은 남녀노소 모두에게 해당되는 자기계발서다. 지금 현장에서 경영을 하고 있는 사람은 자기의 성공에 대한 근원을 찾을 수 있으며, 앞으로 보다 나은 경영방법을 모색할 수 있다. 그리고 후계자를 어떻게 교육시킬 것이며 그들이 치열한 경쟁 속에서 살아남는 방법은 무엇인가 발견하는 데 도움을 줄 것이다.

장·노년층 사람들은 '현재의 직장이나 위치에서 어떻게 하면 더 많은 역량을 발휘할 수 있을까?', '정년 퇴직 후에는 제2의 인생을 어떻게 설계할 것인가'를 고민하고 해결책을 찾으려 애를 쓸 것이다. 바로 이 책이 그 모든 것을 도와주리라 믿는다.

청년층인 경우는 앞으로 무한한 가능성이 앞에 있다. 그들은 자기를 어떻게 활용하느냐에 따라 인생에 있어서 슬픔과 기쁨 중 하나를 맛볼 것이다. 그들은 살아가면서 한 번쯤은 힘에 부치는 난관에 처할 경우가 있을 것이다.

이 책은 이들의 난관에 대해 새로운 시도를 할 수 있는 의욕과 방법을 제공해 줄 것이다. 또 그전에 사용했던 방법이나 실천에 대한 반성과 새로운 각오를 하게 할 것이다.

해보지도 않고 못한다고 말하지 말라. 차근차근 읽고 생각하여 이 책을 당신의 일부분이 되게 활용한다면, 당신은 이 사회에서 우뚝 솟아오를 수 있을 것이다.

누구나 성공으로 가는
궤도 위에 오를 수 있다

누구에게나 놓치고 싶지 않은 꿈이 있고 바라는 인생이 있다. 어떻게 하면 자신의 인생과 꿈을 성공적으로 이끌 수 있을까?

내가 이 해답을 찾기 시작한 것은, 신출내기 기자시절에 철강왕 앤드류 카네기를 만난 후부터였다. 그는 자신의 성공철학에 대해 상세하게 일러주며 이를 완성해 달라는 부탁을 해왔다. 그리고 인생의 패배자로서 생애를 마칠지도 모르는 수많은 사람들을 위해 성공철학을 20년 이상 계속 연구할 각오가 있는지 물었다. 나는 그때 "반드시 해내겠습니다"라고 대답했고, 지금에 와서야 그 약속을 지키게 되었다.

이렇게 카네기가 제시한 인생의 원리를 바탕으로 하여, 성공에 이르는 구체적인 행동법칙을 13단계로 나누어 소개하게 된 것이다. 이 13단계의 행동법칙은 그동안 여러 형태로 살아가는 수천 명의 사람들에게 실제로 적용해본 결과, 그 효과가 확연히 입증되었다.

카네기가 희망하던 대로 이 성공철학은 수많은 사람들의 조력자가 되어 왔는데, 그 중에는 위대한 업적이나 막대한 부를 쌓아올린 사람도 적지 않으며 자신의 인생을 성공적으로 이끈 사람 또한 헤아릴 수가 없을 정도이다. 어느 사업가의 경우, 이 철학을 잘 활용함으로써 도산 직전에 있던 사업을 거뜬하게 재건하였다.

만일 지금 당신의 마음과 몸이 지쳐버릴 정도로 어려운 문제에 봉착되어 있거나 혹은 질병이나 신체적인 결함 등의 약점을 짊어지고 있다면, 이 책에서 말하는 성공철학을 이해하고 실천함으로써 인생의 사막 가운데 있는 희망이라고 하는 오아시스를 발견하길 바란다.

내가 러셀 대학에서 홍보부장을 맡고 있을 무렵, 총장인 J. G. 채플린과 자유롭게 면회를 할 수 있었는데 그가 이 성공철학을 활용하여 이름뿐인 그 대학을 세계적인 유명 대학으로 만들어가는 것을 똑똑히 지켜볼 수 있었다.

뿐만 아니라 이 인생의 성공철학은 제1차 세계대전 중 W. 윌슨 대통령에 의해 정식으로 전군인의 교육 과목에 채택되어, 전선으로 가는 장병들에게 대단한 용기를 주었다. 후에 W. 윌슨 대통령은 이 성공철학이야말로 대전을 치루는 데 있어서 가장 중요한 재산이며 힘이었다고 말했다.

이처럼 이 책에 나오는 내용을 공공의 학교 교육이나 대학 등에서 채택한다면 그 효력은 현재 교육에 소비되고 있는 시간을 줄일 수 있을 것이라고 자신있게 말하고 싶다.

또한 이 성공철학은 교육이 있고 없고에 관계없이 진실로 원하는 사람만이 사용해 주기를 바란다. 이 책에서 최대의 이익을 얻으려면 진심으로 하고자 하는 마음의 준비가 되어 있어야 한다는 것을 필요 조건으로 하고 있기 때문이다.

나의 경험으로는 자신의 의지로 이 성공철학을 활용해서 실패한 사람을 보지 못했다. 또 이 철학을 이용하지 않고 무엇인가 위대한 일을 성취한 사람을 만난 적도 없다. 이 두 가지 사실에서 단언할 수 있는 것은 교육이라고 일반적으로 불리우고 있는 것보다도 이 '인생의 성공철학'이 인생에 있어서 훨씬 큰 중요성을 내포하고 있다는 사실이다.

이 책에서 '인생의 성공철학'이라는 말은 수없이 언급되고 있으나, 실은 그 명칭에 대하여는 전혀 소개되어 있지 않다. 그것은 그 명칭보다는 본질을 파악해 주었으면 하는 나의 바람에 의한 것이다. 또 카네기 자신도 나에게 그 내용만 조용히 말하였을 뿐, 그 명칭에 대하여는 언급하지 않았다.

한 가지 덧붙이자면, 이 책에 소개된 내용은 모두 실화이며, 세계적으로 인정받고 있는 진실이라는 것을 믿어주기 바란다. 나는 이 진실을 전함으로써 당신에게 무엇을 어떻게 할 것인가를 제시해주고, 행동하도록 용기를 주기 위해 이 책을 쓴 것이다.

끝으로 이 인생의 성공철학이 믿기 어려울 정도의 위대한 힘을 가졌다는 것을 증명하기 위해 다음과 같이 부언해 둔다.

"성공하거나 혹은 부자가 된 사람들은 모두 한결같이 성공하거나 혹은 부자가 되기를 마음속에서 진실로 바라고 있었다. 따라서 당신이 찾고 있는 것이 무엇인가 하는 것을 잊지 않는 한, 반드시 성공으로 가는 문은 열리게 될 것이다."

독자 여러분은 이미 마음의 준비를 했으리라고 생각하므로, 이제 이 인생의 성공철학의 모습이 독자들 눈앞에 나타나길 기다릴 뿐이다.

나폴레온 힐

인생의 어느 부분을
쳐야 하는가

━━━━━ 힌두교의 옛 경전 중에는 다음과 같은 말이 들어
있다.

"인간은 자기가 생각하고 있는 것과 같은 인간이 된다."

당신이 어떻게 자신의 마음을 가지는가에 따라 당신이 어떤
사람이 되는가가 결정된다. 지금 한 말의 뜻을 충분히 이해할 수
있다면 당신은 인생에 대해 극히 중요한 진리를 발견했다고 할
수 있다. 당신은 자기가 가지고 있는 문제·염려하는 일·욕구 불
만·불안 등의 원인을 확실하게 알게 될 것이다. 그리고 마음을
넓게 가지고 유연하게 사물을 생각하는 가운데에서 비로소 기
쁨·풍요·행복·훌륭한 인생의 근원이 존재한다는 것을 이해하게
될 것이다.

어느 시대에서나 지혜가 있는 사람은 자기가 생각한 대로의
사람이 된다는 원리를 활용하여 인생을 영위하도록 가르치고 있
다. 석가는 "우리들의 존재 자체가 우리들이 생각한 것의 결과이

다"라고 했으며 로마제국의 철학자였던 마르쿠스 아우렐리우스는 "우리들 인생은 사고에 의해 만들어진다"라고 설파했다. 이와 마찬가지로 당신도, 당신이 생각하고 있는 세계 속에 살고 있다.

대부분의 사람들은 소극적인 생각이나 의심하는 생각이 완전히 몸에 배어버려 사람들의 말을 바르게 받아들이려고 하지 않는다. 그들은 자기의 생각이 청사진이 되어 사회인으로서 어떤 인생의 길을 걸어야 하는가 결정되는 것을 확인하려고 하지 않는다. 이런 사람들은 자기가 가진 문제·염려하는 일·불안·자신의 지위 등이 뜻대로 되지 않으면 정황이나 남의 탓으로 돌리거나 운이 아주 나빴기 때문에 하는 수 없었다고 자신을 위로하고 만다.

또는 자기가 자기에게 변명하거나 자신은 '생각하는 것이 지나치게 많다'고 여길지도 모른다. 아마도 염려하는 일·책임·힘드는 일 등을 한몸에 짊어져 짓눌리고 말 것이 아닐까 하는 생각이 들었으리라. 그리고 지금 세상은 너무나 복잡하기 때문에 불안한 요소가 끊이지 않아 심신이 함께 지쳐버렸다고 생각했을 것이다.

이 침체되고 망설이기 쉬운 분위기가 나날의 생활에 필요한 열의를 앗아가게 된다. 당신은 '전혀 방법이 없다. 이것저것 지나치게 생각을 하고 있다'는 것을 깨닫게 될 것이다.

그러면 어떻게 해야 되겠는가? 한꺼번에 당신은 도대체 몇 가지 일을 생각할 수 있을까? 물론 답은 하나이다. 한 가지 일 이상은 하지 못한다. 단지 생각하고 있는 것이 소극적이기 때문에 많은 일을 생각하고 있는 것처럼 느껴졌을 뿐이다. 즉 소극적인 마음가짐은 걱정·두려움·의혹·반감·자신에 대한 연민 따위를 불러일으키는 것이다.

따라서 사람이란 여러 가지 일을 동시에 생각하지 못한다는 이치를 이해하고, 한 가지 생각만을 강력히 실천해 보라. 그렇게 되면 당신은 뛰어난 재능이 있다는 것을 알게 될 것이다. 무엇인가 사고를 할 때 테마를 하나로 가지고 있다는 것은 당신의 모든 재능 즉, 얼굴이 잘 생겼다거나 달리기를 잘한다는 특징이나 또는 어떤 부나 기쁨보다도 당신에게 훨씬 가치있는 것이다.

그렇지만 당신에게는 생각을 선택할 자유를 빼앗으려고 하는 힘이 작용을 한다. 외부로부터 작용을 하는 것의 예를 들어보면, 최면술적 세뇌·마취제·강력하고 반복적인 선전 등 이것은 모두 자기의 생각을 선택하지 못하게 한다.

또 당신 자신이 선택의 자유를 빼앗는 경우도 있다. 소극적인 마음가짐이 바로 그것이다. 이 마음가짐은 매우 잔인한 악당으로 재능을 사정없이 죽여버린다. 이유는 잘 모르겠으나 인간은 적극적인 마음가짐과는 친근해지지 않고 반대로 소극적인 마음가짐에는 꼼짝 못하는 포로가 된다. 그리고 소극적인 생각이 더욱 단단하게 뿌리를 내릴수록 당신의 능력 즉 생각을 선택하는 일을 발휘하기가 더욱 어렵게 된다.

자기에 대한 연민·탐욕·시기·질투·욕설·열등감 따위에 대해 생각하거나 마음속에 이러한 감정이 일어나는 것을 방치해두면, 이런 생각이나 감정은 잡초처럼 자라 무성해져서 생각을 선택할 자유를 쫓아버리게 된다. 생각을 선택하는 능력을 자유자재로 컨트롤하고 싶으면 자신의 생각 가운데 자기에게 이로운 것과 이롭지 못한 것은 어떤 것인가를 알고 있어야 한다.

이것은 마치 공장의 제조 라인에 고장을 일으킨 기계와 같은 것이다. 수리가 시작되고 몇 시간이 지났으나 고쳐지지 않아 마침내는 전문가를 불러왔다. 그는 기계 주위를 5~6회 돌면서 주의 깊게 조사했다. 그리고 주머니에서 분필을 꺼내더니 기계 한 귀퉁이에 조그맣게 X표를 하고, 그 X표한 곳을 향해서 망치로 힘껏 내리쳤다. 그는 "자, 이제 기계는 잘 움직일 것이요"라고 말했다. 기계에 스위치를 넣었더니 그의 말대로 기계는 원활하게 움직이기 시작했다. 종업원들은 각자 자기 일을 다시 시작했다.

얼마 후, 이 회사에 그 전문가로부터 서비스료라는 명목으로 200달러의 청구서가 날아왔다. '이건 정말 엉터리다'라고 생각한 경리 담당이 화가 나서 소리쳤다.

"망치로 기계를 내리쳤을 뿐인데 200달러라니!"

그래서 그는 전문가에게 청구서를 되돌려보내고 명세서를 요구했다. 그랬더니 며칠 뒤에 다음과 같은 회신이 왔다.

〈서비스에 관한 명세서〉

기계를 망치로 치는 일	5달러
망치로 칠 곳을 찾는 일	195달러
합계	200달러

중요한 것은 어디를 쳐야 하는가를 아는 일이다. 사고를 처리하는 경우나 마음을 관리하는 경우에도 성공의 비결은 이 점에 있다.

당신 손에 들려 있는 이 책이 그 점에서 도움이 될 것이다. 이 책은 당신의 마음이라는 정원 안을 안내하여 당신을 기다리고 있는 아름다움과 행복과 부의 지름길로 인도할 것이다. 그리고 당신 능력의 앞을 가로막고 있는 잡초를 어떻게 제거하면 되는가를 가르쳐 줄 것이다.

주의를 기울여 이 책을 읽어 주기 바란다. 그리고 그것으로 끝나면 안 된다. 공부를 계속하고 남들과 이야기를 나누어 당신 내면의 움직임과 그 마음속을 지나는 생각에 대해 더욱더 노력해 주기 바란다.

지금 당신은 무엇을 생각하고 있는가? 마음속에 품고 있는 생각은 모두가 마음가짐이 된다. 그리고 당신의 마음가짐이 당신이라는 인간을 만들게 된다.

이상과 같은 사견을 여러분에게 전해 드릴 기회를 얻게 되어 감사의 뜻을 표한다. 지금 말한 것을 참고 삼아 생각한다는 것의 중요성을 깨닫게 된다면 나로서는 그보다 더한 기쁨은 없다. 생각을 관리하는 것은 인생을 관리하는 것이다.

미국의 유명한 심리학자인 윌리엄 제임스는 이런 말을 했다.

"우리 세대의 가장 위대한 발견은 자신의 마음가짐을 바꾸는 것으로 해서 자신의 인생을 바꿀 수가 있다는 것이다."

이것은 지금의 세대에도 부합되는 지당한 말이다.

퍼스널 다이나믹스사 회장

보브 컨클린

| 차례 |

Think
And
Grow
Rich

**시작
하기**

생각에 따라

삶이 달라진다

当신의 마음속에는
당신을 성공시키는 힘이 잠재하고 있다.
그러므로 노(NO)라는 말 대신에 예스(YES)라는 말로
당신의 마음에 새긴 이상을 받아들여야 한다.
당신의 인생은 당신 자신이 창조해낸다.

사실 사고(思考)라는 것은 하나의 물체이다. 인간이 머리 속에서 '생각하거나, 느끼거나' 하는 것은 틀림없이 분명한 하나의 물체이다. 분자와 부피와 무게 그리고 에너지를 지닌 물체이다. 지금까지 사고에 대한 개념은 근본적으로 잘못되어 있었다. 사고는 결코 추상적인 것이거나 형이상학적인 것이 아니다. 사고는 구체적인 물체이다.

그러므로 이 사고가 인내력 또는 불타오르는 소망과 융화하여 성공을 향해 그 활동이 개시될 때, 사고는 강렬한 에너지를 가진 물체로서의 성질을 발휘하기 시작한다.

수년 전, 에드윈 C. 번즈는 인생의 위대한 진리를 발견했다. "인간은 진지하게 생각함으로써 풍요롭게 될 수 있다"는 것이 바로 그것이다. 그러나 그는 그것을 곧바로 실증하지는 못했다. 훗날 그가 위대한 발명가 에디슨과 공동 사업을 하게 되면서 점차 이 진리는 증명되어 갔다.

번즈가 에디슨과 공동 사업을 꿈꾸고 있을 무렵, 이미 그의 마음속에는 '에디슨을 위해서 일하는 것이 아닌 에디슨과 함께 일을 하고 싶다'는 결정적인 마음가짐이 형성되어 있었다. 여기에서 번즈가 어떻게 그 소망을 달성하였는가를 관찰해 보면 자신에게 도움이 되는 그 무엇을 포착하게 될 것이다.

번즈는 '에디슨과 함께 일을 해보고 싶다'라는 소망을 가졌을 때 당장 그렇게 되기 위해서 무엇부터 해야 할 것인가 판단을 내리지 못했다. 그뿐만 아니라 그는 두 가지의 커다란 문제를 가지고 있었다. 하나는 아직까지 에디슨을 한 번도 만난 적이 없다는 것이고, 또 하나는 에디슨 연구소가 있는, 뉴저지 주의 이스트 오렌지까지 가는 기차표를 살 돈이 없다는 것이었다.

이것만으로도 대부분의 사람을 낙담시키기에 충분한 것이었으나 에드윈 C. 번즈의 소망은 누구보다도 강렬하였다.

그는 자신의 꿈을 현실로 이뤄낼 방법을 찾기 시작했다. 결국 그는 화물차 짐칸에 몰래 올라타 이스트 오렌지까지 가는 것을 택했다.

에디슨과의 만남

마침내 어렵게 에디슨 연구소를 찾아간 번즈는 이렇게 말했다.

"에디슨 씨, 나는 당신과 공동 사업을 하고 싶어 먼 길을 찾아왔습니다."

이것이 에디슨과 번즈와의 첫 만남이었다. 뒷날 에디슨은 이때의 감상을 다음과 같이 술회했다.

"처음 내 앞에 나타났을 때 번즈는 흔히 있는 떠돌이 부랑자의 모습이었습니다. 그러나 그의 표정은 한번 결심한 것은 반드시 해내고야 만다는 강인한 성격을 나타내고 있었습니다. 그후 그와 공동으로 사업을 시작하고부터 알게 된 사실이지만, 번즈는 이루고자 하는 것이 있으면 그 단 하나의 소망에 자기의 모든 것을 걸었으며, 최후에는 반드시 승리를 거두는 뛰어난 능력의 소유자였습니다. 어느 때, 나는 그에게 기회를 주기로 마음먹었습니다. 그것은 성공할 때까지 그 신념을 반드시 관철시키려는 결의가 그에게 있다는 것을 확신했기 때문입니다. 물론 그러한 나의 판단이 옳았다는 것은 말할 것도 없습니다."

당시 번즈의 행색은 에디슨 연구소에는 결코 어울리지 않았다. 그럼에도 불구하고 참 가치를 끌어낸 것은 그의 '사고(思考)'였던 것이다. 하지만 처음부터 번즈가 공동으로 사업을 하게 된 것은 아니었다. 보통의 임금으로 고용된 직원에 지나지 않았다.

수개월이 지나도 번즈가 목표로 한 기회는 좀처럼 다가올 기색이 보이지 않았다. 그러나 에디슨과 동업을 하겠다는 그의 굳은 결심에는 변함이 없었다.

심리학자의 분석에 의하면 '사람은 마음속에 무엇인가 결의를 다지고 있으면 그 계획이 준비 단계에 있을 때부터 이미 그것이 용모에 나타나기 시작한다'라고 하는데 당시 번즈의 용모는 이미 에디슨의 공동 경영자였다. 그의 결의는 더욱더 굳어져 목표를 달성할 기회가 도래할 때까지 마음의 준비를 완전히 갖추고, 조용히 대기하고 있었던 것이다.

그는 '언제까지 이 상태로 있어야 하는가? 이럴 바에야 차라리 마음 고쳐먹고 다른 곳에서 일거리를 찾아보는 게 낫지 않을까?' 하는 생각 따위는 일체 하지 않았다. 시종일관 그는 '남은 생애의 모든 것을 걸어서라도 기필코 에디슨과의 동업을 이루고 말겠다'라고 굳게 다짐하고 있었으며 진실로 그 실현을 믿고 있었다.

아마도 당시에는 번즈 자신도 그 힘의 중요성을 정확하게 인식하지 못했을지도 모른다. 그러나 이 목표 의식의 강렬한 힘은 모든 반대 의견을 뒤엎고 끝내는 그 자신의 운명을 활짝 꽃피우는 결과를 가지고 왔던 것이다.

기회는 뒷문으로부터 온다

드디어 기다리던 기회의 문이 열렸다. 그런데 그것은 번즈가 기대했던 것과는 다른 형태로 나타났으며 그 방향도 전혀 예상하지 않았던 것이었다. 이것은 기회가 가지고 있는 속성 중의 하나로, 기회는 항상 뒤로부터 살그머니 다가오는 장난스러운 습성이 있다. 또한 기회는 불운이나 일시적인 패배의 그늘에 숨어 은밀히 찾아온다. 그래서 많은 사람들은 흔히 이 기회를 놓치고 만다.

마침 이 무렵, 에디슨은 신제품인 '에디슨 축음기'를 완성했는데, 에디슨 연구소의 영업 사원들은 이 신제품에 그다지 흥미를 가지지 않았다.

그러나 번즈는 이것이야말로 기회라고 직감하고 그 신제품의 판매를 맡고 싶다는 의사를 밝혔다. 그 결과 번즈는 이 축음기를 훌륭하게 팔아치웠고, 마침내 미국 전체의 판매권을 획득하게 되어 큰 부를 손에 쥐었던 것이다. 또한 그때 번즈는 대단한 진리를 깨닫기 시작했다. 그 진리란 '진지하게 생각을 거듭하면 반드시 성취된다'라는 확신이었다.

당시, 번즈가 바라고 있던 부가 어느 정도인지는 모르겠으나 그는 이때에 이미 2~3백만 달러를 손에 넣고 있었던 것으로 안다. 그러나 그 금액보다도 더욱 중요한 것은 '마음속에 싹튼 소망이 말에 의해 명확한 형태를 가지면, 그것은 반드시 구체화되고 현실의 것이 되어서 손에 들어오게 된다'는 결정적인 사실을 체험한 것이었다.

번즈는 끝내 소망을 이뤄 에디슨과 공동 경영자가 될 수 있었다. 게다가 막대한 부도 쌓았다. 그가 출발 시에 가지고 있었던 것은 '내가 바라는 것은 이것이다'라는 명확한 소망과 그 소망을 성취할 때까지 결코 마음을 돌이키지 않겠다는 굳은 결의뿐이었다.

너무나 빠른 단념

실패의 최대 원인은 일시적인 패배에 너무나 간단하게 단념해버리는 것이다. 이것은 누구나 한두 번의 경험이 있지 않을까?

금광을 찾아 너도나도 서부로 몰리던 골드러시 시대에 R. U. 더비와 그의 숙부도 광맥을 찾겠다는 열기에 들떠서 서부로 떠났다. 그러나 숙부는 "금괴보다 중요한 것은 사람의 마음속에 있다"는 진리를 모르고 있었기 때문에 크게 실패하게 된다.

숙부는 삽과 곡괭이를 가지고 서부를 돌아다녔다. 그리고 곧 광맥을 찾아냈다. 그런데 금을 채굴하기 위한 기계와 장비가 필요했기 때문에 그는 잠시 광산을 폐쇄하고 메릴랜드 주 윌리엄즈 파크의 고향으로 돌아갔다. 그리고 친척과 이웃에게서 자금을 빌려 필요한 것을 구입하고서 다시 광산으로 돌아왔다. 더비와 숙부가 파낸 광석은 콜로라도 주에서 가장 질이 좋은 것이라는 인정을 받았다. 그렇기 때문에 그들은 금방 빚을 갚을 수가 있었으나 큰 실패는 그 다음에 일어났다.

착암기로 파내려가는 것만큼 그들의 꿈도 크게 부풀어갔으나 어느 날 갑자기 금광맥이 사라져 버린 것이다. 그들의 꿈은 허무하게 무너졌고 그곳에는 이제 한 조각의 금도 남아 있지 않았다. 그래도 그들은 절망과 싸우면서 기도하는 마음으로 차근차근 착암기로 파내려갔다. 그러나 결국 모든 것이 물거품으로 돌아가 버린 것을 인정해야만 했다. 그들은 채굴 설비를 몽땅 싼값으로 고물상에게 팔아치우고 고향으로 돌아갔다.

그런데 그 설비를 산 고물상은 혹시나 하여 광산기사를 데리고 가서 이 광산이 정말로 가망이 없는지 조사해 보았다. 그 결과, 더비가 이 광산을 포기해야만 했던 원인이 나타났다. 그들은 단층(斷層)에 관한 지식이 없었던 것이다. 조사를 맡은 광산기사의 계산에 의하면 금광맥은 더비와 숙부가 채굴을 단념한 지층으로부터 1m 아래에 나타나게 되어 있었다. 실제로 그 지층으로부터 금광맥이 재발견되었다. 고물상 주인은 이 광맥에서 몇백만 달러라는 금광석을 파냈던 것이다.

이것은 소망을 단념하기 전에 보다 큰 확신을 기하기 위해 전문가의 의견을 듣는다는 지식과 그리고 그렇게 할 마음의 여유를 가진 자에게만 주어지는 대가였다.

절망 저편에 성공이 기다리고 있다

나중에 그 이야기를 들은 더비는 뼈저리게 후회했다. 그러나 그후 이 대실패의 경험은 더비가 생명보험회사에서 세일즈맨으로 일하게 되고부터 크게 도움이 되었다. 서부에서 겪은 대실패는 너무 쉽게 포기했기 때문이라는 것을 깨달은 더비는, 이것을 새로운 보험 세계로 뛰어든 자기 자신의 철저한 교훈으로 삼았다.

"목표한 손님이 노(NO)라고 해도 결코 단념하지 않겠다. 광산에서 당한 실패를 두 번 다시 되풀이하지 않아야지!"라고 다짐한 더비는 연간 100만 달러가 넘는 실적을 올리는 등 단시간에 세일즈맨으로서 성공을 거두었다.

그는 '단념하는 사나이'에서 '한번 달려들면 결코 놓치지 않는 끈질긴 사나이'로 변신했다. 어느 경우이든 성공을 획득할 때까지의 인생, 그것은 절망과 좌절의 반복이다. 일시적인 패배에서 모든 것을 단념하기란 매우 간단한 일이며, 더욱이 그 좌절에 그럴 듯한 변명을 다는 것은 그다지 어렵지 않다. 그래서 대부분의 사람들은 일시적인 난관을 만나면 곧 소망을 포기하게 된다.

미국에서 성공한 사람으로 불리워지는 500명 이상의 사람들이 나에게 이야기한 말의 공통점은 "위대한 성공이라는 것은 사람들이 패배의 투구를 벗은 시점을 불과 얼마 지나지 않았을 때에 찾아온다"라는 것이었다. 실패라는 것은 교활하고 악아서 마치 사기꾼과 같은 것이다. 우리가 성공에 손이 닿게 될 때에 필요한 것은 이 사기꾼에게 현혹되지 않는 명민한 지식이다.

어른을 꼼짝 못하게 한 소녀

더비가 하드녹스 대학을 졸업하고 금광에서의 경험을 살려, 인생의 새로운 첫걸음을 내딛으려는 결심이 굳어짐에 따라 행운의 문이 그의 눈앞에 열리기 시작했다. 그는 '노(NO)'라는 말이 반드시 진실한 '노(NO)'를 의미하는 것이 아니라는 사실을 차츰 알게 되었다.

어느 날 오후, 더비가 숙부를 도와 낡은 맷돌로 밀을 빻고 있을 때의 일이었다. 그의 숙부는 많은 흑인 소작인들을 거느린 대농장의 경영자였다. 그때 조용히 방앗간 문이 열리더니 어느 흑인 소작인의 작은 딸이 들어왔다.

숙부는 그 소녀를 돌아다보고 쌀쌀맞게 말했다.

"무슨 일이냐?"

그녀는 귀여운 목소리로 대답했다.

"엄마가 50센트를 받아오라고 하셨어요."

"안 돼! 빨리 돌아가."

"네."

소녀는 고분고분하게 대답을 했지만, 한 발자국도 그곳에서 움직이려고 하지 않았다.

숙부는 일에 열중하고 있었기 때문에 소녀가 그 자리에 아직 서 있는 것을 알지 못하고 있었다. 숙부가 다시 얼굴을 들었을 때 아직까지 서 있는 소녀를 보고 버럭 소리를 질렀다.

"집으로 돌아가라고 했는데 뭘하고 있느냐? 빨리 가지 않으면 혼내 줄 테다."

그러자 소녀는 다시 대답했다.

"네."

그러나 역시 꼼짝도 하지 않았다.

숙부는 맷돌에다 쏟아 넣으려던 밀가루 포대를 바닥에 놓더니 곁에 있는 저울대를 집어들고 험악한 얼굴로 소녀 쪽으로 다가갔다. 데비는 숨을 죽이고 돌아가는 사태를 지켜보았다. 몹시 화가 난 숙부의 얼굴 표정으로 봐서 틀림없이 당장 큰일이 벌어질 것 같았다.

숙부가 소녀 앞에 당도하기 직전 소녀가 먼저 한 발 다가섰다. 그리고 숙부를 올려다보면서 또렷한 목소리로 이렇게 말했다.

"어쨌든 엄마는 50센트가 필요한 걸요."

숙부는 걸음을 멈추고 찬찬히 소녀의 얼굴을 들여다보더니 저울대를 바닥에 놓고 주머니에서 50센트를 꺼냈다. 그리고 소녀에게 그 돈을 내밀었다.

돈을 받자 소녀는 방금 싸워서 이긴 상대의 눈을 응시한 채 천천히 문쪽으로 뒷걸음질쳐 갔다. 소녀가 방앗간에서 나가 버리자 숙부는 상자 위에 걸터앉아 그대로 10분 이상이나 창 밖의 허공을 바라보고 있었다. 숙부는 공포에 가까운 기분으로 방금 체험한 일을 생각하고 있었던 것이다.

더비도 또한 생각에 잠기었다. 어린 흑인 소녀가 백인 어른을 완전히 압도해 버리는 것을 본 것은 이번이 처음이었다. 도대체 그녀는 어떻게 이런 일을 해냈을까? 어떤 불가사의한 힘으로 그 소녀는 승리자가 되었을까? 여러 가지 의문이 차례로 더비의 머리 속을 스쳐 지나갔다. 그러나 그 해답을 발견한 것은 그후 몇 년이 지난 다음, 내가 이 사건에 대한 이야기를 다시 들었을 때였다.

우연하게도 나는 이 경험담을 이전에 더비의 숙부가 밀을 빻고 있던 그 낡은 방앗간 안에서 들었다.

부정 뒤에 긍정이 있다

곰팡내 나는 낡은 방앗간 안에서 꼼짝 않고 선 채, 더비는 자신의 눈으로 보았던 그 불가사의한 일을 곰곰이 생각하고 있었다. '도대체 어떻게 된 일이었을까? 격노한 숙부를 그처럼 완벽하게 압도하다니. 얼마나 무서운 아이인가?'

더비의 이 의문에 대한 해답은 이 책 어딘가에서 완전한 모양으로 상세하게 설명하고 있으므로 꼭 찾아내기를 바란다. 그리고 그 작은 소녀가 우연히 발휘했던 불가사의한 힘을 몸에 지니도록 활용했으면 한다.

냉정하게 한 번 더 이 사건의 본질을 분석해 보면, 도대체 어떤 불가사의한 힘으로 그 소녀가 위기를 모면했는지 알게 될 것이다. 어쨌든 이 책 어느 곳이든 당신의 직감력을 길러 모든 장애를 물리칠 수 있는 힘을 발휘하는 방법이 잠재해 있다.

그 수수께끼는 제1단계(STEP 1)에서 해명되거나 혹은 다른 단계에서 갑자기 당신의 마음에 번뜩일지도 모른다. 또한 하나의 아이디어로 발견될지도 모르며 혹은 목표와 그 계획으로 체계적인 형태를 취하고 있을지도 모른다. 아무튼 그 번뜩임이 당신 눈앞에 나타났을 때 과거의 패배와 좌절로부터 당신은, 그 과거의 경험을 새롭게 활용할 수가 있을 것이다.

어린 흑인 소녀가 무심히 사용한 그 불가사의한 힘의 수수께끼에 대한 이야기가 끝났을 때, 더비는 생명보험의 세일즈맨으로 활약해 온 과거의 인생을 뒤돌아보고 그 소녀가 그에게 가르쳐 준 것에 대해 이렇게 말했다.

"나는 이제 틀렸구나 하고 생각되는 경우가 있으면, 항상 이 낡은 방앗간에서 큰 눈을 도전적으로 반짝이며 서 있던 그 소녀의 모습을 회상하기로 했지요. 그리고 어떻게 하든 이 세일즈는 관철시켜야 한다고 자기 자신에게 타일렀습니다. 생각해 보면 세일즈의 성공은 반드시 목표한 손님이 한번 '노(NO)'라고 말한 뒤에 있었어요."

또 더비는 금광에서의 실패에 대해서도 솔직하게 자기 자신의 과오를 시인하고 이렇게 말했다.

"금광에서 얻은 경험은 모습과 그 형태는 달랐지만 나에게 행복으로 가는 이정표였습니다. 그 실패 덕분에 나는 어떤 곤란이 닥치더라도 처음 먹은 결심으로 밀고 나가면 반드시 관철할 수 있다는 것을 배웠으니까요."

더비의 체험은 매우 흔하게 있는 것처럼 생각할 수 있으나, 실은 그 안에 그의 인생을 바꾸어 버리는 중요한 비밀이 감추어져 있어서 그에게는 생명만큼 소중한 것이었다. 이 두 가지 체험을 분석하여 그 안에 감추어져 있는 비밀을 해명할 수 있었기 때문에 그는 위대한 성공을 거둘 수 있었던 것이다.

중요한 것은 긍정적인 사고방식이다

시간적인 여유가 없기 때문에 자기의 실패 원인을 규명하여 성공의 열쇠를 발견할 수 없는 사람들이 어떻게 하면 실패를 살려 기회를 잡을 수 있는 능력을 기를 수 있을 것인가?

이 문제에 대한 해답은 이 책을 읽어 나가는 가운데 목표라든가 계획이라는 형태로 당신 마음속에서 번쩍일 것이 틀림없다.

성공을 손에 넣기 위해 필요한 것은 단 한 가지 '긍정적인 사고방식'이다.

이 책에 소개되어 있는 것은 이 긍정적인 사고방식을 만들어 내기 위한 능력을 개발하는 방법이다.

이 방법에 대해 말하기 전에 다음 말을 음미해 주기 바란다.

"부와의 만남, 그것은 갑자기 너무나 커다란 규모로 눈앞에 날아오므로 보통 사람들은 자기가 가난했던 시절에는 대체 그것이 어디에 숨어 있었는지 알 수가 없다."

이 말에는 놀라운 의미가 포함되어 있다. 그 중에서도 중요한 의미는 "진심으로 부를 원하는 자만이 부를 손에 넣을 수 있다"는 격언과 맞추어 생각해 볼 때 한층 더 의미심장하게 이해될 것이다.

당신이 부를 손에 넣겠다고 절실하게 바라고 원할 경우 그 소망은 먼저 당신의 마음속에서 싹트고, 그리고 점점 성장하는 것을 느낄 것이다.

부호라고 불리는 사람들도 당신과 마찬가지로 처음에는 '부자가 되고 싶다'는 소망에서부터 출발했다.

만약 당신이 이 성공철학을 이해하고, 이것을 자기 자신을 위해 활용할 수 있다면 당신의 생활은 모든 면에서 발전되어 갈 것이다. 또한 당신이 마음에서 감지하는 것은 무엇이나 현실의 것이 된다는 확신이 생기게 될 것이다.

이것은 결코 불가능한 일이 아니다. 인류의 최대 약점은 너무나 불가능이라는 말에 익숙해져 있다는 것이다.

사람이란 절대로 변하지 못하는 숙명에 묶여 있다든가, 제 아무리 초인적인 인간이라도 반드시 한계라는 것이 있다는 상식을 간단하게 인식해 버리는 것은 매우 위험하다.

이와 같은 '태만한 상식'을 개조하여 불가능을 가능으로 만들어 숙명을 극복하고 그 한계를 타파하여야 한다.

성공을 믿는 사람에게만 성공이 주어진다. 가령, 조금이라도 마음 한구석에 실패를 허용한다면 그 사람에게는 실패가 찾아올 것이 틀림없다.

이 책의 목적은 실패 공포증에 사로잡혀 있는 사람들의 마음을 자신에 가득찬 성공 의식으로 전환시키는 데 있다.

그런데 모든 사람에게서 볼 수 있는 또 한 가지 약점은 자기 편리한 대로의 자기 주장이나 독선적인 고정관념으로 모든 것을 평가하거나 결정하려고 달려드는 태도이다. 지금 자기 자신이 가난이나 실패 또는 절망감에 사로잡혀 있다는 이유로 '이 책을 읽어 보았자 성공 따위는 할 리가 없다'고 믿는 사람이 있을지도 모른다.

이러한 사람들에게 어느 중국인의 이야기를 들려주고 싶다. 미국에 유학을 온 그 중국인은 시카고 대학에서 공부하고 있었는데, 어느 날 캠퍼스에서 하퍼 총장과 이야기를 나누게 되었다.

그때, 총장은 "미국인의 가장 큰 특징은 무엇이라고 생각하는가"라는 질문을 했다. 그러자 그 젊은 중국인은 이렇게 대답했다. "제 생각엔 사물을 정면으로 보지 않는 시각인 것 같습니다."

이 말에 우리는 어떤 반론을 제기할 수 있을까?

많든 적든 사람은 누구나 편견을 가지고 있다. 그래서 자기 말에만 귀를 기울이고 자기 생각만이 정당하다고 규정짓는 것은 위험하다. 그러나 사람들은 애석하게도 자기 자신의 관찰만이 올바르다고 믿고 있다. 이 사실은 결국 사람들은 서로가 정면으로 사물을 보고 있지 않다는 것을 말해 주고 있다. 왜냐하면 사람들은 각각 자기 자신의 특성을 지니고 있기 때문이다. 다시 말해서 사람들은 각자의 껍질 속에 틀어박혀 있다.

소망하기 때문에 실현하는 것이다

헨리 포드가 저 유명한 'V8 엔진'을 개발할 때의 이야기를 하려고 한다. 포드는 8개의 실린더를 하나로 묶어 조립한 엔진을 제작하기로 마음먹고 기사들에게 설계를 의뢰했다. 그러나 포드의 아이디어를 설계도에 그려본 기사들은 한결같이 이론적으로 불가능하다고 했다.

"무슨 일이 있어도 만들어 내시오."

포드는 이렇게 명령했지만 기사들은 반론을 제기했다.

"그러나 불가능한 것은 불가능합니다."

"어쨌든 해야 하오. 아무리 많은 시간이 걸리더라도 완성할 때까지 일에만 몰두하세요."

이와 같은 논란이 있었으나 포드는 단념하지 않았다. 결국 기사들은 포드의 명령에 따라 이 엔진 개발을 착수하게 되었다. 그러나 반 년이 지나도 어디에서부터 어떻게 손을 대야 할지 힌트조차 얻지 못했다. 그리고 또 반 년이 아무런 성과없이 지나고 말았다.

기사들은 포드의 명령에 따라 온갖 상상력을 동원하여 사운을 걸고 필사적인 연구를 계속했으나 결국 어쩔 수 없는 '불가능한 일'이라고 결론을 내렸다.

그 해 말에 포드는 세번째로 8개의 실린더 엔진은 역시 불가능한 일이라는 기사들의 보고를 받았다.

"몇 번이라도 다시 도전하시오. 어쨌든 나에게는 그것이 꼭 필요하니까."

포드의 대답은 이것뿐이었다.

그런데 불과 얼마 후에 기적처럼 기사들이 'V8 엔진'을 완성시켰다. 결국 포드의 집념이 승리한 것이다. 다시 말해서 포드의 마음속에 있었던 소망이 구체적으로 바로 현실로 나타났던 것이다.

자신이 진지하게 풍족해지기를 바라고 있다면 포드의 성공철학에 대해 이미 무엇인가 느꼈으리라고 생각한다. 소망이 성취되는 시기는 실로 그다지 멀리 있는 것이 아니다. 이 성공철학의 근본은 소망과 그리고 명확한 목표에 있었다. 이것을 이해할 수 있는 사람은 반드시 포드와 동등한 성공을 거두게 될 것이다.

운명의 주인은 바로 나

"나야말로 내 운명의 지배자이며 내 영혼의 선장이다."

영국의 시인 헨리가 쓴 이 시는 모든 사람에게 공통되는 진리를 담고 있다. 그것은 자신만이 자신의 사고를 조절할 수 있는 힘을 가지고 있기 때문이다.

헨리는 우리의 마음을 지배하고 있는 의지의 힘이 우리의 두뇌에 자극을 주어, 조화있는 생각을 낳게 하고 행복한 인생을 창조한다는 사실을 말하고 싶었던 것이다. 예컨대 막대한 부를 쌓고 싶다면 우선 간절하고 강렬한 소망을 가져야 한다. 그래야 그 바람이 자기의 의지가 되어 마음을 조절할 수 있고 목표로 향하는 단호한 계획이 형성된다는 것을 이 시는 가르쳐 주고 있다.

운명의 주인인 당신은 성공을 위한 마음의 준비가 충분히 되었으리라고 생각한다. 인생에 있어서 이 성공철학은 지금까지 수많은 사람들에게 유익했던 것과 마찬가지로 반드시 당신을 위해서도 영원히 유익한 진리를 줄 것이다.

몇 년 전 일이지만 나는 웨스트 버지니아 주의 세일럼 대학 졸업식에 기념 강연을 의뢰받은 적이 있었다. 나는 강연 중에 이 책에서 말한 성공철학에 대해 열의를 기울여 연설하였는데, 어느 한 학생이 무척 큰 영향을 받은 모양이었다. 이 학생은 후일 국회의원이 되었으며 F. D. 루즈벨트 대통령 밑에서 요직을 맡기도 했다. 그에게서 나의 성공철학에 대한 의견을 적은 편지가 왔다. 여기에 그 편지의 내용을 소개하겠다.

친애하는 나폴레온 선생님께
저는 국회의원으로 일하다보니 사람들의 여러 가지 고민을 많이 접하게 됩니다. 고민을 안고 있는 많은 사람들을 볼 때마다 안타까운 생각이 들었습니다. 그래서 그들에게 조금이나마 도움이 되어 주었으면 하는 마음에서 펜을 들게 되었습니다.
1922년으로 기억되는데 저는 그때 세일럼 대학 졸업식에서 선

생님의 기념 강연을 들은 바 있습니다. 저는 선생님의 그 강연 덕분으로 국민에 대한 책임감과 장래에 대한 사명감을 가지게 되었습니다.

말씀 가운데에 특히, 헨리 포드 이야기는 너무나 감동적이었습니다. 저는 그 강연을 듣고 어떠한 어려움이나 괴로움이 있어도 자기 인생은 자기 자신의 힘으로 헤쳐나갈 수 있다는 자신감을 가지게 되었습니다.

금년에도 수천 명의 학생들이 졸업을 하게 됩니다. 그들 역시, 실천적이고 용기에 충만한 선생님의 강연을 기대하고 있습니다. 그들은 어디에서 인생의 방향을 전환하고, 무엇을 실행하여 어떻게 인생을 개척해 나가면 될 것인가를 알고 싶어합니다. 지금까지 수없이 많은 사람들의 고민을 해결해 주신 선생님의 가르침이 필요합니다.

현재 얼마나 많은 사람들이 경제적 배경도 없는 현 상태에서 탈출하여 풍족해지려고 노력하고 있는지 모릅니다. 만약 이런 사람들을 구할 수 있는 사람이 있다면 그는 바로 나폴레온 선생님, 그 이외는 없다고 믿고 있습니다. 또한 만일 책을 출판하셨다면 꼭 초판본을 저에게 보내주시기 바랍니다. 자필로 된 사인(sign)을 받아 볼 수 있다면 그 이상 행복한 일이 없겠습니다.

제닝스 랜돌프 올림

이렇게 되어 나는, 그 강연으로부터 35년 후인 1957년에 다시 세일럼 대학 졸업식에서 기념 강연을 하게 되었다. 그리고 그 자리에서 명예 문학박사의 학위를 받았다.

나는 제닝스 랜돌프를 계속 지켜보았는데 그는 그후 미국의 일류 항공회사의 중역으로, 또 웨스트 버지니아 주 출신의 상원 의원으로 그리고 위대한 사회 지도자로서 활약하였다.

생각하는 대로 이루어진다

어느 라디오 프로그램에서 나는 "지금까지 당신이 배운 최대의 교훈은 무엇입니까?"라는 질문을 받은 적이 있다.

대답은 간단했다. 내가 배운 가장 귀중한 교훈은, 생각하는 일의 중요성이다. 만일 당신이 무엇을 생각하고 있는가를 안다면, 이는 곧 당신의 인품을 아는 것이 된다. 당신의 생각이 당신을 만드는 것이다. 당신의 정신 상태는 당신의 운명을 결정하는 X 요소이다.

에머슨은 "그가 하루 종일 생각하고 있는 것, 그 자체가 그 사람이다"라고 말했다.

당신이 다루어야 할 최대의 유일한 문제는 바른 생각을 선택하는 데 있다고 나는 확신한다. 만일 그 일에 성공한다면 당신의 문제를 해결하는 길이 열리게 될 것이다.

만일 당신이 즐거운 생각을 하면 당신은 즐겁다. 또 불행한 생각을 하면 불행하게 될 것이다. 무서운 생각을 하면 무서워진다. 병적인 생각을 하면 병에 걸린다. 실패를 생각하면 성공을 못할 것이다. 당신이 자기 연민에 빠지면 사람들은 모두 당신을 피하며 멀리하게 된다.

노만 빈센트 필은 이렇게 말하고 있다.

"인간은 자기가 스스로 생각하는 그러한 자기가 아니며, 생각 그 자체가 그 자신인 것이다."

내가 모든 문제에 대해서 지나치게 낙천적인 태도를 취하는 것일까? 아니다. 불행하게도 인생은 그리 단순하지만은 않다. 그러나 나는 소극적이 되지 말고 적극적이 되라고 주장하고 있는 것이다. 다시 말하면, 문제에 유의하지 않으면 안 되지만, 고민해서도 안 된다는 것이다. 유의하는 것과 고민한다는 것은 어떻게 다른가? 그 차이를 설명해 보겠다.

교통이 복잡한 길을 횡단할 때, 언제나 나는 자신의 행동에 조심한다. 그러나 걱정은 하지 않는다. 조심을 한다는 것은 문제의 본질을 파악해서 조용히 그것을 처리하는 일이다. 고민한다는 것은 불쾌하게 무익한 테두리 안을 빙빙 도는 것과 같은 일이다.

중대한 문제에 대해서 조심을 하지만 가슴에 꽃을 달고 태연하게 거리를 활보한 사람이 있다. 바로 로웰 토머스라는 사람으로, 나는 그가 제1차 세계대전의 알랜비와 로렌스에 대한 유명한 필름을 처음으로 공개했을 때 그와 친해질 수 있었다. 그와 그의 조수들은 전선에서 각 방면의 많은 전쟁 영화를 제작했지만, T. E. 로렌스와 그가 이끄는 아랍군의 눈부신 활약 및 알랜비군의 성지 탈환을 그린 영화는 특히 훌륭한 것이었다.

그의 '팔레스탄에서는 알랜비와, 아랍에서는 로렌스와 함께'라는 주제로 한 강연은, 런던은 물론 전세계에 센세이션을 불러 일으켰다. 또한 그의 로열 오페라 하우스에서의 모험에 찬 이야기와 영화의 상영을 계속시키기 위해 런던의 오페라 시즌은 6주간이나 연기되었다. 그는 런던에서 놀라운 성공을 거둔 뒤에, 세계 각국을 순회하며 호평을 받았다. 그후 그는 인도와 아프가니스탄의 생활을 기록 영화로 촬영할 준비에 착수했는데, 이때 믿기 어려울 만큼 많은 불운이 속출했다. 그리고 런던에서 파산을 했다.

그 당시 나는 그와 함께 있었는데, 우리들은 허름한 레스토랑에서 싸구려 식사를 들어야만 했었다. 그나마도 토머스가 유명한 화가인 제임스 막베이로부터 돈을 꿀 수 없었더라면, 그곳에도 갈 수가 없었을 것이다.

여기에 이야기의 초점이 있다. 로웰 토머스는 막대한 부채와 심각한 실의에 직면했음에도 불구하고 고민하지는 않았다. 그는 이 역경에 좌절해 버린다면, 채권자에 대해서나 세상에 대해서도 완전히 무가치한 인간이 되어버린다는 것을 잘 알고 있었다. 그러므로 매일 아침 그는 집을 나서기 전에 꽃을 사서 그것을 가슴에 꽂고, 태연한 태도로 발걸음도 가볍게 옥스퍼드 거리를 활보하고 있었던 것이다.

그는 용감하고 적극적인 생각을 품어 패배에 항복하는 것을 거부했다. 그에게서 진다는 것은 게임의 일부에 지나지 않았다. 이 시련은 정상을 노리는 사람에게 필요한 훈련에 불과한 것이라고 생각했다.

우리들의 정신 태도는 우리의 육체에 대해서도 거의 믿을 수 없을 만큼 영향을 끼치는 것이다. 유명한 영국의 정신분석 학자 J. A. 하드필드는 《힘의 심리》라는 저서에서 그 사실을 설명하고 있다.

그는 악력계(握力計)를 사용해서 정신 암시가 완력에 미치는 영향을 세 사람의 남자에게 실험해 보았다. 그는 그들에게 세 가지의 다른 조건하에서 실험을 했다.

먼저 보통의 상태에서 그들에게 힘껏 악력계를 쥐게 했다. 이 테스트에서 그들의 평균 악력은 101파운드였다.

다음에는 그들에게 최면술을 걸어 "당신은 참으로 약하다"라고 암시를 준 후 재어 보았더니, 겨우 29파운드로 보통 힘의 3분의 1이하였다.

그리고 세번째의 테스트에는 "당신은 강하다"는 암시를 준

후 재어 보았더니, 평균 악력이 142파운드에 달했다. 그들의 마음이 강하다는 적극적인 관념으로 충만하자 그들의 체력은 500퍼센트나 증가했던 것이다. 이것이야말로 우리들의 정신 태도의 믿기 어려운 힘인 것이다.

사고의 마력을 설명하기 위해 미국 역사상 가장 놀랄 만한 이야기 한 토막을 소개하기로 한다.

남북전쟁이 끝나고 얼마 안 된 시기의 이야기이다. 서리가 많은 10월의 어느 날 저녁, 집 없는 가난한 한 여인이 매사추세츠 주의 암즈베리에 살고 있는 퇴역 해군 대령의 아내 웹스터 댁의 문을 두드렸다. 문을 열어준 웹스터 부인의 눈에 피골이 상접한 가련한 사람이 들어왔다. 그 여인은 자기 이름을 밝히고 밤낮으로 자기를 괴롭히고 있는 문제를 해결하고자, 그 때문에 가정을 찾고 있다고 말했다. 웹스터 부인은 "그러면, 우리집에 있으면 어떨까요? 나는 이렇게 큰 집에 혼자 살고 있으니까"라고 말하며 그녀를 들어오게 했다.

이렇게 하여 그녀는 웹스터 부인과 함께 살게 되었으나 오래가지는 못했다. 웹스터 부인의 사위가 휴가차 왔다가 그녀를 보고는 "이 집에 떠돌이를 둘 수 없어요"라고 외치며 이 집 없는 여인을 쫓아버린 것이다. 그날은 비가 몹시 내리고 있었는데 그녀는 비를 맞으면서 얼마 동안 떨고 있다가 비를 피할 수 있는 장소를 찾아 정처없이 떠났다.

그런데 몰인정한 사위가 집 밖으로 쫓아낸 그 떠돌이 여자가 훗날 세계의 사상에 실로 큰 영향을 미치게 될 줄은 아무도 몰랐다. 그녀는 후에 크리스천 사이언스라는 신종교를 창시하여 수백만 신도의 숭배를 받았다.

　그러나 당시에 그녀는 인생에 대해서는 질병·비애·비극밖에 아무것도 알지 못했다. 그녀의 최초의 남편은 결혼 후 얼마 안 되어서 죽었다. 두번째의 남편은 그녀를 버리고 유부녀와 놀아나더니만 그 역시 빈민굴에서 숨을 거두었다. 그녀에게는 아들이 하나 있었으나 가난·질병·질투 때문에 그 어린애가 네 살 때 버리지 않을 수 없었다. 그녀는 그로부터 줄곧 아들의 소식을 알지 못하다가 31년 후에 다시 만날 수가 있었다.

　그녀는 원래 병약했었기 때문에 오래 전부터 '정신요법의 과학'이라는 것에 흥미를 가지고 있었다. 그러나 그녀의 생애의 극적인 전기는 매사추세츠 주의 린에서 일어났다.

　어느 추운 날 아침 어떤 뒷골목을 걷고 있을 때, 그녀는 얼어붙은 길 위에서 미끄러져 의식을 잃었다. 그녀는 척추를 몹시 다쳤기 때문에 발작으로 경련을 일으켰다. 의사는 그녀가 소생하기 어려울 것이라고 말했다.

　그녀는 죽음의 자리라고 생각된 침대에 누워 있으면서, 성경을 펴들고 마태복음을 읽었다.

　"그때 중풍으로 자리에 누워 있는 반신불수를 사람들이 메고 왔도다. 예수 …… 반신불수자에게 말씀하시기를, 아들아! 안심하라. 너의 죄 용서받은지라 …… 일어서서 자리를 치우고 집에 돌아가라 하시니, 그가 일어서서 집으로 돌아가더라."

이 그리스도의 말씀은 그녀에게 큰 힘과 위대한 신앙 그리고 놀라운 회복력을 불러 일으켰다. 그래서 그녀는 곧 침대를 떠나서 걸을 수 있게 되었다.

그녀는 당시의 경험에 대해 이렇게 말했다.

"그 경험은 자신을 건강하게 해주는 방법뿐 아니라 다른 사람마저도 건강하게 하는 방법을 발견하는 계기가 되었습니다. …… 나는 모든 것의 원인은 마음에 달려 있으며, 모든 결과는 정신적 현상이라는 과학적 확증을 얻었던 것입니다."

그녀의 이름은 메리 베이커 애디로, 신종교의 창시자가 되었고, 사제장이 되었던 것이다. 그녀가 창시한 크리스찬 사이언스는 여성에 의해서 창시된 유일한 신교로써, 전세계에 널리 퍼지고 있다. 이러한 일례를 보더라도 생각하는 힘의 위력을 확신할 수 있을 것이다.

깨달음으로의 여행

35년 동안 성인들을 가르쳐 오면서 나는 여러 사람들이 그들의 생활 태도를 바꾸는데 따라 고민과 공포, 그밖의 모든 종류의 질병을 몰아내고 생활을 일변시킬 수 있다는 사실을 알았다. 수백 번이나 그렇게 믿기 어려운 변화가 일어난 것을 보아왔다. 그래서 나는 이제 조금도 의아스럽지 않게 여기는 것이다.

여기에 내가 가르쳤던 학생의 경우를 예로 들어 소개해 보겠다. 이 학생은 심한 신경쇠약으로 괴로워했었다. 무엇이 원인이었던가 바로 고민 때문이었다.

그는 자신이 너무 말랐다든가, 머리털이 빠지고 있다든가, 돈을 모을 수 없다든가, 좋은 아버지가 될 수 있을 것인가, 실연은 하지 않을 것인가, 착실한 생활을 하고 있는 것인가 등 모든 것이 마음에 걸렸다. 또 그는 다른 사람에게 나쁘게 인식되어 있지 않은가 하고 고민했고, 어느 때는 위암에 걸렸다고 생각하여 자신을 괴롭혔다. 결국 그는 일이 손에 잡히지 않아서 직장도 그만두었다.

그의 신경쇠약이 너무나도 심했기 때문에, 가족과 이야기를 나누거나 생각을 조절할 수도 없었다. 그는 공포에 가득차서 조그마한 소리에도 깜짝 놀라 일어났고, 사람을 피했다. 아무런 이유도 없는데 울부짖는 일도 있었다.

나날이 고민은 계속되었다. 그는 하나님까지도 자신을 버렸다고 생각했고, 강물에 빠져 죽고 싶은 충동에 사로잡혔다.

그러다가 플로리다로 여행할 것을 생각해냈다. 환경이 달라지면 마음도 달라질지 모른다는 생각이 들었기 때문이었다. 기차에 올랐을 때, 그의 아버지는 한 통의 편지를 건네주면서, 플로리다에 도착할 때까지는 뜯어 보지 말라고 했다.

관광 시즌의 절정기에 플로리다에 도착한 그는 호텔이 만원이었기 때문에, 어느 대학의 침실을 빌렸다. 그리고 마이애미를 출발하는 부정기 항로 화물선의 일자리를 구했으나 뜻을 이루지 못했다. 그래서 해안에서 소일하던 그는 이곳이 고향에 있을 때보다 조금도 나을 것이 없음을 느끼며 아버지의 편지를 읽었다.

"아들아, 너는 집에서 1천 5백 마일이나 떨어져 있지만 별로 변한 것 같은 기분이 들지 않겠지. 나는 그것을 짐작할 수 있단다. 왜냐하면 너는 너의 고민의 유일한 씨앗이 될 수 있는 것을 몸에 지니고 있기 때문이다. 그것은 너 자신이다. 내가 보기에는 너의 몸과 마음은 별로 이상이 없다. 네가 당면한 사태가 너를 괴롭히는 것이 아니라 너의 이 사태에 대한 생각이 너를 해쳤던 것이다. 사람은 스스로의 마음에 생각한 것대로 된다. 네가 그것을 깨달으면 돌아오너라. 네 병은 곧 나으리라 믿는다."

이러한 아버지의 편지를 읽고나서 그는 화가 치밀었다. 그가 바라고 있던 것은 동정이었지 교훈이 아니었다. 그는 몹시 흥분하여 집으로는 돌아가지 않기로 결심했다.

그날 밤 그는 마이애미의 어느 골목을 걷고 있던 중, 마침 예배가 진행되고 있는 교회를 지나치게 되었다. 별로 갈 곳도 없던 그는 그곳으로 발길을 옮겼다. "마음을 이겨낼 수 있는 사람은 한 고을을 지배하는 사람보다 강하다"라고 하는 성경 말씀에 대한 설교가 진행중이었다.

예배당 자리에 앉아서 아버지가 편지에 써놓은 것과 같은 말씀을 듣고 있으려니까, 그는 뇌리에 축적된 쓰레기와 먼지가 씻겨져 내리는 것 같았다. 그리고 난생 처음, 분명히 사물을 생각할 수 있게 되었으며 자신이 어리석다는 것을 깨닫게 되었다. 즉 참다운 것이 무엇인지 알게 된 것이다. 그는 지금까지 전세계와 그 위에 살고 있는 전인류를 바꿔 놓고 싶다고 생각했는데, 정말 바꿔 놓지 않으면 안 될 유일한 것은 카메라 렌즈의 초점과도 같은 자신의 마음이었던 것이다.

이튿날 아침, 그는 짐을 꾸려 고향으로 향했다. 그리고 일주일 후, 전의 일자리로 돌아갔고, 4개월 후에는 실연으로 끝나지나 않을까 걱정하고 있던 여인과 결혼했다. 현재 그는 다섯 자녀를 두고 행복하게 살고 있다. 또한 그는 신경쇠약으로 고민하고 있던 시절에는 18명의 직원을 거느린 자그마한 백화점의 주임이었지만 현재는 450명의 직원을 가진 제조회사의 중역으로 일하고 있다.

"이제 나의 생활은 순조롭고, 대인 관계도 잘 이루어지고 있습니다. 나는 지금 인생의 참다운 가치를 만끽하고 있다고 믿습니다. 때때로 불안한 생각에 사로잡히게 되면(이것은 아마도 피할 수 없는 일이지만), 마음의 카메라 초점을 맞추라고 자신에게 타이르곤 합니다. 그것으로써 만사 OK입니다. 지금 생각하면 내가 신경쇠약에 걸렸던 것이 다행인 것 같습니다. 나는 자신의 생각이 마음과 육체에 어떻게 강한 힘을 미치는가를 분명히 알 수 있었기 때문입니다."

이와 같이 말한 그는 덧붙여서 "일찍이 아버지가 나의 모든 고민의 원인은 외부의 상황이 아닌, 내가 그 상황에 대해서 생각하고 있는 것이라고 말한 것은 옳았다고 봅니다. 그렇다고 깨달은 순간, 나는 마음이 홀가분해졌습니다. 그로부터 완전히"라고 하였다.

이처럼 마음의 평화나 기쁨은 무엇인가에 또는 누군가에 의하여 좌우되지 않고, 다만 우리들의 정신 태도 여하에 달려 있다. 즉 외부의 조건은 거의 관계가 없는 것이다.

또 하나의 예를 들면, 존 브라운이라는 사람의 이야기가 있다. 그는 노예에게 반란을 교사했다는 혐의로 교수형을 당하게 되었다. 그래서 관(棺) 위에 실려 처형대로 이송되었는데, 옆에 따르던 간수는 안절부절 못하고 있었다. 반면에 그는 평온했고 주변의 경치를 둘러보며, 이렇게 감탄했다.

"어쩌면 이렇게 아름다운 나라냐! 지금까지 천천히 구경할 기회가 없었던 것이 유감이다."

또 남극을 처음으로 탐험한 영국의 로버트 팰콘 스코트와 그의 대원들의 경우도 마찬가지다. 그들의 귀로 여행은 유사 이래 처음이라고 할 수 있을 만큼 괴로운 것이었다. 식량도 떨어졌고 연료도 떨어졌다. 그들은 한 걸음도 나아갈 수 없게 되었다. 무서운 눈보라는 이틀 동안 밤낮으로 불어댔고, 극지 빙판 위에는 융기와 균열이 생겼다.

스코트와 대원들은 죽음에 직면하고 있음을 알았다. 그들은 만일의 경우에 대비해서 상당량의 아편을 가지고 있었다. 그것을 복용하기만 하면 영원히 깨지 않는 편안한 잠 속으로 들어갈 수 있기 때문이었다. 그러나 그들은 이 마취제를 쓰려고 하지 않았다. 그들은 신나는 노래를 큰 소리로 부르면서 죽어갔던 것이다. 이 사실은 8개월 후, 수색대가 그들의 동사체에서 발견한 유서에 의해서 알게 되었다.

"모든 것은 마음먹기에 달려 있다. 우리도 만약 용기와 평정과 창조적 사고를 지닐 수 있다면, 자신의 관에 걸터앉아서 교수대로 끌려가는 도중에도 경치를 즐길 수가 있고, 굶주림과 추위로 곧 죽게 되어도, 유쾌한 노래로 텐트를 가득 채울 수 있지 않을까."

마음가짐에 대한 몇 가지 이야기

영국의 작가 존 밀턴은 3백년 전에 이미 다음과 같은 진리를 발견했었다.

마음은 그 자신의 터전이니라.
그 안에 지옥에 천국을
천국에 지옥을 만들 수 있다.

나폴레옹이나 헬렌 켈러도 밀턴의 이 말을 완전히 실증하고 있다. 나폴레옹은 모두가 열망하는 명예와 권력 또 부귀를 누릴 수 있었으나 세인트 헬레나에서 "나의 일생에는 행복했던 날이 단 엿새에 불과했다"라고 말했다.

내가 반 세기의 생애에서 무엇인가 배운 것이 있다고 한다면 그것은 '인간에게 행복을 주는 것은 자기 자신밖에는 없다'는 것이다.

에머슨도 〈자신〉이라고 제목을 붙인 논문의 결론에서 다음과 같이 말하고 있다.

"정치적 승리, 땅 값 인상, 병자의 회복, 장기간 떠나 있던 친구의 귀환, 그밖의 외부에서 일어난 일은 인간의 정신을 앙양시켜 장래의 행복을 예상케 한다. 그러나 그것을 믿어서는 안 된다. 참으로 인간에게 평화를 가져오게 하는 것은, 자기 자신밖에는 없기 때문이다."

스토아 학파의 철학자 에픽테토스는 "육체의 종양이나 농창을 제거하는 것보다도 마음속에서 나쁜 생각을 없애버리는 것에 마음을 써야 한다"라고 경고하고 있다.

에픽테토스가 이미 19세기 전에 그렇게 말했었지만, 현대 의학도 그의 말에 틀림없이 동의하리라고 본다.

G. 칸비 로빈슨 박사는 존스 홉킨스 병원에 입원해 있는 환자들을 분석한 결과, 다섯 사람 가운데 네 사람은 감정적 긴장과 압박감이 병의 일부 원인이라고 설명하고 있다. 이것은 기질성 질환에 대해서도 같은 것으로, 결국 생활과 그 문제에 대한 조절 불량에 기인하고 있다는 것이다.

또 프랑스의 철학자 몽테뉴는 "인간은 일단 저질러진 일에 손해보는 것 이상으로, 그 일에 대한 의견에 의해 피해를 입는다"고 했다.

이것은 무슨 의미인가? 일어난 일에 대한 의견은 우리의 마음 하나에 달려 있는 것이다. 고민에 사로잡혀 신경이 바늘처럼 날카로워져 있을 때 의지의 힘에 따라 그 마음 상태를 변경할 수가 있다고 생각한다. 나는 그 방법을 당신에게 전수할 작정이다. 그러기 위해서는 노력이 필요하지만, 그 비결은 지극히 간단하다.

응용 심리학의 최고 권위자인 윌리엄 제임스는 이렇게 말하고 있다.

"행동은 감정을 따르는 것처럼 생각되고 있지만, 실제로는 행동과 감정은 동시에 움직일 수 있는 것이다. 의지의 보다 직접적인 지배하에 있는 행동을 규제함에 따라, 우리들은 의사의 직접적 지배하에 없는 감정을 간접으로 규제할 수가 있다."

바꿔 말하면, 우리는 단지 결심한 것만으로는 우리들의 감정을 즉석에서 바꿀 수 없지만 행동을 바꿀 수는 있으며, 행동을 바꾸면 자동적으로 감정이 바뀌게 된다는 뜻이다.

그는 다시 설명하고 있다.

"그래서 쾌활한 감정을 잃었을 경우 자력으로 그것을 회복하는 데 좋은 방법은, 쾌활한 감정을 가지고 쾌활을 되찾고자 하는 것처럼 유쾌하게 말하고 또한 행동하는 것이다."

이 간단한 비결은 과연 도움이 될 것인가?

시험해 보라. 얼굴 가득히 미소를 짓고 어깨를 펴고 크게 숨을 내쉬고 아무 노래라도 불러 보라. 노래를 부를 수 없다면, 휘파람이라도 불어라. 휘파람도 불지 못한다면 부는 흉내라도 내야 한다. 그렇게 하면 윌리엄 제임스가 말한 것을 틀림없이 터득할 것이다.

이것은 자연의 작은 기본적인 진리로써, 우리의 모든 생활에 기적을 일으키게 할 수 있는 것이다. 캘리포니아에 있는 나의 친구도 이 비결을 알았더라면, 모든 고민을 24시간 이내에 제거할 수가 있었을 것이다. 그 친구는 늙은 미망인으로, 이는 틀림없이 고통스러운 일이다. 게다가 그녀는 행복스러운 듯이 보이려고 했느냐 하면 그렇지가 않았다. 그녀는 안부를 물으면 이렇게 대답한다. "여전합니다"라고. 그러나 그녀의 얼굴 표정과 울먹이는 듯한 어조는 "아이, 내가 얼마나 슬픈 고비를 겪어 왔는지 아는가"라고 호소하고 있는 것이다. 그녀 앞에서는 행복하다는 점이 오히려 무안함을 느끼게 된다.

세상에는 그녀 이상으로 불행한 여인이 얼마든지 있다. 그녀의 남편은 한평생을 살아갈 수 있는 보험금을 그녀에게 남겨 주었고, 또 결혼한 자식도 있고 해서, 언제나 그녀를 모시도록 되어 있다. 그런데도 나는 그녀의 웃는 얼굴을 본 일이 없다. 그녀는 사위 세 사람이 모두 구두쇠이고 이기적이라고 어리석은 험담을 하고 있다. 그들 집에서 몇 달 동안이나 신세를 지면서도, 딸들이 조금도 자기를 돌봐주지 않는다고 불평을 하고 있다. 또 자기는 "노후에 대비한다"고 말하면서 돈을 단단히 간수하고 있다. 그녀는 자기에게나, 가정에나 다 어두운 그림자인 것이다.

어떻게 해야 그렇게 되지 않을 것인가? 그녀가 조금만 생각을 달리해도 지금의 가엾고 불행한 처지에서 모든 가족들로부터 존경받고 사랑받을 수 있게 될 것이다. 그러기 위해서는 먼저 몸가짐이 쾌활해야 되며 그녀가 지금까지 자기 일신상에만 기울였던 애정을 다른 사람에게도 나누어 준다면 그것으로 충분하다.

내 친구 중에 인디애나 주의 델시티에 살고 있는 H. J. 앵글라드라는 사람이 있다.

그는 십 년 전에 성홍열에 걸렸었다. 이 병이 낫자 이번에는 신장염에 걸려, 의사라는 의사는 모두 찾아보았고 심지어는 돌팔이 의원에게까지 진찰을 받았지만 도무지 낫지 않았다.

그리고 얼마 후에는 고혈압 진단을 받았다. 그를 진찰한 의사는 최고 혈압이 214나 된다고 말했다. 이것은 치명적이며 더욱 악화될 위험이 있으니 빨리 신변 정리를 하는 편이 좋을 것이라는 충고를 받았다.

그는 집에 돌아와서, 보험료가 전부 납입되었는지 어떤지를 확인해 보았다. 그리고 신에게 죄를 참회하고 어두운 명상에 잠겼다. 그의 주위의 모든 사람들은 슬픔에 잠기었고 아내와 자식들은 참으로 비참한 기분이었다. 그도 완전히 침울해지고 말았다. 이렇게 한 일주일쯤 자기 연민으로 지내다가 "참 못나기도 하지! 아직 1년 동안은 더 살지 모르는데 어쩌자고 살아있는 동안에 즐기려고 하지 않는가?"라고 자신을 타일렀다.

마음을 고쳐먹은 그는 어깨를 펴고 얼굴에 미소를 띠고, 만사가 순조롭다는 모습을 하려고 했다. 처음 얼마 동안은 어색했으나, 그런대로 쾌활하게 활동을 했다. 이 때문에 가족도 구제되었고 그 자신도 구원을 받았다.

먼저, 그는 기분이 좋아지게 된 것을 느꼈다. 자신이 생각했던 것처럼 자신의 처지가 그렇게 비참하지도 않다고 생각되었다. 그러자 나날이 병세는 좋아졌고, 몇 달 후에는 무덤 속에 누워 있어야 할 그가 아주 건강하고 행복하게 살고 있을 뿐만 아니라 혈압도 내려갔다. 여기서 그는 한 가지 일을 분명히 알았다. 그것은 만약 고민하던 끝에 '할 수 없지' 해버렸다면 틀림없이 의사가 말한 대로 되었을 거라는 것이다. 그러나 그가 마음을 바꿈으로써 스스로 자신에게 기회를 주었던 것이다.

이처럼 긍정적으로 생각하고 쾌활하게 행동함으로써 행복을 가져올 수 있는데 왜 우리들 자신이나 주위 사람들을 불행하게 만드는 것일까?

오늘만은
||||||||||||||||||||||||||

아주 오래 전에, 나는 한 권의 작은 책을 읽고 실로 깊은 감명을 받은 적이 있다. 그것은 제임스 알렌의 《생각나는 대로》라는 책인데, 그 가운데 다음과 같은 구절이 있다.

"사람이 타인이나 사물에 대한 자기의 생각을 바꾸면, 자기 아닌 남과 사물도 그에 대한 생각을 바꾸게 된다는 것을 차츰 알게 될 것이다. …… 그가 갑자기 생각을 바꾸면, 그는 그것이 그의 생활의 외적 조건을 급속히 변화시킨 것을 보고 놀라는 것이다. 인간은 스스로가 구하는 것을 끌어들이지 않고서, 있는 그대로를 받아들인다. …… 우리들의 목적을 형성하는 것의 신성(神性)은 우리들 내부에서 존재한다. …… 인간은 그의 사고를 앙양함에 따라 존재하고 정복하고 성취할 수 있는 것이다. 우리가 사고의 앙양을 거부한다면, 약하고 비열한 상태를 벗어날 수 없는 것이다."

구약 성경의 창세기에 의하면, 신께서는 인간에게 전세계의 지배권을 주었다. 실로 위대한 선물이다. 하지만 나는 그와 같은 초국왕적 특권에는 흥미가 없다. 내가 바라는 것은 자기 자신을 지배하는 것이다. 다시 말해서 자신의 사고에 대한 지배, 자신의 공포에 대한 지배, 자신의 마음에 대한 지배, 자신의 영혼에 대한 지배인 것이다. 나는 자기의 행동을 조절하기만 한다면, 그것은 자기의 반응을 억제하게도 되므로 내 마음이 내킬 때에는 언제든지 이 지배를 놀랄 만큼 달성할 수 있다고 생각한다.

윌리엄 제임스의 다음의 말을 기억하자.

"이른바 악의 대부분은 고민하고 있는 사람의 내면 태도를 공포에서 투지로 바꿈에 따라, 축복받을 선(善)으로 바꿀 수 있는 것이다."

이제 우리들은 행복을 위해서 싸우자.

쾌활하고 긍정적인 사고의 계획에 의해 우리들의 행복을 위해서 싸우자. 여기에 그 계획이 있다. 〈오늘만은〉이라는 타이틀이다. 나는 이 프로그램이 사람을 고무하는 데 도움이 된다고 생각했기 때문에, 그 카피 수백 부를 사람들에게 나누어 주었다.

이것은 36년 전, 시빌 F. 패트릭이 쓴 것이다. 만일 우리들이 그것을 실행한다면, 우리 고민의 대부분을 제거하고 프랑스 사람이 말하는 '삶의 기쁨'을 무한히 누릴 수가 있을 것이다.

오늘만은 행복하고 싶다.
링컨은 "대부분의 사람은 자기가 행복해지려고 결심한 정도만큼 행복하다"고 했는데, 이 말은 진리인 것이다.
행복은 내부에서 온다. 그것은 외부의 사정이 아니다.

오늘만은 자기 자신을 사물에 부응시키도록 하자.
사물을 자기가 바라는 대로 하려고 하지 말자.
가족·사업·운을 있는 그대로 받아들여,
자신을 그것에 부응시키자.

오늘만은 몸조심하자.
운동을 하고, 몸을 아끼고, 영양을 섭취하자.
혹사하거나 내 몸을 무시하지 않도록 하자.

그렇게 하면 내 명령에 따라 완전한 기계가 될 것이다.

오늘만은 자신의 마음을 굳게 가지자.

무엇인가 유익한 일을 배우자.

정신적인 게으름뱅이가 되어서는 안 된다.

어떤 노력과 사고의 집중을 필요로 하는 책을 읽자.

오늘만은 세 가지의 방법으로 내 영혼을 운동시키자.

남 모르게 무언가 좋은 일을 해보자.

수양을 위해 적어도 두 가지는 자기가 하고 싶지 않은 일을 하자.

오늘만은 유쾌하게 지내자.

될 수 있는 대로 씩씩한 모습을 하고

될 수 있는 대로 어울리는 복장을 하고,

조용하게 이야기하고, 예절 바르게 행동하고,

마음껏 사람들을 칭찬하자.

그리고 남을 비평하지 말고, 꾀를 부리지 말고,

남을 탓하거나 꾸짖지 않도록 하자.

오늘만은 오늘 하루로서 살아 보기로 하자.

인생의 모든 문제를 앞에 놓고 한꺼번에 덤비지는 말자.

일생 동안 도저히 감당할 수 없는 문제라도
열 두 시간 내에 해치워 버리자.

오늘만은 하루의 프로그램을 갖자.
매시간 할 일을 기록해 두기로 하자.
그대로는 할 수 없을지 모르나 어쨌든 해보자.
성급함과 어리석음을 제거할 수 있을지 모르니까.

오늘만은 30분 동안이라도 혼자서 조용히 휴식할 시간을 갖자.
그동안에, 때로는 하나님에 대해 생각하자.
자기 인생에 대한 올바른 인식을 얻을 것 같으니까.

오늘만은 두려워하지 않도록 하자.
특히 행복하게 되는 일, 아름다운 것을 즐기는 일, 사랑하는 일,
내가 사랑하고 있는 사람들이 또 나를 사랑하고 있다고 믿고
두려워하지 않기로 하자.

만일 평화와 행복을 가져오게 하는 정신적 태도를 기르고
싶다면, 쾌활하게 생각하고 또한 그렇게 행동하라. 반드시 유쾌
함을 느낄 것이다.

생각에 따라 미래를 바꿀 수 있다

인간이 상상하여 믿을 수 있는 일이면
그것이 무엇이건 반드시 실현시킬 수 있다.
모든 것은 생각하는 대로 이루어지기 때문이다.

타오르는 소망을 가지고 있는 한 누구나 새롭게
자기의 인생을 개척해 나갈 수 있다.
또 노력의 방향이 잘못되어 있지 않는 한
괴로운 시기가 길면 길수록 성공은 가까워지고 있는 것이다.
그런데 성공을 눈앞에 두고 중도에서 포기하는 사람이 많다.
그들은 이름도 모르는 사람들에게
승리를 넘겨주고 마는 것이다.

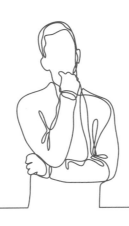

Think
And
Grow
Rich

STEP
1

모든 것은
열렬한 소망에서 출발한다

꿈을 꾸기만 해서는 안 된다.
타오르는 소망을 가져야 한다.
무엇을 원하는가,
그것을 결정하는 일이 인생의 첫걸음이다.
강렬한 소망은 반드시 실현된다.

──────── 에드윈 C. 번즈가 화물열차를 타고 뉴저지 주의 이스트 오렌지에 도착했을 때 그의 행색은 부랑자처럼 초라했다. 그러나 마음만은 어느 누구에게도 뒤지지 않는 자신감에 넘쳐 있었다. 에디슨 연구소로 향하는 그의 마음은 이미 사업에 대한 생각으로 가득차 있었다.

그의 인생에서 가장 큰 소망은 위대한 발명가 에디슨과 함께 사업을 하는 것이었고, 그 첫걸음으로써 드디어 에디슨 연구소의 문을 두드리게 된 것이다. 번즈가 가지고 있던 소망은 단순히 꿈이나 희망과 같은 것이 아니라 무엇인가를 초월해야 하는 절대적인 것이었다.

그로부터 몇 년도 지나기 전에 번즈는 어엿한 공동 경영자로서 에디슨 앞에 섰다. 그리고 그의 인생을 건 소망이 실현되었다. 모든 정력, 모든 능력, 모든 노력, 그밖의 모든 것을 이 절대적인 소망에 전력투구함으로써 대성공을 거두게 되었던 것이다.

오직 한 길만을

에디슨 연구소에서의 처음 5년 동안은 별다른 일 없이 지나갔다. 누가 보아도 번즈는 한 개의 톱니바퀴에 불과했다. 그러나 번즈 자신은 처음 에디슨을 만났을 때부터 내내 그와 동업자라는 생각을 잠시도 잊은 적이 없었다.

번즈는 공동 경영자가 되기 위해 면밀한 계획을 세우고 있었다. 그리고 그 계획에는 퇴각을 위한 어떤 길도 마련하지 않았다. '이 계획이야말로 내 인생에 있어서 최대의 것이요, 최후의 길이다'라고 몇 번이나 마음속으로 다짐했다. 그리고 끝내는 그 계획대로 실현되었다.

이스트 오렌지를 처음 찾아왔을 때부터 그는 에디슨으로부터 일자리를 얻겠다는 소극적인 생각은 추호도 없었다. 그는 에디슨과 동업을 하기 위해 이스트 오렌지에 왔다고 몇 번이고 거듭 마음을 다졌다.

그래서 에디슨 연구소에서 소망이 무너졌을 때를 대비하여 달리 찬스를 탐구해 두자는 생각 따위는 조금도 하지 않았던 것이다. 단지 이 세상에서 자기가 성취하고 싶은 일은 단 한 가지이며 그것만을 위해서 인생의 모든 것을 걸겠다고 단단히 결의했다.

번즈는 "후퇴란 불가능하며, 승리가 없으면 오직 패배뿐이다"는 엄격한 양자택일의 길을 스스로 만들어냈던 것이다.

이것이 바로 에드윈 C. 번즈의 성공철학이었다.

배를 불태운 장군

옛날, 어느 위대한 장군이 전쟁터에서 중대한 결단을 내려야 할 시점에 몰렸던 일이 있었다. 1천 명 남짓한 병사를 거느리고 1만 명이 넘는 용병이 기다리고 있는 적진 한가운데로 쳐들어가지 않으면 안 될 백척간두에 서 있었다.

장군은 병사들을 각 선박에 나누어 태운 뒤 가만히 적국으로 숨어들어 갔다. 군사와 무기, 탄약을 모두 배에서 하선시키고, 장군은 모든 배를 불살라 버리라고 명령했다.

붉게 타오르는 배들을 가리키며 장군은 말했다.

"제군들, 지금 우리의 배는 화염에 싸여 불타고 있다. 우리들에게는 이제 도망갈 배조차 없다. 그러므로 싸워서 이기는 것 이외에는 살아서 돌아갈 길이 없다. 우리에게는 승리가 아니면 전멸이 있을 뿐이다."

놀랍게도 그들은 이 싸움에서 이겼다. 목표하는 것이 무엇이건 승리를 얻기 위해서 스스로 자기의 배를 불태워 퇴각하기 위한 모든 수단을 끊어버렸던 것이다. 이때에 인생의 성공철학의 제1단계(STEP 1)인 '불타오르는 소망'만이 그 위력을 발휘한다.

불로 인해 빚어진 이야기를 하나 더 소개하겠다.

아주 오래 전의 일이다. 시카고에서 큰 화재가 발생한 적이 있었다. 상인들은 길모퉁이에 모여 어젯밤까지 자기들의 가게였던 불탄 자리를 물끄러미 바라보고 있었다. 그들은 이곳에 다시 가게를 짓느냐, 아니면 좀더 장래성이 있는 다른 곳으로 옮기느냐를 의논하고 있었다. 그러나 결국, 단 한 사람을 제외하고는 전원이 시카고를 떠나기로 결의했다.

이곳에 머물러 가게를 재건하기로 결정한 그 사람은 불탄 자리를 가리키며 이렇게 말했다.

"여러분, 앞으로 몇 번이고 화재를 당해도 나는, 반드시 이 자리에 세계에서 제일 가는 가게를 재건할 것입니다."

이렇게 하여 그때 세워진 빌딩은 지금도 '타오르는 소망'을 상징하는 기념탑으로써 웅장하게 서 있다.

그 단 한 사람, 마샬 필드도 다른 사람들과 마찬가지로 희망이 없어 보이는 그 땅을 버리는 일이 더 쉬웠을 것이다. 그러나 마샬 필드와 다른 상인들과의 차이점을 주의 깊게 살펴 볼 필요가 있다. 그 차이야말로 한 사람을 성공으로 이끌어 가느냐 아니면 실패로 끝나게 하느냐 하는 중요한 포인트이다.

가령 당신이 많은 부를 쌓기를 원할 경우, 단지 가지고 싶다는 욕망만으로 돈이 손에 들어오지는 않는다. 마음속으로부터 부자가 되고 싶다고 간절히 염원하고 그 소원을 달성하기 위해 착실한 계획을 세운 다음 '결코 타협을 허용하지 않는다'는 결심 아래 그 계획을 실천해 나간다면 소망은 반드시 성취될 것이다.

소망 달성을 위한 6가지 원칙

부자가 되고 싶다는 소망을 달성하기 위해 반드시 밟아야 할 6가지 원칙을 소개한다.

첫째, 당신이 바라고 있는 돈의 '금액'을 명확하게 한다. 단단순히 '많은 돈을 벌기 원한다'라는 생각만으로는 안 된다.

둘째, 당신이 원하는 만큼의 돈을 얻기 위해 당신은 '무엇을 할 것인가'를 결정한다. 이 세상에는 대가 없는 보답이란 존재하지 않는다.

셋째, 소망을 달성하는 '기일'을 정한다.

넷째, 부를 얻기 위한 '면밀한 계획'을 세우고 가령 그 준비가 되어 있지 않아도 상관하지 말고 즉시 행동으로 옮긴다.

다섯째, 지금까지의 4가지 원칙(얻고 싶은 돈의 금액, 그러기 위해 할 일, 그 기일, 면밀한 계획)을 '종이에 상세하게 기술'한다.

여섯째, 이 종이에 적은 선언을 1일 2회, 잠자리에 들기 직전과 아침에 일어난 즉시, 되도록 큰 소리로 읽는다. 이때에 당신은 이미 그 돈을 가졌다고 생각하여 그렇게 '믿는 것'이 중요하다.

부자가 되기 위해서는 이 6가지 원칙을 정확하게 쫓아야 하는 것은 물론이고 그 중에서도 여섯번째의 원칙이 중요하다. 아직 가지고 있지도 않은 돈을 이미 손에 넣었다고 생각하라는 것에, 이의를 제기하는 사람이 있을지도 모른다. 그러나 이것이 바로 '불타오르는 소망'을 현실의 것으로 만들 수 있는가 없는가의 갈림길이 된다. 당신이 진심으로 돈을 갖기 원한다면 반드시 그 돈이 손에 들어왔을 때의 일도 상상할 수 있을 것이다.

'마음의 움직임'이 가지고 있는 위대한 힘을 아직 이해하지 못하는 사람들 중에는, 이 6가지 원칙의 교훈을 우습게 생각하는 사람이 있을 것이다. 그러나 어느 철공소의 노동자로 출발했던 철강왕 앤드류 카네기도 이 6가지 원칙을 실행하여 마침내 세계적인 대부호가 되었다.

또 한 가지 알아두어야 할 것은 이 6가지 원칙은 단지 '돈벌이'에만 쓰이는 것이 아니고, 다른 어떤 소망에도 그대로 유용된다.

이 원칙은 그다지 어려운 일도 아니며 어떤 희생이나 고도의 교육이 필요한 것도 아니다. 중요한 것은 소망이 반드시 이루어진다는 것을 굳게 믿고, '성공의 문은 반드시 열린다'는 상상력을 몸에 지니고 있어야 한다.

실제로 많은 사람들이 처음에는 꿈을 꾸고, 희망을 가지고,

강렬한 소망을 품고, 계획을 세워 막대한 재산을 모았다. 그러므로 지금 당장 부자가 되고 싶다는 명확하고 열렬한 소망을 가지고, 반드시 부자가 될 것이라는 믿음만 있으면 성공할 수 있다.

진실한 공상가

부를 누리고 싶다고 염원하고 있는 사람들은 우선, 우리가 살고 있는 이 세계가 끊임없이 변하고 있다는 사실을 알고 있어야 한다. 새로운 지도자가 나타나고, 새로운 것들이 발명되고, 새로운 텔레비전 프로그램, 새로운 영화 등이 계속 나오고 있다는 사실을 언제나 인식하고 있어야 한다. 이 발전된 모습의 이면에는 소용돌이치는 에너지가 있다. 바로 이것이 '불타오르는 소망'임을 간과해서는 안 된다.

세계적인 지도자로 존경을 받았던 사람들은 아직 볼 수도 만질 수도 없는 미래를 확신하는 힘을 가지고 있었다. 때문에 마천루를 세우고, 도시를 건설하고, 공장을 세우고, 비행기와 자동차 등 인류의 생활에 편리한 모든 것을 만들어 낼 수 있었다.

이 변화무쌍한 세계에서 성공하기를 원한다면, 당신을 공상가라고 비웃는 사람들의 말에 동요되어서는 안 된다. 나태하고 병약한 비판주의자가 새로운 세계를 창조한다는 것은 있을 수 없는 일이다.

당신이 지금부터 하려고 하는 일이 올바른 일이며 그 실현이 멀지 않았음을 믿을 수 있다면 당신은 이미 그 일을 완성한 것이다. 만일 실패하면 어떻게 할 것인가 하는 걱정은 무시해도 좋다. 그런 걱정을 하는 사람은 어떤 실패에도 그 이면에는 반드시 가치있는 성공의 씨앗이 감추어져 있다는 사실을 모르는 사람들이다.

에디슨은 전등을 발명하기 위해 '몇천 번이라는 실패'에도 불구하고 끝까지 포기하지 않았다.

"진실한 공상가는 도중에서 간단히 손을 드는 그런 약한 사람이 아니다"라고 하듯이 진심으로 무엇인가를 끊임없이 추구하는 사람은 아무리 힘들어도 포기하지 않는 법이다.

담배 체인점 설립을 꿈꾸었던 워런은 마침내 미국 최대의 담배체인점을 실현했다. 또 라이트 형제의 하늘을 날아보고 싶다는 진지한 꿈이 오늘날의 우주 여행을 창조했다.

마르코니는 눈에 보이지 않는 전파의 힘을 이용하는 것이 꿈이었다. 그러한 꿈이 오늘의 라디오와 텔레비전을 탄생시킨 것이다. 그러나 마르코니가 전선을 사용하지 않고 공중에 전파를 띄워 통신할 수 있다는 이론을 처음 발표했을 때, 친구들이 그를 정신병원으로 데리고 갔다는 에피소드가 있다.

주의 깊게 살펴보면, 지금도 옛날의 공상가들이 미처 알아차리지 못한 발명이나 발견의 기회가 많이 널려 있다는 것을 알 게 될 것이다.

이와 같이 무엇이 되고 싶다든가 무엇을 완성시키고 싶다고 하는 강렬한 소망을 가진 사람들을 '공상가'라고 부르고 있으나 진실한 공상가란 바보도 아니고, 게으름뱅이도 아닐 뿐 아니라 도박꾼도 아니다.

하지만 성공으로 이르는 길을 개척해 나가려는 사람들의 시작은 비참한 경우가 적지 않다. 게다가 도중에는 손바닥이 터지도록 고난에 시달려야 한다. 그런데 그들이 인생의 전기를 잡게 되는 시기는 언제나 최악의 시기였다.

존 번연이 《천로역정》을 완성한 것은 종교 재판에 져서 투옥된 이후였다.

O. 헨리는 오하이오 주에 있는 감옥에 수감중 비로소 자신에게 잠재해 있는 천재적인 재능을 깨달았다. 그리하여 비참한 범죄자로 일생을 끝내지 않고 위대한 작가로서 또 하나의 생애를 견고하게 구축해냈다.

찰스 디킨스는 상표를 붙이는 평범한 기능공이었으나 쓰라린 실연을 경험함으로써 세계적인 작가가 되었다.

헬렌 켈러는 어렸을 때 큰 병을 앓고 난 후 시각·청각·언어 장애라는 3중고를 겪어야 했다. 이러한 불행에도 불구하고 그녀는 역사의 한 페이지에 위대한 인물로 기록되었다. 그녀는 "생애를 통해 패배를 인정하지 않는 한 누구에게도 패배는 있을 수 없다"라는 말을 실증한 사람이다.

로버트 번즈는 벽지에 사는 가난뱅이에다가 알코올 중독자이었으나 순결무구한 마음으로 읊은 아름다운 시로 많은 사람들의 공감을 얻었다.

베토벤은 귀가 들리지 않는 상태에서도 수많은 명곡을 작곡했으며, 《실락원》을 쓴 영국 최대의 시인 존 밀턴은 장님이었다. 그러나 이 두 사람의 진지한 공상은 훌륭한 예술로 결정(結晶)되어 그 이름은 영구히 잊혀지지 않고 있다.

지금까지 열거한 사람들 외에도 자신의 운명을 개척한 사람들은 무수히 많다. 만약 당신이라면 비참하고 가난한 인생을 감수할 것인가, 아니면 성공하겠다는 소망을 불태울 것인가? 다음의 시를 음미하면서 생각해 보기 바란다.

인생을 싼값에 파는 사람에게 인생은
그 이상의 지불을 하지 않습니다.
뒤에 가서 후회해 보아도 이미 소용이 없습니다.

인생에 고용되려고 하는 사람에게 인생은
원하는 만큼의 급료를 주겠지만,
한번 급료가 결정되면 일생 그 급료로 참아야만 합니다.

가령 비참한 일이라도 자진하여 고생을 배운다면
자립심을 가지고 전진하는 사람에게 인생은
어떤 부라도 부여해 줍니다.

인생은 원하는 만큼 준다고 하지만 단순하게 바람을 가지는
것과 소망을 현실의 것으로 받아들이는 마음의 준비를 하는 것
과는 근본적인 차이가 있다. 소망은 반드시 실현될 것을 마음으
로 믿지 않는 한 그것을 받아들이는 마음의 준비를 할 수 없다.
즉 희망이나 기대가 아닌 신념을 가지는 것이 중요하다. 또 동시
에 항상 마음에 여유를 가지도록 하는 것도 중요하다. 신념은 물
론이거니와 성의와 용기도 마음이 초조하면 발휘하기 어렵다.

소망은 불가능을 극복한다

이번엔 내가 가장 감동을 받은 인물을 소개할까 한다.

내가 처음 그와 만났던 것은 그가 이 세상에 태어난 지 불
과 몇 분 후의 일이었다. 의사는 이 갓난아기가 일생 동안 청각장
애인으로 살아야 한다고 선언했다.

그러나 나는 이 의사의 단정을 믿지 않았다. 나에게는 믿지
않을 권리가 있다고 생각했다. 그 이유는 그 아기의 아버지는 바

로 나였기 때문이다.

나는 내 아들이 듣고 말하는 능력을 가지고 있을 것이라고 믿고 있었다. "왜 그렇게 믿고 있었는가?" 하고 물으면 명확한 답변을 하지 못하지만, 방법만 발견되면 그는 비장애인처럼 될 것이라고 생각하고 있었다.

그때 나는 에머슨의 말을 떠올렸다.

"천지 우주를 관장하고 있는 자연의 법칙만이 우리에게 해야 할 일을 가르쳐 주고 있다. 그냥 솔직하게 따르는 것이 좋다. 사람마다 각자 살아가는 길이 있다. 귀를 기울이고 조용히 들어 보면 올바른 가르침이 당신에게도 들릴 것이다."

올바른 가르침, 그것은 곧 '소망'이라는 것이다. 무엇보다도 나는 내 아들이 결코 청각장애인이 아니라는 것을 열망하고 있었다. 나의 이 소망은 지금까지 단 한번도 동요된 적이 없었다.

나는 우선 듣지 못해도 소리를 두뇌에 전달하는 방법이 있을 것이라는 나의 소망을 내 아들의 마음속에 심어 주는 일이 선결 문제라고 생각했다.

내 머리는 이것으로 가득차 있었으나 누구에게도 털어놓지 못했다. 다만 매일 '내 아들은 청각장애인이 아니다'라는 것이 신념이 될 때까지 내 자신에게 다짐했다.

조금 자랐을 때, 아들에게 약간의 청력이 있다는 것을 알았다. 그러나 다른 아이들이 말을 하기 시작할 무렵에 겨우 아들의 표정이 움직이는 것을 보고 청력이 있다는 것을 알았을 뿐이었다. 하지만 나에게는 그것으로 충분했다. 만일 조금이라도 들을 수가 있다면 그 능력을 키울 수가 있을 것이라고 생각했기 때문이다.

마침 그 무렵, 예기치 못한 데서 희망의 빛이 비치기 시작했다. 내가 축음기를 사왔을 때의 일이다. 아들은 태어나서 처음으로 음악을 듣고 완전히 흥분하였다. 축음기가 아주 마음에 든 모양이었다. 아들은 두 시간 이상이나 축음기 옆에서 열심히 레코드를 듣고 있었다. 이런 아들의 자세는 매우 중요한 의미를 가지고 있었지만 그때까지는 '골전도(骨傳導)'라고 불리우는 현상을 들어본 적도 없어서 몇 년이나 그 중요성을 깨닫지 못했다.

아들이 축음기에 싫증이 날 무렵, 나는 그의 두개골에서 비스듬히 아래쪽에 있는 약간의 뾰족한 뼈에 입술을 대고 말을 하였더니 잘 들리는 듯했다. 그래서 당장 이 새로운 발견을 이용하여 나는 자유롭게 듣고 말하는 것을 그가 열망하도록 유도해 나갔다.

아들은 잠자기 전에 옛날 이야기 듣는 것을 매우 좋아했으므로 나는 특별한 이야기를 창작하여 '들을 수 있는 정상적인 사람이 되고 싶다'는 열렬한 소망과 자립심과 상상력을 가지도록 철저하게 훈련시켰다. 이 이야기를 만드는 데 있어서 특히 신경을 쓴 것은 아들의 이 불행은 열등한 것이 아니라 오히려 고마운 가치있는 것이라고 그에게 설득하는 내용이었다.

내가 연구한 여러 가지 철학 서적 안에도 "불행에는 반드시
그와 동등한 가치가 감추어져 있다"라고 하는 진리가 쓰여 있다.
그러나 솔직히 말해 당시에는 아들의 불행에 어떠한 가치를 부
여해야 할지 제대로 갈피를 잡지 못하고 있었다.

아들에게 신념을 심어주다

지금 와서 회상해 보면, 아들이 시종 나를 신뢰해 준 것이
매우 고맙다. 노력하면 반드시 보답을 받는다는 나의 말을 아무
런 의문없이 믿어 주었던 것이다. 예를 들어 귀가 들리지 않아도
학교에 가면 선생님들은 틀림없이 친절하게 대해 줄 것이며, 좀
자라서 신문을 팔 때도 사람들이 기특하게 여겨 더 유리할 것이
라는 식의 내 말을 순수하게 믿어 주었다.

이런 특별 교육이 열매를 맺기 시작한 것은 아들이 7세가
되었을 때이다. 그는 신문을 팔겠다고 강경하게 졸랐으나 아내는
허락하지 않았다. 하는 수 없다고 생각한 그는 자기 자신의 힘으
로 신문을 팔아 보겠다고 결심을 했다.

어느 날 오후, 아들을 하녀와 함께 집에 두고 가족이 외출을
했을 때의 일이다. 하녀의 눈을 피해 부엌의 창을 통해 바깥으

로 빠져나간 아들은 근처 구둣방에서 6센트를 빌려 신문 살 밑 천을 만들었다. 그 돈으로 신문을 구입하여 팔아 치우자 그 매 상금으로 다시 신문을 구입하여 팔고 이렇게 하여 해가 저물 때 까지 장사를 했다. 마지막에 수지 결산을 하여 구둣방에서 빌린 돈을 갚고 보니 순이익 42센트가 그의 작은 손에 남았다. 그날 밤, 우리가 집에 돌아왔을 때, 아들은 그 돈을 손에 꼭 쥔 채 피 곤에 지쳐 곤히 잠들어 있었다.

아내는 아들의 손에 쥐어있는 동전을 꺼내 보더니 자기도 모르게 울음을 터뜨렸다. 그녀는 아들의 승리에 감동하여 그만 울어버렸던 것이다. 그러나 나는 반대로 기쁨에 복받쳐 큰 소리 로 환성을 지르고 말았다. 아들의 마음속에 신념을 심어주려고 했던 그 노력이 드디어 크게 성공을 거두었다는 것을 이 42센 트가 증명해 주었기 때문이다.

아내는 목숨을 걸고 돈을 벌려고 한 작은 이 청각장애 아들 의 손을 언제까지나 눈물을 흘리며 부여잡고 있었다. 나도 자신 의 의지로 신문을 팔고 온 내 아들에게서 용감하고 자립심을 갖 춘 어린 실업가를 보았다. 나는 너무나 기뻤다. 그것은 오늘의 일 이 평생 그를 용기 있는 사나이로 만들어 줄 것이라는 믿음 때 문이었다.

드디어 소리를 듣다

이 어린 청각장애 소년은 선생님이 큰 소리로 이야기하지 않는 한 전혀 강의를 알아듣지 못했지만 대학까지 진학을 했다. 수화를 배우는 것을 원치 않는 우리의 뜻에 따라 그는 농아학교에 다니지 않았던 것이다.

이 일로 학교의 사무국과 심한 논쟁이 있었으나, 아들이 비장애인과 같은 생활을 해야 한다는 우리의 신념은 변함이 없었다.

고등학교를 다닐 때, 아들은 전기 보청기를 시험해 보았으나 아무런 도움이 되지 못했다. 그러나 대학 생활이 끝나갈 즈음 그의 생애에서 가장 중대한 사건이, 그것도 아주 우발적으로 일어났다.

어느 회사에서 보내온 보청기의 견본이 이야기의 시작이다. 아들은 보청기에 대하여 이전에 이미 실망하고 있었으므로 처음에는 시험해 보기 싫은 듯했다. 그러다 무심코 그 기구를 귀에 대고 스위치를 넣은 순간, 오랫동안의 꿈이었던 정상 청력이 마치 마술이라도 걸린듯이 나타났다. 그는 생애에서 처음으로 비장애인과 같은 경험을 했다.

그는 기쁨으로 흥분하여 제일 먼저 어머니에게 전화를 걸었다. 그리고 어머니의 말을 또렷하게 자신의 귀로 알아들었던 것이다. 또 다음 날에는 처음으로 교수의 강의를 분명하게 들을 수가 있었으며 큰 소리가 아니더라도 친구들과 대화를 나눌 수가 있었다. 아들은 지금까지와는 다른 새로운 세계를 자기 것으로 만들었던 것이다.

오랜 소망은 이것으로 이루어졌다. 그러나 우리는 여기서 만족하지 않았다. 진정한 승리 즉, 스스로의 불행을 동등한 가치가 있는 것으로 전환시키기 위해 다음의 새로운 노력을 기울였다.

새로운 소리의 세계에 황홀감을 느낀 아들은 보청기회사에 편지를 써서 그의 훌륭한 체험을 상세하게 보고하였다. 얼마 후 그 회사로부터 초대장이 와서 그는 뉴욕에 가게 되었다. 공장 안내를 받으면서 그는 경험을 통해 얻은 보청기의 개선점이나 아이디어에 대해 기술 주임과 대화를 하고 있다가, 돌연 그의 머리 속에 불행을 전환시킬 수 있는 그 이상의 가치를 창조하는 방법이 떠올랐다. 그리고 그것에 의해 그는 장래의 수입과 행복을 약속받게 되었다.

그때 그의 마음에 떠오른 것은, 자신의 경험을 살려 청각장애인으로 일생을 보내야 하는 수많은 사람들에게 도움을 주고 싶다는 것이었다.

그후 1개월 가량 그는 보청기에 관해 재검토를 하는 한편, 실태조사를 했다. 그리고 한 사람이라도 더 많은 사람들에게 이 새로운 소리가 있는 세계를 알리고 싶다는 소망을 실현시키기 위하여 우선 전세계의 난청자들을 만나 보아야 한다고 생각했다. 그는 2년간의 행동 계획을 세워 보청기회사에 제출하였는데, 당장에 받아들여졌을 뿐 아니라 자신도 그 회사에서 직책을 부여 받았다.

만일 그가 불행한 사람들에게 기쁨과 희망을 주고 싶다는 생각을 하지 않았다면 이 불행한 사람들은 언제까지나 구원을 받지 못했을지도 모른다.

무엇보다도 만약 우리 부부가 그의 성격을 이처럼 특별하게 훈련시키지 않았더라면 그도 보통 청각장애인으로 일생을 보냈을 것이다. 듣고 말하는 능력을 얻고 싶다는 소망과 신념을 아들의 마음속에 싹트게 하여, 비장애인으로서의 생활을 동경하도록 교육시켜온 것이 어느 사이엔가 그를 정적의 세계로부터 구출한 것이다.

이렇듯 강렬한 소망이야말로 불가능을 가능케 하는 힘이며, 아들이 정상적인 청력을 얻게 된 것도 이 소망의 덕택이었다. 만일 좌절한 채 있었다면 그는 비참하게 이 사회를 살아가야 했을 것이다. 어릴 적부터 내가 그의 마음속에 새겨온 '빛나는 미래'를 그가 믿어준 것이 행복을 가지고 왔던 것이다.

소망의 힘으로 일류 가수가 된 여성

다음에 소개하는 두 편의 일화를 통해 소망이 갖는 위대한 힘을 다시금 확인할 수 있을 것이다.

신출내기 시절, 슈만 하인크는 오디션을 받으려고 비엔나 황실의 오페라단 연출가를 찾아갔었다. 그러나 그 연출가는 초라한 옷차림에 주눅이 들어 어쩔 줄 모르는 소녀를 보고 이렇게 말했다.

"그 얼굴로 이 오페라계에서 생활할 수 있다고 생각하는가? 그런 거창한 망상은 집어치우고 미싱이라도 한 대 사서 일을 해라. 너는 절대로 가수는 될 수 없으니까."

이 연출가는 음악에 대한 지식은 풍부했는지 모르지만 간절하고 열렬한 소망을 가진 사람이 어떤 일을 할 수 있는지 그것에는 전혀 무지했다. 만일 그에게 그것에 대한 지식이 조금이라도 있었더라면 그때, 단 한 번의 테스트도 하지 않고 그녀를 쫓아 돌려보내는 과오는 저지르지 않았을 것이다.

그녀는 '진정으로 원하는 것은 반드시 이루어진다'는 신념 하나로 나중에 유명한 일류 가수가 되었다.

이번에는 내가 잘 아는 사람의 이야기이다. 수년 전, 함께 일하는 동료 한 사람이 병으로 쓰러진 일이 있었다. 그의 상태는 날로 악화되어 갔다. 그리고 드디어 입원하여 수술을 받게 되었을 때, 의사는 "유감이지만 너무 늦었습니다"라며 단념했다.

그러나 본인은 병원으로 실려가기 전에 이렇게 말했다.

"사장님, 염려하지 마세요. 곧 돌아올 테니까요."

담당 간호사는 그런 말을 하는 그를 불쌍하다는 듯이 바라보고 있었다. 의사와 간호사는 그의 죽음을 생각하고 있었으나, 환자 자신은 추호도 그런 생각을 하지 않았다. 그리고 정말 약속대로 그는 원기를 회복하고 돌아왔다.

나중에 의사는 이렇게 말했다.

"생명에 대한 불타오르는 소망이 그를 구했던 것입니다. 만약, 조금이라도 죽음을 받아들였다면 그는 살아나지 못했을 것입니다."

이렇듯 신념으로 지탱되고 있는 소망의 힘은 사람을 죽음의 심연에서 끌어내고, 수백 번이라는 실패에서도 회복시키는 힘을 가지고 있다. 또한 일생 장애인으로 끝날 뻔한 내 아들에게 비장애인으로서 행복한 생활을 하도록 해주었다.

그런데 어떻게 하면 이 타오르는 소망을 스스로의 것으로 만들어 사용할 수 있을까? 그것은 다음 단계에서 밝히게 될 것이다.

간절하고 열렬한 소망을 가져라

불타오르는 소망이 진가를 발휘할 때 승리는 이미 당신의 것이다.
패배를 생각할 필요는 어디에도 없다.

소망은 일시적인 패배에서 당신을 재정비시키는 힘이며
당신에게 승리를 가져오는 힘이다.
잿더미 속에서 세계 제일의 백화점을 재건한 것도,
아무도 돌아보지 않던 초라한 소녀가 일류 오페라 가수가 된 것도,
의사가 포기했던 환자가 건강을 되찾은 것도
모두 이 소망의 힘이었다.

진정으로 원하는 마음을 갖고 노력한다면
불가능을 가능으로 바꾸는 것은 어렵지 않다.
그리고 자기 자신이 인정하지 않는 한
이 세상에 불가능이란 없다.

Think
And
Grow
Rich

STEP
2

신념이

나를 움직인다

> 동요되지 않는 신념,
> 그것이 당신의 사고를 힘으로 바꾼다.
> 신념은 당신의 한계를 뛰어넘어
> 새로운 자신으로 만든다.
> 즉 당신을 도전하는 인간으로
> 변화시킨다.

마음의 움직임은 신념에 따른다. 신념이 사고와 결합될 때 잠재의식이 자극되어 거기에서 의욕과 무한의 지성이 용솟음친다. 신념과 사랑과 성은 인간의 모든 감정 중에서도 가장 강력한 충동을 수반하게 된다. 이 세 가지가 동시에 작용하여 선명한 사고와 연결되면 잠재의식은 믿지 못할 만큼의 힘을 발휘하는 것이다.

신념이란 일종의 정신 상태이다. 이것은 자기암시에 의해 잠재의식 속에 전달되거나 되풀이되는 가르침으로 해서 만들어진다.

좀더 알기 쉽게 설명하기 위한 예로써 당신을 살펴보자. 당신은 어떤 목적으로 이 책을 읽고 있는가? 그것은 아마 당신의 마음 깊은 곳에서 움직이는 어떤 소망을 성공이나 부 또는 그밖의 것으로 전환시키는 능력을 몸에 지니기 위해서일 것이다. 당신은 이 책에 나오는 13단계를 하나하나 읽고, 이해하며 확신하고 시험적으로 실행해 가는 도중에 점점 마음속에 신념이 굳어지는 것을 느끼게 될 것이다.

"당신의 소망을 거듭 되풀이하여 잠재의식에 주입하는 도중에 당신은 신념의 인간이 되어가는 것이다."

이 말은 무거운 죄를 저지른 범죄자의 심리를 분석하면 한층 이해가 쉬울 것이다. 어느 유명한 범죄 심리학자는 "처음으로 죄를 범했을 때는 누구나 자신을 증오하고 슬퍼하지만 두 번, 세 번 죄를 거듭할수록 점점 익숙해져서 끝내는 완전히 죄의식이 없어져 버린다"라고 말한다.

이것은 어떤 정보이든 계속 되풀이하여 잠재의식 속에 주입시키면, 차츰 그 사람의 성격이 변화하여 마침내 완전하게 인간 그 자체가 변화되어 버린다는 것을 가르쳐 주고 있다.

또한 인간의 사고는 신념과 이어져 그 사람 자체를 창출한다. 건전한 사고는 건전한 인간을 만들며, 나태한 사고는 무서운 범죄자를 만든다. 사고는 감정의 자극을 받아 비로소 생명(생기)을 가지고, 행동을 유발시킨다. 특히 신념, 사랑, 성 따위의 감정이 즉각 사고와 이어지면 그 발휘하는 에너지는 상상을 초월한다.

약한 마음을 버려라

신념 등의 적극적 자극은 잠재의식에 작용하여 그 사람을 행복으로 인도하고, 나태나 비판주의 등의 소극적인 자극은 잠재의식에 작용하여 불행을 초래한다.

이처럼 잠재의식은 긍정적이고 건설적인 사고와 이어지는 동시에 부정적이고 파괴적인 사고와도 이어진다.

많은 사람들이 가난하거나 실패하는 것을 숙명이라고 생각하고 자기는 어쩔 수가 없다고 단념해 버린다. 이런 사람들은 무의식 중에 부정적인 사고를 잠재의식에 가지게 함으로써 스스로 불행을 만들어 내고 있는 것이다.

반대로 자기암시로 적극적인 사고를 잠재의식에 주입시키면 당신은 돈이든 무엇이든 손에 넣을 수 있게 된다.

잠재의식은 신념 등의 자극을 받아 작용하지만 어느 경우든 우리는 능숙하게 잠재의식을 조정하는 일이 필요하다. 예를 들어, 내가 아들에게 암시를 주어 그의 잠재의식을 개혁한 것과 같이 의식적인 자기암시에 의해 스스로를 변화시킬 수도 있다. 자기암시로 자기를 바꾸어 가려면, 우선 소망이 이미 달성되었을 때의 자기 모습을 잠재의식에 주입시켜야 한다. 소망을 이미 이룬 자신의 모습을 생생하게 마음속에 그림으로써, 잠재의식은 신념을 더욱 강화시켜 어느 사이엔가 목적했던 소망이 현실화되게 만든다.

어쨌든 처음에는 시험을 해보아야 한다. 그렇게 하는 동안에 당신은 잠재의식을 자유롭게 조정하는 일이 가능해질 것이다. 이 책을 읽고 나서 지금 당장 시험해 보도록 권하고 싶다.

당신에게 가장 중요한 것은 일체의 약한 마음을 버리고 적극적인 의욕을 마음에 가득 채우도록 노력하는 일이다. 적극적인 의욕과 신념을 마음속 깊이 다져 자신을 정열적인 사람으로 만들어 보는 것이다.

신념이 강하면 어떠한 한계도 뛰어넘는다

역사가 시작된 이래, 종교가들은 인류에게 신념을 가지도록 하려고 고투해 왔다. 그러나 어떻게 하면 신념을 가지게 될 것인가 하는 구체적인 방법에 대하여는 언급된 바가 없었다. 신념이란 '자기암시에 의해 창출되는 마음의 상태이다'라는 것을 그들은 믿지 않았기 때문이다.

여기에 강한 신념을 양성하기 위한 방법을 소개해 보겠다. 다음의 내용을 몇 번이고 반복하여 읽어주기 바란다. 그러는 과정에서 신념을 갖게 될 것이다.

무엇인가 되고 싶다면
신념을 가지는 일이 그 첫걸음이다.
자! 신념을 가지자.

반드시 이루겠다는 신념을 가지자.

신념은 나의 사고에 생명을 주고 힘을 준다.

신념은 과학으로도 풀 수 없는 기적을 부른다.

신념은 나를 절망에서 끌어내 주는 마법의 약이다.

신념은 나의 고정관념을 파괴하는 다이너마이트이다.

나는 이제 신념을 가졌다.

그러므로 무서운 것은 아무것도 없다.

우주의 모든 것은 내 편이다.

반복된 사고는 강한 신념을 만든다

신념의 작용을 증명하기란 어려운 일이 아니다. 그러기 위해
선 자기암시에 대해 생각해 보는 것이 지름길이리라. 자기암시란
무엇일까? 그리고 어떤 위력을 가지고 있을까?

거듭 되풀이하여 반복된 사고는 그것이 거짓이든 진실이든
결국은 그 사람의 신념이 되어 버린다. 거듭 거짓말을 되풀이하
다 보면 언젠가는 그것이 진실처럼 생각되는 경우가 흔하지 않
은가. 사람이란 그 마음속 깊은 곳에 자기가 그리고 있는 대로의
사람이 되어 가는 법이다. 우리를 컨트롤하여 움직이고 있는 것
은 우리가 가지고 있는 무의식의 신념인 것이다.

신념을 한 알의 씨앗으로 비유할 수 있다. 비옥한 대지에 뿌려진 이 한 알의 씨앗은 나중에 싹이 터서 성장하고 꽃을 피우고 열매를 맺는다. 한 알의 씨앗은 성장하여 수십 알의 씨앗을 만든다. 이처럼 신념은 새로운 신념을 낳고 이러한 반복이 계속된다. 신념에 망설임이 끼어들 틈은 없다. 신념이 모든 망설임을 없애주기 때문이다.

사람의 마음은 언제나 무엇인가를 찾아 헤매고 있다. 그 마음속에 있는 희미한 소원이 강렬한 감정으로 신념과 이어지면 그 순간부터 소원은 불타오른다. 마치 물을 얻은 물고기처럼 쑥쑥 자라서 그 사람의 인생 마저도 지배하게 된다.

한번 더 원점으로 돌아가자. 어떻게 하면 우리들의 사고나 계획, 목표를 실현시킬 수 있을 것인가? 대답은 간단하다. 어떤 사고라 할지라도 혹은 어떤 계획이나 목표라 할지라도 '반복된 사고'는 조용히 마음속에 뿌리를 내려 반드시 싹이 트고 열매를 맺게 해준다. 그러므로 자신의 마음속에서 결정한 인생의 목표를 알기 쉬운 말로 종이에 써 놓고 매일 소리내어 읽으면 된다. 그 말은 어느 사이엔가 자신의 잠재의식 속에 성장하여 머지않아 폭발적인 위력을 발휘하게 된다.

이제 불행을 탄식하지 말자. 그 대신에 빛나는 미래를 믿자. 무엇보다도 마음이 중요하고, 마음이야말로 보물이라는 사실을 잘 이해했으리라 생각한다. 그렇다면 이제 걱정할 것은 없다. 자기암시의 힘을 사용하면 누구나 확고한 자신을 가질 수 있으며 커다란 용기도 몸에 지닐 수 있다. 그 후에는 잠재의식이 자동적으로 훌륭한 자신을 창조해 낼 것이다.

자신감을 기르는 5가지 공식

자신감도 자기 훈련에 의해 기를 수 있다. 다음의 다섯 가지 공식을 암기하여 매일 복창하고 실천해 보자.

첫째, 나에게는 훌륭한 인생을 구축할 능력이 있다. 그래서 참고 기다린다. 나는 '절대로 단념하지 않는다'고 마음속에 다짐한다.

둘째, 무엇이든지 내가 마음속에서 강렬하게 소망하는 것은 반드시 언젠가는 실현될 것이라고 확신한다. 그래서 매일 30분간 내가 이루고 싶다고 생각하는 모습을 마음속에 생생하게 그려낸다.

셋째, 나는 자기암시의 위대한 힘을 믿고 있다. 그래서 매일 10분간 정신을 통일하여 자신감을 기르기 위한 '자기암시'를 건다.

넷째, 나는 인생의 목표를 명확하게 종이에 쓴다. 다음은 한 걸음 한 걸음 자신감을 가지고 전진해 가는 일 뿐이다.

다섯째, 나는 진리와 정의에 따라 행동하지 않고는 어떠한 성공도 결코 오래 지속되지 않는다는 사실을 알고 있다. 그래서 이기적인 목표는 세우지 않겠다. 성공은 다른 사람들의 협력에 의해 이루어 지는 것이다. 그러므로 나는 우선 남을 위해 봉사한다. 사랑을 몸에 익히고 증오와 시기, 이기심이나 짓궂은 마음을 버린다.

이 자신감을 기르는 5가지 공식은 누구나 다 실행할 수 있는 것이다. 절망을 원하는가, 행복을 원하는가, 결과는 당신이 소원하는 대로 이루어짐을 충분히 이해했을 것이다.

지금까지 실패를 거듭하여 가난과 절망과 비참함에 시달려온 사람들은, 실은 자기들도 모르는 사이에 자기암시의 법칙을 잘못 사용하고 있었던 것이다.

신념과 자기암시

잠재의식은 건설적인 사고와 파괴적인 사고를 구별할 수 없다. 잠재의식은 열등감이나 공포에도 그리고 용기나 신념에도 민감하게 반응한다. 그러므로 자기암시는 그 사용 방법에 따라 우리들에게 행복과 번영을 가져오는 수도 있지만 절망의 구렁텅이에 떨어뜨려 버리는 일도 있다.

만약 당신이 공포나 의심이나 열등감에 사로잡혀 있으면 어느 사이엔가 그 자기암시가 작용하여 당신은 있으나 마나 한 인생으로 끝나버리고 말 것이다.

요트는 돛을 조정하기에 따라 동쪽으로 가기도 하고 서쪽으로 가기도 한다. 이처럼 당신의 인생도 당신의 사고방식 여하에 따라 행복하게도 되고 파멸하기도 한다.

자기암시가 어떠한 작용을 하는지 잘 표현한 시가 있다. 다음의 시에서 그 강조하는 바를 잘 음미해 보라.

만일 당신이 진다고 생각하면 당신은 질 것이다.

만일 당신이 안 된다고 생각하면 당신은 안 될 것이다.

만일 당신이 이기고 싶다는 마음 한구석에

이건 무리라고 생각하면 당신은 절대로 이기지 못할 것이다.

만일 당신이 실패한다고 생각하면 당신은 실패할 것이다.

돌이켜 세상을 보면 마지막까지 성공을 소원한 사람만이

성공하지 않았던가.

모든 것은 사람의 마음이 결정하느니.

만일 당신이 이긴다고 생각하면 당신은 승리할 것이다.

만일 당신이 무엇인가를 진정으로 원한다면 그대로 될 것이다.

자아, 다시 한번 출발해 보라.

강한 자만이 승리한다고 정해져 있지는 않다.

재빠른 자만이 이긴다고 정해져 있지도 않다.

나는 할 수 있다고 생각하는 자가
결국 승리하는 것이다.

이 시에서 가장 중요한 말은 어떤 것일까? 한번 더 찾아보라.
그리고 이 시의 뜻을 마음속에 새겨두기 바란다.

신념이 기적을 낳는다

당신 안에 지금까지 상상도 하지 못했던 훌륭한 것을 현실
의 것으로 만들어 주는 한 알의 씨앗이 잠자고 있다. 뛰어난 바
이올린 연주자가 바이올린 현에서 훌륭한 명곡을 이끌어 내는
것과 마찬가지로, 당신도 마음속에 잠자고 있는 훌륭한 재능을
끌어내 주기 바란다.

에이브러햄 링컨은 마흔 살이 넘을 때까지는 하는 일마다
실패의 연속이었다. 어디를 가나 누구도 상대해 주지 않는 존재
였다. 그러나 어느 사건이 계기가 되어 그의 마음속에서 잠자고
만 있던 천재적 재능이 눈을 떴다. 그리고는 그는 세계적인 지도
자가 되었다. 그 사건이란 슬픔과 애정이 얽힌 것으로 그가 진실
로 사랑했던 앤 래트리지가 원인이었다.

사랑의 감정은 신념과 유사한 마음의 상태이다. 사랑도 신념

과 마찬가지로 인간을 변화시키는 힘을 가지고 있다. 이것은 내가 대성공을 거둔 수많은 사람을 조사하는 도중에 발견한 것인데, 위대한 성공자 뒤에는 그를 사랑으로 굳게 지탱해 준 사람이 있었다는 사실이다.

좀더 상세하게 신념의 힘을 알기 위해 '신념에 산 사람들'을 알아보자.

우선 첫째로 들어야 할 대표적인 사람이 예수 그리스도이다. 누가 어떠한 반론을 내세운다 할지라도 그리스도교의 근본은 '신념'이라는 것을 부정하지 못할 것이다. 그리스도의 가르침이나 위업은 기적이라고 말해왔으나 기적은 신념 이외의 다른 아무것도 아니다. 기적은 신념의 힘으로 일어나는 것이다.

또한 인도의 마하트마 간디는 어떤가. 그는 신념의 놀라운 가능성을 마음으로부터 믿은 사람이다. 그에게는 한 벌의 옷을 살 돈도, 군함도, 그리고 한 사람의 병사도 없었으나 신념이라고 하는 위대한 재산을 가지고 있었다. 그 신념의 힘이 2억 국민의 마음을 흔들어 움직이게 하여, 한 사람의 마음처럼 한 곳에 모았던 것이다. 도대체 신념 외에 이런 아슬아슬한 곡예를 수행할 힘이 달리 무엇이 있겠는가.

억만장자를 만든 연설

성공하는 경영자는 다른 사람에게 요구하기 전에 먼저 베풀어야 한다는 것을 알고 있다. 사업을 하는 데 있어서, 신념은 물론이거니와 협력도 필요한 것이다. 이러한 것을 설명하기 위해 'U. S. 스틸사'를 설립하여 억만장자가 된 찰스 슈와브에 대한 이야기를 소개하겠다.

1900년 12월 12일 밤, 뉴욕 5번가의 유니버시티 클럽에는 미국을 대표하는 80명의 부호들이 모여 있었다. 어느 청년 실업가를 초대한 것이 그 목적이었다. 그렇지만 거의 대부분의 만찬객은 그 만찬회가 미국 재계를 뒤흔들 만큼 중요한 의미를 가지고 있다는 것을 상상도 하지 못하고 있었다.

J. 에드워드 시몬스와 C. 스튜어트 스미스 두 사람이 전날 피츠버그를 방문했을 때, 찰스 슈와브에게서 받은 후한 대접에 대한 답례로 열린 이 만찬회는 아울러서 철강업계의 신진으로 떠오르는 그를 은행가들에게 소개하려는 뜻도 있었다. 그러나 대부분의 만찬객들은 그가 얼마나 뛰어난 수완가인지는 미처 생각도 하지 못했다. 또 뉴욕 사람들은 긴 연설을 좋아하지 않았으므로 모두에게 호감을 주려면, 10분 내지는 20분 정도에서 연설을 마치도록 그에게 몰래 조언해 주는 사람도 있었다.

슈와브의 오른쪽에 앉아 있는 주최자격인 J. 모건마저도 의

리상 참석한 것처럼 보였다. 다음 날 신문에 게재될 만한 화제가 있을리 없는 흔한 만찬회였다.

만찬객들은 여느 때와 마찬가지로 이미 7~8코스의 요리를 끝냈지만 특별한 화제가 없어 모두가 지루한 듯했다. 슈와브가 알고 있는 은행가나 실업가는 거의 없었다. 그는 아직 일부 지역에서만 이름이 나 있을 뿐이었다. 그러나 만찬회가 끝나갈 무렵에는 재계의 보스인 모건을 비롯하여 모든 참석자들이 이 청년 실업가에게 완전히 반하고 말았던 것이다.

그날 밤 찰스 슈와브의 연설은 문법적으로는 칭찬할 만한 것이 아니었으나 위트가 풍부하고 핵심을 명확하게 찌른 짜임새 있는 연설이었다.

무엇보다도 슈와브가 설명한 총액 50억 달러에 이르는 대계획에 참석자들은 커다란 충격을 받았다.

연설이 끝났는데도 아무도 자리를 뜨려고 하지 않았다. 슈와브의 연설은 장장 90분이나 되는 연설이었지만, 모건은 곧 그를 구석진 곳에 있는 테이블로 데리고 가서 1시간 이상이나 긴 대화를 나누었다.

무심한 반응을 보이던 사람들의 마음을 움직인 것은 과연 무엇이었을까? 그것은 슈와브의 매력적이고 흠 없는 개성 때문이기도 하지만 보다 결정적인 것은 그가 발표한 내용, 즉 당장이라도 실현이 될 것 같은 철강업계 재편성에 대한 원대한 계획이었다.

지금까지 많은 사람들이 모건에게 새로운 상품 기획안을 들고 왔었고, 투기꾼인 존 게이츠도 모건의 마음을 사로잡기 위해 여러 가지 방법을 동원했으나 성공하지 못했었다. 그런데 이 거물 실업가가 슈와브의 구상을 듣고 완전히 넋을 잃었다.

그의 구상은, 수천 개가 넘는 소회사를 흡수하고 때로는 이익도 내지 못하는 회사까지 모두 통합하여 거대기업으로 만드는 전략이었다. 그러나 이 구상 자체는 이미 1세대 전부터 알려져 있었던 것으로, 철강업계에도 존 게이츠가 자회사만을 체인화한 '아메리칸 스틸 앤드 와이어'를 창립하고 있었고, 모건과 함께 '연방 제강사'라는 통합회사를 만들기까지 했다.

그러나 이것들은 앤드류 카네기의 대규모 수직통합 조직에 비하면 53개사나 되는 멤버가 출자하고 있는 협동 조합마저도 마치 소꿉장난처럼 보였다. 그들이 어떠한 방법으로 단결을 해도 카네기의 거대한 조직에는 털끝만큼도 영향을 주지 못했다. 이것은 모건도 익히 잘 알고 있었다.

완고한 스코틀랜드 노인인 앤드류 카네기는 모건의 소업체들이 자기 사업에 도전하는 것을 관망하고 있다가 눈에 거슬릴 경우에는 가끔 엄하게 일침을 놓기도 했다. 모건도 남에게 지기 싫어하는 성격이었으므로, 어떻게 하든 카네기를 꼼짝 못하게 하려고 결심하고 있었다. 그때 마침 슈와브의 연설은 모건에게 그 방법에 대한 힌트를 제시하고 있었다.

슈와브의 연설을 듣고 모건은 지금까지 하던 방법이 근본적으로 잘못되었다는 것을 알았다. 이를테면 '카네기의 전조직'을 매수해버리지 않는 한, 모건의 조직은 속수무책이라는 것을 깨달았던 것이다.

　　1900년 12월 12일의 만찬회에서 슈와브가 한 연설에는 카네기의 철강회사가 가까운 장래에 모건에게 흡수될 수도 있다는 암시가 들어 있었다. 또 슈와브는 국제적인 시야로 철강계의 장래를 예측하고 합리적인 경영을 실행하기 위해 먼저 조직을 근본적으로 재편성할 것을 제안했다. 무계획하게 난립하고 있는 공장이나 설비를 정리, 통합하여 자본을 일원화하고 원자재의 유통을 개선하고, 정계와의 연계를 설명했던 것이다.

　　그리고 슈와브는 그 연설에서 카리브해를 노략질하고 다니던 해적이 얼마나 큰 잘못을 범했는지 예를 들면서 무엇이든 독점하여 값을 엄청나게 올려 사리를 꾀하려는 경영 자세가 얼마나 어리석은 생각인지를 납득이 가도록 설명했던 것이다. 지금까지의 방법이 얼마나 근시안적이며, 온 세계의 모든 분야가 발전하려고 하는 시점에서 철강 시장만을 독점하려는 것이 타산업의 발전에 어느 만큼 압박을 주어 왔는가를 날카롭게 지적했다. 여기서 우두머리를 바꿔 철강의 가격을 끌어내리면 시장은 급속도로 확대될 것이며, 철강은 더욱더 여러 가지 분야에 사용하게 되어 세계적인 장사가 가능하게 될 것이라고 역설하였다.

이제 와서 생각해 보면, 슈와브는 그 자신은 깨닫지 못하고 있었겠지만 현대에서의 대량 생산 전략의 시조가 되었던 것이다.

유니버시티 클럽의 만찬회에서 돌아와서 모건은 장밋빛으로 빛나는 슈와브의 계획을 생각하면 좀처럼 잠이 오지 않았다. 한편 슈와브는 피츠버그에 돌아와, 철강 사업을 계속하였다. 게일라나 그밖의 멤버들도 집으로 돌아와 주식시장을 주시하면서 다음에는 무슨 일이 일어날 것인지 지켜보고 있었다.

모건이 허리를 펴고 일어날 때까지는 그다지 많은 시간이 걸리지 않았다. 만찬회에서 들고 나왔던 슈와브의 맛있는 요리 즉, 대대적인 구상을 소화하는 데 걸린 시간은 단 일주일이었다. 모건은 이 계획에 따른다면 자금 조달에 별 어려움이 없을 것으로 판단했다. 그래서 곧 슈와브와 손을 잡으려고 생각했으나 그의 앞길을 막는 걱정거리가 하나 있었다. 그것은 카네기가 자기 조직의 멤버인 슈와브가 월가의 제왕과 손을 잡은 것을 알게 되면 반드시 좋아하지 않을 것이라는 것이었다. 더구나 카네기는 이 월가를 걷기조차 싫어할 정도였으니까.

그래서 모건은 중개역으로 존 게이츠를 지명했다. 게이츠의 책략이란 슈와브가 필라델피아의 호텔에 머물고 있을 때, 우연히도 모건이 그곳에 나타난다는 계획이었다. 그러나 운이 나쁘게도 그날 모건은 병이 나서 뉴욕의 자택에서 움직이지를 못했다. 하는 수없이 다른 사람이 중개자가 되어 후일 슈와브는 뉴욕에서 정식으로 모건과 재회를 했다.

어느 경제 전문가에 의하면 이 드라마는 처음부터 A. 카네기가 계획한 것이며 슈와브를 위해 열린 그 만찬회도, 그 유명한 연설도, 그리고 슈와브와 모건과의 만남도, 모두가 빈틈없이 이 스코틀랜드인이 고안해낸 것이라고 하지만 사실과 전혀 다르다.

이 모든 것이 슈와브의 치밀한 계획과 열정 그리고 노력에 의해 이루어졌다. 아무도 그 만찬회에서 모건이 슈와브의 계획에 그 정도로 열심히 귀를 기울이고, 한층 더 흥미를 나타내리라고는 생각지 않았다.

슈와브는 모건에게 진심으로 열의를 다해 설명했다. 개개의 힘의 한계를 설명하고 새로운 이익을 창출하는 시스템을 발표하는 그의 모습은 그야말로 새로운 철강계의 별처럼 보였다.

그는 절대적인 자신감을 가지고 역설했다. 그리고 이 계획은 다른 어느 누구도 흉내를 낼 수 없으며, 또한 함께 협조하여 한몫 보자는 생각의 사람은 일체 받아들이지 않겠다고 덧붙였다.

사고의 힘이 부를 부른다
||||||||||||||||||||||||||||||||||||||||||||||||||||

모건은 회의가 끝나갈 무렵 슈와브에게 물었다.

"앤드류 카네기는 팔겠는가?"

"해보겠습니다."

슈와브의 자신있는 대답을 들은 모건이 약속했다.

"매수가 성공하면 그 다음은 자네에게 맡기겠네."

여기까지는 순조롭게 진행되었으나 과연 카네기가 제의를 어떻게 받아들일지 미지수였다. 가령 판다고 해도 어느 정도 요구를 할 것인가? 지불 방법은 어떻게 하면 될까? 만일 현금을 요구한다면 어찌할 것인가 등….

서릿발이 내릴 듯한 추운 날씨에 슈와브는 카네기와 만났다. 그들은 추위를 쫓으려고 떠들썩하게 잡담을 주고받으며 골프를 치고 있었다. 그리고 따뜻한 휴게실로 돌아오기까지 비즈니스에 관계된 일은 단 한마디도 교환하지 않았다.

이윽고 슈와브가 천천히 말을 꺼냈다. 유니버시티 클럽에서 80명이나 되는 부호들을 매료시킨 그 설득력으로 변덕스러운 노실업가의 마음을 거슬리지 않도록 하면서, 은퇴하여 안락한 여생을 보낼 수 있도록 막대한 자금이 준비되어 있는 것을 설명했다.

카네기는 "음, 음" 하면서 고개를 끄덕이고 있었다. 슈와브의 말을 다 듣고 난 카네기는 메모지에 숫자를 써서 그에게 건네주면서 이렇게 말했다.

"이 값이면 팔도록 하겠네."

메모지에는 4억 달러라고 쓰여 있었다.

그리고 슈와브의 설득 결과, 우선 3억 2천만 달러를 지불하고 나머지 8천만 달러는 향후 2년간 증자의무의 무상 교부로 지불하는 조건으로 결정되었다. 나중에 카네기는 대서양 횡단 여객선의 갑판에서 모건에게 아쉬운 듯이 이렇게 말했다.

"1억 달러 더 요구해도 되었을 걸."

물론, 이 사건은 전세계에 큰 소동을 불러일으켰다. 영국의 통신사는 "이 초거대조직에 세계가 허리를 펴지 못할 것이다"라고 타전했다. 예일 대학의 허들리 학장은 "이 조직은 언젠가 법률로 규제를 받기 전까지, 적어도 25년 동안은 워싱턴의 제왕으로서 군림할 수 있을 것이다"라고 말했다.

그렇게 하여 대합병 후 유명한 주식투자가 킨이 신주 매점에 달려들자 6억 달러에 이르는 다른 주도 순식간에 폭등하여 카네기는 수백만 달러, 모건의 신디케이트는 수천만 달러를 벌어들였고, 그밖에 게이츠에서 게일리에 이르기까지 관계한 모든 사람이 각각 수백만 달러의 이익을 얻었다. 그리고 38세의 수완가 슈와브는 철강업계를 하나로 뭉친 'U. S. 스틸사'의 사장이 되어 막대한 소득을 올렸다.

이 드라마틱한 거대 사업의 일화는 소망이 구체적인 가치를 창출하기까지의 메커니즘을 분명하게 가르쳐주고 있다.

이 거대한 조직은 한 사람의 마음속에서 생겨났다. 그리고 철강과 결부시킨 계획도, 카네기의 철강회사를 매각한 방법도,

같은 사람의 마음속에서 상상된 것이다. 단 한 사람의 소망과 신념과 상상력, 그리고 인내력이 이 'U. S. 스틸사'를 탄생시킨 것이다.

찰스 슈와브의 소망과 신념이 J. 모건의 마음을 움직이게 하였고, 그 결과로 인해 6억 달러나 되는 자산을 모은 것이다. 인간의 소망과 신념이 그 얼마나 막대한 자금을 만들었는가!

'U. S. 스틸사'는 그후에도 크게 번영하여 미국 최대의 기업이 되었다. 오늘날 철강의 용도는 확대되고 새로운 시장이 개발되어 종업원이 수만 명에 달하고 있다.

막대한 부, 그것은 바로 소망 가운데서 탄생되는 것이다. 우리의 부에 한계가 있는 것은 우리의 소망에 한계가 있기 때문이다. 신념은 한계를 초월한다. 당신이 인생의 갈림길에 서게 되었을 때, 꼭 한번 더 이 이야기를 상기해 주기 바란다.

무한한 힘을 가지고 있는 신념

가난하게 되거나 부자가 되거나 어느 쪽이든
그렇게 되기 위한 자신의 신념에서 비롯된다.

신념이 없으면 성공도 없다.
신념은 잠재의식에 자기암시를 줌으로써
강화할 수 있는 것이다.

신념의 놀라운 힘은 링컨이나 간디의 경우처럼
몇백만 명이라는 사람들의 마음을
흔들어 움직이게 한다.

Think
And
Grow
Rich

STEP
3

자기암시는

놀라운 힘이 있다

날마다 마음속에 성공을 그려라.

긍정적인 자기암시는

목표를 이루기 위한

가장 효과적인 자극방법이다.

───────── 자기암시란 우리가 오감(伍感) 즉 시각·청각·후각·미각·촉각을 통해 스스로 자기 마음에 주는 암시나 자극을 말한다. 일종의 자기 최면이라고 할 수 있는데 자기암시는 자신의 생각이나 소원을 의식적으로 잠재의식에 주입함으로써, 우리들의 인생마저도 변화시키는 힘을 가지고 있다.

사람은 누구나 '자기의 생각'이라는 것을 가지고 있다. 그리고 그것이 긍정적이든 부정적이든 자기의 생각이 자기도 모르게 잠재의식에 자기암시를 주고 있다.

인간은 이 오감을 통해 잠재의식에 받는 암시의 힘으로 생활에 필요한 모든 것을 창출하는 능력을 가진 동물이다. 그러나 이 능력을 효과적으로 활용할 수 있는 사람은 드문 것 같다.

잠재의식은 비옥한 밭과 같다. 하지만 그 땅이 아무리 기름지다 해도 씨앗을 뿌리지 않고 방치해 두면 머지않아 잡초가 무성해 못쓰게 된다. 이것은 잠재의식에도 마찬가지로 적용된다.

긍정적인 자기암시가 주어지면 잠재의식은 당신이 바라는 것을 가꾸어 발전시킨다. 그러나 만약 그대로 방치해 두면 가능성에 가득찬 잠재의식도 잡념에 점령되어 파멸해 버린다.

되풀이하는 일의 중요성

소망을 이루는 6가지 원칙을 이미 앞에서 설명한 바 있다.

당신의 소망을 종이에 써서 하루에 세 번씩 소리내어 읽고, 이미 그 소망을 달성한 것처럼 느끼도록 노력하라고 일러주었다. 이 가르침을 지켜나가면 당신의 소망은 잠재의식 속에서 부동의 신념으로 변화할 것이다.

이 가르침을 되풀이하면 당신은 소망을 일으켜 현실의 돈이나 그외의 것으로 전환시키는 적극적인 사고가 차차 습관화되어 몸에 배게 된다. 그런 의미에서 여기서 한번 더 6가지 원칙을 숙독해 주기 바란다. 그렇게 하면 자기암시의 작용을 한층 더 잘 이해하게 될 것이다.

그런데 소망을 소리내어 읽을 때, 중요한 것은 그 말이 아니고 그것을 반복함으로써 생겨나는 마음의 변화이다. 잠재의식은 마음의 변화 즉, 감동에 의해서 비로소 놀라운 힘을 발휘하게 된다. 싫증이 나겠지만 되풀이하는 일의 중요성을 십분 이해해 주기 바란다. 이 되풀이하는 일을 안이하게 생각하고 있기에 많은 사람들이 어떠한 방법으로든 기회를 놓치고 있는 것이다.

말뿐인 그것도 감정이 깃들여 있지 않은 말로는 잠재의식을 움직이지 못한다. 잠재의식을 자극하기 위해서는 신념에 찬 감정이 배어나는 힘찬 말이어야만 한다. 아마도 처음 마음먹은 사람에게는 어려울지도 모른다. 그러나 한두 번으로 잘 되지 않는다 해서 곧 그만두어서는 안 된다. 연습도 하지 않고 노력도 없이 무엇인가를 얻으려고 하는 안이한 생각은 버리도록 하라.

진심으로 성공하기를 원한다면 '수를 쓰는 일'은 하지 않아야 한다. 인내하며 끝까지 해내야 한다는 각오가 잠재의식을 불러일으키는 것이다.

그러면 한번 더 자신의 마음에다 물어보라. 당신은 진심으로 소망하고 있는가? 자기암시가 그 힘을 발휘하게 될 것인가, 아닌가는 당신이 얼마만큼 소망에 마음을 집중시킬 수 있는가에 달려 있는 것이다.

기적을 일으키는 믿음

우리에게 요구되는 것은 집중력이다. 어떻게 하면 집중력을 단련할 수 있을까? 그 첫번째가 소망하는 바를 명확하게 하는 것이다. 예를 들어 당신이 많은 돈을 원한다면 바라는 돈의 액수를 분명하게 정한다. 그리고 눈을 감고 정신을 집중하여 이미 그 소망을 달성한 것처럼 마음속에 그리는 일이 중요하다.

다음으로 알아 두어야 할 것은, 잠재의식은 무엇이든 주어지는 암시를 받아들이나, 몇 번이고 되풀이하지 않으면 좀처럼 그 암시를 받아들이려고 하지 않는다는 사실이다.

이렇게 계속 반복하여 자기암시를 하는 것 못지않게 중요한 것이 바로 믿음을 갖는 것이다. 잠재의식이 굳은 신념을 만들어 주는 것은 무엇보다도 당신이 믿기 때문이다. 가령 당신이 부를 얻을 수 있다고 믿었을 때 이미 돈은 당신이 손을 내뻗치도록 기다리고 있을 것이다. 그리고 잠재의식이 당신에게 완전한 실행 계획을 가르쳐 줄 것이다.

이미 말한 바와 같이 소망을 부로 전환시키는 데는 그것을 마음속에 그리는 상상력이 필요하다. 그러면 상상력이 어떤 힘을 가지고 있는가, 어떤 일을 할 수 있는가, 그 수행하는 역할은 과연 무엇인가 하는 것들이 명확해질 것이다.

당장 행동으로 들어가라

소망하는 것을 이루기 위해서는 먼저 확고한 계획을 세우는 일이 중요하겠지만, 더욱 중요한 일은 그 소망을 위한 '행동을 일으키는 일'이다. 그리고 그 전에 해야 할 일은 '마음속에 성취했을 때의 자신의 모습을 그리는 일'이다.

그렇게 하면 잠재의식이 작용하여 당신에게 무엇인가 해야 할 일을 가르쳐 줄 것이다. 당신이 무엇을 해야 할 것인가 하는 것은 인스피레이션(Inspiration; 영감)이라는 육감(感)의 번쩍임에 의해 알게 된다. 인스피레이션이 떠오르게 되면 진솔하게 있는 그대로를 받아들여 그것을 충실하게 실행하면 된다.

"목표 실현을 위한 면밀한 계획을 세워 아직 준비가 되어 있지 않아도 상관하지 말고 당장 행동에 옮긴다."

이 말대로 따르는 일이 중요하다. 이제 자신의 이론은 깨끗이 버리도록 한다. 원래 이론이라는 것은 게으름뱅이다. 그러므로 이론에만 사로잡혀 있으면, 결국은 모든 것이 중도에서 흐지부지 끝나버릴 우려가 있다.

당신이 마음속에 소망을 이룬 모습을 그릴 수 있게 되면 다음은 그것을 위해 당신이 '어떻게 노력할 것인가'를 생각해야 한다. 이것은 매우 중요한 일이다.

잠재의식을 움직이는 3가지 원칙

잠재의식을 움직이는 자기암시 방법에는 세 가지가 있다.

첫째, 밤에 잠들기 전에 당신이 쓴 암시의 말을, 이미 그것을 손에 넣었을 때의 모습을 마음속에 그리면서 또렷한 목소리로 읽는다. 예를 들어 당신이 5년 후 1월 1일까지 세일즈맨으로 활동하여 5만 달러를 벌려고 마음먹었다 하자. 그때 당신이 하는 암시의 말은 아마도 다음과 같으리라.

"나는 19XX년 1월 1일까지 5만 달러의 돈을 모은다. 이 돈은 5년 동안에 차차 모이게 될 것이다. 나는 이 금액을 얻기 위해 최선을 다할 각오가 되어 있다. 나는 세일즈맨으로서 모든 손님에게 최대의 서비스를 한다(가능하면 구체적으로 쓸 것). 나는 이 돈이 반드시 손에 들어올 것이라고 확신한다. 나는 목적한 돈에 대해 확고한 신념을 가지고 있으므로 그 돈은 손에 만질 수 있을 정도로 분명하게 마음속에 그릴 수 있다."

둘째, 다음에는 이 '암시의 말'이 마음속에서 완전히 당신의 것으로 될 때까지 아침, 저녁으로 반복하여 읽는다.

셋째, 벽이나 천장, 화장실, 책상 등 눈에 잘 띄는 곳에, 이 '암시의 말'을 붙여 두어 항상 당신의 마음을 자극하도록 한다.

이 세 가지 일을 실행하는 것이 자기암시의 힘을 발휘시키는 가장 좋은 방법이다. 그리고 이러한 것을 행할 때 반드시 감정을 깃들여서 해야 하며 특히 신념을 가지고 자기암시를 행하도록 노력해야 한다.

이런 일을 하는 것이 매우 바보스러운 것처럼 생각되는 사람이 있을지도 모른다. 그러나 아무리 창피해도 기세가 꺾여서는 안 된다. 주저하지 말라. 물러서지 말라. 그냥 충실하게 용기를 가지고 해보자.

누가 뭐라고 말해도 상관하지 말라. 당신이 정열을 가지고 순수한 마음으로 이 가르침을 실행해 간다면, 지금까지 당신을 속박하고 있던 고정관념이라는 그물이 풀리고 껍질이 깨져, 당신은 다시 태어난 기분으로 변화될 것이다.

운명을 변화시키는 힘

옛날 사람들은 "지구는 둥글다"라는 말을 좀처럼 믿지 않았다. 이처럼 인간은 새로운 것에 대해서는 무엇이든 일단 의심을 하고 보는 애석한 경향이 있다. 그러나 의심을 모두 버리고 용기있게 이 가르침을 실행한다면, 이제까지는 소심한 생쥐와 같았던 사람도 적극적인 신념의 호랑이로 변할 것이다.

지금까지 많은 철학자들이 "인간은 자신의 운명을 지배할 수 있는 존재이다"라고 말해 왔다. 어떻게 인간이 스스로 운명의 지배자가 될 수 있을까? 어떻게 인간이 그 생활 환경을 지배할 수가 있을까?

그 이유는 인간은 자신의 잠재의식을 발동시켜 변화시키는 힘을 가지고 있기 때문이다.

소망을 부나 그 외의 가치 있는 것으로 전환시켜 가기 위해서는 자기암시의 힘이 작용되지만, 자기암시가 부를 만들어 내는 것은 아니다. 자기암시에 의해 자극을 받은 잠재의식이 부를 만들어 내는 것이다. 자기암시는 그 도구에 지나지 않는다. 그러나 잠재의식을 자극하는 가장 효과적인 수단이 자기암시라는 사실을 고려해볼 때, 우리들 인생에서 자기암시가 얼마나 중요한 역할을 수행하고 있는지 분명하게 알 수 있다.

그런 의미에서 이 자기암시의 단계를 매일 저녁 되풀이하여 소리내어 읽어주기 바란다. 가능하면, 연필로 줄을 치면서 읽으면 보다 더 효과가 있을 것이다.

당신이 풍요로워지고 싶다면…

잠재의식은 비옥한 밭과 같다.
그러나 그 땅이 아무리 기름지다 해도
그대로 방치해두면
머지않아 잡초가 무성해 못쓰게 된다.
따라서 긍정적이고 적극적인 자기암시의 씨앗을 심고
열심히 가꾸어야 한다.
이로 인해 당신은 점점 풍요로워질 수 있다.

Think
And
Grow
Rich

STEP
4

전문 지식을

활용한다

"

성공의 길로
진입하는 사람에게 있어서
여러 가지 지식은
그 길을 포장해 준다.

"

지식에는 두 가지 종류가 있다. 하나는 일반 지식이고 또 하나는 전문 지식이다. 일반 지식은 아무리 다양하고 폭넓게 알고 있을지라도 부를 축적하는 데는 별로 쓸모가 없다.

그 예로써, 대학에서 고도의 일반 지식을 가르치고 있는 교수들을 보자. 그들은 '지식을 가르치는 일'에는 프로일지 몰라도 그 지식을 '효과적으로 짜임새 있게 활용하는 일'에는 프로가 아니기 때문에 부를 쌓는 것과는 관계가 멀다.

지식을 많이 갖고 있기 보다는 얼마나 잘 활용하느냐에 따라 부를 축적할 수 있는 것이다. 즉 지식은 '단순한 재료'에 지나지 않는다. 그 지식이 효력을 발휘하기 위해서는 목표 달성을 위해 효과적으로 사용되어야 한다.

그런데 사람들은 헨리 포드가 학교를 거의 다니지 않았다는 이유로 그를 무식한 사람이라고 단정해버리는 경향이 있는데 그것은 잘못된 생각이다. 이렇게 생각하고 있는 사람들은 아마도 '교육'이라고 하는 말의 의미를 정확하게 파악하지 못하고 있는 것이다. 교육(Education)이라는 말은 라틴어의 'Eluco'에서 생겨난 것으로 '끌어낸다'라는 의미가 있다. 즉 인간의 내부에 원래 갖추어져 있는 능력이나 재능을 끌어내어 확장해 간다는 의미이다.

그러므로 진정으로 교육을 받은 사람이란 자기 마음속에 갖추어져 있는 여러 가지 능력을 자유자재로 능숙하게 조절함으로써, 주위 사람들과 협조하면서 자기의 목표를 달성해 나가는 사람을 말한다.

지식이 많다고 해서 성공하는 것은 아니다

제1차 세계대전 때, 시카고의 어느 신문사에서 헨리 포드를 '무지한 평화주의자'라고 논평한 기사를 실은 적이 있었다. 포드는 그 사설에 이의를 제기하고 명예훼손으로 고소했다.

재판이 진행되자 신문사측 변호사는 포드를 증언대에 세워 그가 무지한 인간이라는 것을 배심원들에게 증명하려고 했다. 변호사는 포드에게 질문 공세를 폈다.

포드는 자동차에 대해서는 깊은 전문 지식을 가지고 있었지만 이렇게 짓궂은 질문 공세에는 거의 대답을 하지 못했다.

포드에게 퍼부은 질문은 가령 "베네딕트 아놀드란 어떤 인물이었습니까?"라든가, "1776년의 독립전쟁 당시 영국이 미국에 파병한 군대의 수는 얼마였습니까?" 등 어처구니없는 것들이었다.

"영국이 보낸 군인의 수는 정확히 모르겠지만, 아마 전쟁이 끝나고 귀국한 군인의 수보다는 많았을 거라고 생각합니다."

그래도 포드는 이처럼 진지하게 대답을 했다. 그러나 너무도 지나치게 공격적인 질문을 받자, 포드는 변호사를 향해 손가락질하면서 이렇게 답변했다.

"만약, 내가 당신 질문에 모두 대답해야 한다면 여기서 한 가지 알아둘 것이 있소. 내 사무실 책상에는 많은 버튼이 한 줄로 늘어서 있는데, 그 중 필요한 버튼 하나를 누르기만 하면 그 분야의 전문가가 와서 나에게 정확한 답을 가르쳐 줍니다. 오히려 당신에게 묻고 싶소. 어째서 내가 지금까지 질문받은 것과 같은 일반 지식을 모두 알아 두어야 할 필요가 있나요? 나에게는 필요할 때, 필요한 지식을 알려 주는 많은 전문가가 있는데……."

이것은 참으로 논리적인 반론이었다. 이 물음에는 자타가 공인하는 그 변호사도 입을 다물어야만 했다. 또 법정에 꽉 들어차 있던 사람들도 포드가 무지한 사람이기는커녕 매우 지식이 있는 인물이라는 것을 인정해야만 했다.

필요할 때 어떻게 올바른 지식을 얻을 수 있는지 알고 있고,

그 지식을 체계화하여 효과적으로 활용할 줄 아는 사람이 무지할 까닭이 있겠는가? 포드는 필요로 하는 전문 지식을 곧바로 얻어 활용했기 때문에 미국 최대의 부호가 되었던 것이다.

이와 같이 자신이 얼마나 지식을 가지고 있는가는 그다지 중요한 문제가 아니다. 중요한 것은 지식을 활용하느냐 못하느냐에 있는 것이다.

다른 사람의 지식을 활용하는 지혜

당신의 소망을 부나 그밖의 다른 것으로 전환하고자 할 때 당신은 좀더 자신의 능력에 대해 자신감을 갖고 싶다고 생각할지도 모른다. 즉 부자가 되기 위해 보다 많은 전문 지식을 가지고 싶다고 생각할 것이다.

그러나 반드시 자신이 그 지식을 전부 가질 필요는 없다. 각 전문가들을 협력자로 하여 도움을 구하면 당신의 약점을 보완할 수가 있기 때문이다. 다시 말해서 전문 지식을 가진 현명한 인재를 고도로 조직화하여 활용함으로써 막대한 부를 얻을 수 있다.

따라서 재산을 축적하는 데 있어서 본인이 반드시 전문 지식을 가질 필요는 없다. 이른바 교육을 충분히 받지 못한 사람도 재산을 축적할 수 있는 것이다. 또 단지 교육을 받지 않았다는 이유로 열등감에 사로잡혀 고민하거나 염려하지 않아도 된다. 전문가를 모아 협력자를 만듦으로써 당신은 그 보좌역들과 동등한 교육을 받은 사람이 될 수 있다.

토머스 에디슨은 3개월밖에 학교를 다니지 못했다. 그러나 그는 결코 지식이 없는 사람이 아니었으며 비참한 인생을 겪은 사람도 아니었다. 헨리 포드도 6년 정도의 학력밖에 없었지만 큰 부자가 되어 유복한 일생을 보냈다.

이와 같이 전문 지식이 없다 해서 고민할 필요가 없다. 당신도 필요한 전문 지식을 가진 사람들의 협력을 얻는 것으로 성공을 거둘 수 있는 것이다.

어떻게 지식을 얻을 것인가

먼저 목적을 위해 어떤 전문 지식이 필요한지 알아야 한다. 그것은 당신 인생의 목적이나 목표의 크기에 따라 결정될 것이다. 필요한 전문 지식이 무엇인지 결정되면, 그 지식을 어디서 어떻게 손에 넣을 것인가를 검토한다.

여기에 참고로 지식을 얻는 방법을 몇 가지 소개하겠다.

- 자신의 경험과 교육에 눈을 돌린다.
- 주위에 있는 사람들의 경험이나 지식을 활용한다.
- 대학의 공개 강좌를 필요에 따라 수강한다.
- 공공 도서관을 이용한다. 책은 문명의 최대 이기로써 크게 활용해야 한다.
- 전문 학원이나 야간 강좌, 통신 교육 등을 이용한다.

필요한 지식을 얻게 되면 다음은 그것을 효과적으로 체계화하여 실행 계획을 세워야 한다. 지식은 활용하여 가치있는 결과를 만들어낼 때 그 의미가 있는 것이다.

만일 당신이 좀더 공부하고 싶다면 먼저 무엇을 위하여 어떤 지식을 찾고 있는가를 명확히 해야 한다. 다음으로 어떻게 그 지식을 얻을 수 있는가를 연구해야 한다.

성공하는 사람들은 언제까지나 그 목표나 사업에 관계있는 전문지식을 탐욕스럽게 계속 파고든다. 그러나 성공하지 못하는 사람들은 학교를 졸업하면 이제 모든 공부는 끝났다고 잘못 생각하고 있다. 학교 교육이라는 것은 '어떻게 하면 인생에 유익한 지식을 얻을 수 있는가' 하는 공부 방법을 가르쳐 주는 데 지나지 않는다.

또한 현대는 각 분야에서의 전문 지식을 가진 사람을 필요로 하므로 자기 교육에 충실해야 한다.

배우는 것에는 나이가 따로 없다

경영자들은 여가를 활용하여 공부하는 의욕적인 사람이야말로 지도자로서 기대가 된다는 것을 경험에 의해서 잘 알고 있다.

이렇게 시간을 아껴가며 공부하는 열성적인 샐러리맨이 언제까지나 말단으로 있을 리가 없다. 그들의 노력은 반드시 보상된다. 나태한 자는 그들을 위해 길을 양보하지 않을 수 없고 상사들은 반드시 그들을 발탁하게 될 것이다.

'가족을 부양해야 하므로 공부할 시간이 없다'든가 '나이를 너무 먹어 공부하는 것이 창피하다'라든가 '좋은 대학을 나왔는데 다시 교육을 받는다는 것은 품위 문제'라는 등 핑계를 대는 사람들을 위해 스튜어트 오스틴 와이어에 대한 이야기를 할까 한다.

와이어는 처음에 건설회사의 기사로 취직했으나 근무하던 회사가 도산하여 수입원이 단절되고 말았다. 그래서 곰곰이 생각한 끝에 기업의 법률 고문이 되어 보겠다고 결심했다. 그는 다시 대학에 들어가 전문 코스를 수강하여 드디어 시험에 합격하였다. 그리고 훌륭한 법률 고문이 되어서 고수입을 얻게 되었다.

와이어에 대해 좀더 상세히 말하자면, 그가 다시 대학에서 공부를 시작할 당시의 나이는 40세였다. 당연히 결혼하여 가족을 부양해야 할 입장에 있었다. 하지만 그는 몇 군데 대학의 정보를 상세하게 조사하여 그에게 필요한 전문 지식을 가장 조직적으로 공부할 수 있는 대학을 선택했다. 그 덕분에 보통 학교라면 4년이 걸리는 것을 불과 2년만에 마치게 되었다.

이것으로 지식을 획득하기 위해 얼마만큼의 노력이 필요하다는 것을 알았으리라 생각한다.

아이디어는 어디에나 있다

식료품점에 근무하고 있던 사람이 마침내 정년이 되었다. 그는 부기 경험이 조금 있는 것을 활용하기로 결심하고 부기 전문 코스를 수강하였다. 부기와 그 사무기 사용방법을 마스터한 그는 독립하여 기장업(記帳業)을 개업하였다. 그리고 이전에 근무하였던 식료품점을 비롯하여 100여 개 점 이상이나 되는 중소 상점과 계약을 할 수 있게 되었다.

이 사업은 크게 적중하여서 나중에는 버스를 개조해 그 안에 계산기나 타자기를 설치하고 순회 처리할 정도로 발전해갔다. 몇 사람의 조수까지 두게 된 그는 이전에 받던 급료의 10배 이상이나 되는 소득세를 지불할 만큼 성공을 거두었다. 이것은 부기에 관한 전문 지식을 효과적으로 활용하는 상상력이 있었기 때문이다.

그런데 상상력으로 이 사람보다 더 큰 수입을 올린 사람이 있다.

이 실화의 주인공도 본래는 어느 상점의 판매원이었다. 그는 그때까지의 판매원 생활을 그만두고 새로운 연구를 시작했다. 그가 착수한 것은 도매업자용의 이익 계산이 동시에 되는 신식 장부였다. 이 아이디어는 좋았으나 어떻게 실수입으로 전환시키느냐 하는 것이 그의 고민이었다. 그에게는 부기에 대한 전문 지식은 있었지만 그것을 활용하여 돈으로 전환시키기 위한 상상력이 부족했던 것이다.

그러나 이 문제는 어느 유능한 젊은 여성에 의해 해결되었다. 그녀는 신식 장부의 구상을 상세하게 듣고는 그것을 멋지게 작성해냈다. 아름답게 타이핑하여, 정성껏 제본된 이 신식 장부는 미처 만들어내지 못할 정도로 주문이 쇄도했다.

행운을 가져오는 카탈로그

만약 당신을 아주 유리한 조건으로 사회에 내보낼 방법이 있다면 당신은 어떻게 할 것인가? 다음에 소개하는 내용을 통해서 그 방법을 찾아보길 바란다.

이 아이디어는 풍부한 상상력을 가진 한 어머니에게서 나왔다. 그녀에게는 대학을 졸업했는데도 적당한 취직 자리를 찾지 못해 고민하고 있는 아들이 있었다. 이러한 아들을 위해 궁리하던 이 어머니는 자신을 유리하게 내보일 수 있는 안내서 같은 것이 있다면 반드시 쓸모가 있을 거라고 생각했다. 그래서 아들을 자세하게 소개한 카탈로그를 만들게 된 것이다. 그녀가 만든 카탈로그는 지금까지 나와 있는 것과는 비교도 안 될 정도로 훌륭한 것이었다.

이 카탈로그는 50페이지 분량으로 아름답게 타이핑한 그야말로 흠잡을 데 없는 완전한 데이터였다. 여기에는 그녀 아들의 성격과 특기, 학력, 자격, 취미, 경험, 교우 관계 등 그에 관한 모든 것이 상세하게 정리되어 있었다. 거기에다 그녀의 아들이 희망하고 있는 직종과 지위와 수입이 당당하게 적혀 있었다. 그리고 그 지위를 얻게 되면 그가 어떻게 활약을 할 것인가도 그림을 보는 것 같이 명확하게 설명되어 있었던 것이다.

이 카탈로그는 몇 주일이나 걸려서 신중하게 작성되었다. 그녀는 아들을 매일 도서관에 보내어 카탈로그를 만드는 데 필요한 모든 자료를 수집하게 했다. 그리고 생각하고 있는 모든 회사를 방문하여 유익한 정보를 많이 가져오게 했다. 이러한 노력 결과, 완성된 카탈로그에는 개인에 대한 정보뿐만 아니라 그 회사에서 필요로 하는 정보들도 가득 들어 있었다.

10년 간의 절약

이런 의문을 가지고 있는 사람이 있을지도 모른다.

"일자리를 구하려고 그렇게 번거로운 일을 할 필요가 있을까?"

그 대답은 바로 이것이다.

"어떤 일을 성취하려면 힘들다거나 귀찮다는 생각을 해서는
아무것도 안 된다."

앞에 소개한 그 어머니가 아들을 위해 작성한 카탈로그 덕
분에 그는 단 한 번의 면접으로 희망하던 직업을 갖게 되었고
게다가 희망한 대로의 수입이 가능하게 되었다.

더욱 중요한 것은 그가 평사원에서부터 시작하지 않았다는
사실이다. 그는 처음부터 부지배인의 직책을 맡았고 거기다 급료
는 지배인과 같은 수준이었다.

"무엇 때문에 그렇게 힘들고 귀찮은 일을 해야만 하는가?"
라는 질문에 한 가지 더 대답할까 한다.

만약 그가 평사원에서 출발했다면 현재의 지위까지 오르는
데 10년 정도 걸렸을 것이다. 이 10년이라는 세월을 그 카탈로
그가 단축해준 것이다.

평사원으로 출발하여 차차 승진하겠다는 생각은 건전한 사
고방식일지도 모른다. 그러나 이 사고방식의 최대 결점은 평사원
에서 출발하는 대부분의 사람들이 현실적으로는 승진의 기회를

잡기는 커녕, 기회가 보이는 높이까지 머리를 쳐들 수 없는 경우가 있다는 것이다.

또 평사원부터 시작한 사람들의 대부분이 낮은 지위에서 사회를 봄으로써 쾌활함과 용기를 잃어버리고 의욕을 잃어, 비판주의로 빠지는 경향이 있다는 것이다. 더욱 안 좋은 것은 그와 같은 사람들의 대부분이 '큰 뜻'을 상실해 버리고 매너리즘에 빠져 인생을 보낸다는 것이다. 즉 매일마다 익숙해진 생활에 만족하며 살아가는 도중에 그것이 습관이 되고 끝내는 그 습관의 포로가 되어버려 움직이지 못하는 인간이 되고 만다.

그러므로 한두 계단 위에서 시작하는 것은 중요하며, 가치있는 일이라고 할 수 있다. 한 계단이라도 높은 지위에 서게 되면 모든 세상이 보다 확실하게 보이는 것이다. 사람들이 승진하기 위해서 어떤 노력을 하고 있는가, 어떻게 찬스를 잡는가, 왜 그들에게는 용기가 있는가 등을 관찰하는 일은 자신에게 있어서 매우 가치가 있다고 하겠다.

자신의 지위는 자신이 만든다

"성공하는 사람은 뜻을 높게 가진 사람이요, 큰 사업을 성취하는 사람은 근면 노력한 사람이다. 즉 인간은 어느 만큼의 높은 뜻을 가지는가 그리고 얼마만큼 노력하는가에 따라 자유 자재로 자기의 인생을 조절할 수 있게 된다."

이 말과 관련해서 던 헐핀의 이야기를 소개하겠다.

그는 대학시절에 노트르담 풋볼팀의 주장으로 활약하였다. 그러나 헐핀이 대학을 졸업할 무렵은 경제 공황으로 인해 취직하기가 너무도 힘들었다. 그는 일자리를 찾아 헤메다가 간신히 전기 보청기 영업직을 구하게 되었다. 물론 원하던 직업은 아니었으나, 그의 처지로는 불만을 가질 수가 없었다.

어쨌든 그는 2년 가량 꾹 참고 그 일을 계속했다. 그러다가 이러한 상황을 스스로의 힘으로 해결해야겠다고 결심했다.

그는 먼저 세일즈 매니저의 조수가 되겠다고 목표를 설정했다. 이윽고 그는 목표대로 될 수 있었으나 막상 되고 보니, 그때까지 몰랐던 큰 기회가 아직도 얼마든지 있다는 것을 발견했다. 이 발견과 동시에 기회 또한 그를 외면하지 않았다.

헐핀은 계속 굉장한 판매 실적을 올렸다. 그의 활약상을 본 라이벌 회사 딕트 글러브사의 A. M. 앤드류 사장은 그를 자기 회사의 보청기 부문 세일즈 매니저로 스카우트하였다.

그리하여 자리를 옮긴 헐핀은 혼자 플로리다로 파견되었다. 그것은 그가 신규 개척을 할 수 있는 사람인지 아닌지 그 역량에 대한 테스트였다. 헐핀은 노트르담 풋볼팀에 있을 당시 감독이었던 누트 록큰이 입버릇처럼 했던 "세계는 승리자를 애타게 기다리고 있다. 태만한 자에게는 볼 일이 없다"라는 말을 마음에 간직하고 세일즈에 몰두했다.

이러한 자세로 유감없이 실력을 발휘하고 본사에 돌아오자 그는 일거에 부사장으로 발탁되었다. 이 지위는 적어도 10년 동안 노력을 해도 겨우 얻을까 말까 하는 높은 자리였으나 그는 그것을 불과 6개월만에 성취할 수 있었던 것이다.

이 이야기에서 내가 강조하고 싶은 요점은 "자신의 지위는 자신이 조절할 수 있다"라는 것이다. 즉 높은 지위에 앉는 것도 낮은 지위에 머무는 것도 모두 자기 자신에게 달려 있다는 것이다.

이 이야기에서 또 한 가지 지적해 두고 싶은 것은 "성공과 실패는 하고자 하는 의욕 하나로 결정된다"는 것이다. 앞서 얘기한 바 있는 내 아들 브레일이 헐핀의 회사에 취직이 되었을 때, 그것이 확실하게 증명되었다.

헐핀이 아들에게 약속한 초봉은 다른 라이벌 회사의 절반밖에 되지 않았다. 그러나 나는 아버지의 권위를 발휘해서 아들을 납득시키는 동시에 아들이 헐핀의 측근에서 일하도록 조치했다. 헐핀처럼 '자기의 지위는 스스로가 잡아야 한다'는 투지가 가득찬 사람 곁에 있는 것은 돈으로 사지 못하는 훌륭한 감화를 받을 수 있다고 생각했기 때문이다.

낮은 지위에도 만족하려는 것 등의 안이한 생각은 버려라. 무엇을 하고자 하는 의욕은 불만족스런 상황을 타개하는 힘이 된다.

상상력을 발휘하라

아들을 위해 '나의 카탈로그'를 착안해낸 어머니는 현재 전국에서 주문해오는 많은 사람들의 카탈로그를 작성하는 일로 정신이 없을 정도이다.

이 카탈로그는 취직을 하는 사람과 채용을 하는 사람 모두에게 불필요한 낭비를 없애고 이익을 주는 멋진 아이디어였다.

만일 당신 자신을 좀더 가치있게 보이고 싶다면, 이 어머니처럼 풍부한 상상력을 발휘하여 실험해 보길 바란다. 아마도 많은 공부를 한 의사나 변호사들보다도 더욱 높은 수입을 올릴 수 있을 것이다.

왕성한 상상력, 이것은 무한한 가능성을 가지고 있다. 이것은 여러 가지 전문 지식을 효과적으로 짜맞추어 소망을 이루기 위한 확고한 계획을 작성할 때 무엇보다도 필요한 것이다.

당신에게 상상력이 있다면 당신은 지금까지의 이야기 중에서 귀중한 힌트를 잡을 수 있었을 것이다. 중요한 것은 당신의 그 상상력이다. 전문 지식도 물론 중요하지만 그것은 여기저기에서 얼마든지 모을 수 있다. 또한 상상력만 있다면 남의 전문 지식을 활용할 수도 있는 것이다.

지식을 활용하는 일의 중요성

어떤 지식도 그것은 재료에 지나지 않는다.
그러므로 이 지식을 효과적으로 짜맞추어
최종 목표를 달성하기 위한 행동 계획을
작성하는 것을 배워야 한다.

교육에 대해 우리들은 근본적으로 달리 생각할 필요가 있다.
진정한 의미의 교육이란 인간 내부에 본래 갖추어져 있는
재능을 밖으로 이끌어내 활용하는 것이다.

얼마나 많은 지식을 갖고 있느냐가 중요한 것이 아니고
지식을 얼마나 잘 활용하느냐 하는 것이 보다 더 중요하다.
따라서 지식을 체계화하고 활용할 줄 알면
당신은 누구보다도 앞설 수 있다.

Think
And
Grow
Rich

STEP
5

상상력에서

가능성이 나온다

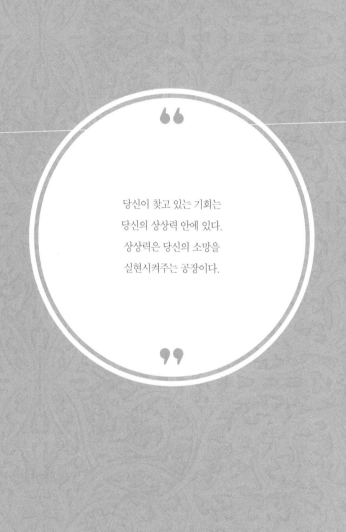

당신이 찾고 있는 기회는
당신의 상상력 안에 있다.
상상력은 당신의 소망을
실현시켜주는 공장이다.

상상력이란 문자 그대로 인간이 창출해내는 모든 '착상(著想)'을 구체화하는 공장이다. 착상이나 소망은 상상력의 도움을 받아 비로소 모양·무게·그림자를 가진 현실의 모습으로 드러난다.

인간이 상상할 수 있는 것은 무엇이든지 실현될 수 있다. 그 예로 인간은 상상력을 작용하여 하늘을 나는 꿈을 실현시켰고, 몇백만 마일이나 떨어진 태양을 분석하여 그 중량을 계산하고 구성원소를 측정해 냈다. 또 인간의 상상력에 의해서 오늘날에 와서는 소리보다 빠른 속도로 이동하는 일이 가능해졌다.

인간에게 있어서 단 하나의 한계는 오로지 이 상상력을 어디까지 개발하여 어디까지 이용할 수 있는가 하는 것이다.

그러나 상상력은 거의 조금밖에 활용되지 못하고 있다. 우리는 인간에게 상상력이라는 훌륭한 것이 있다는 것도 겨우 알게 되었을 뿐이며, 그 얼마 안 되는 초보적인 이용을 시작했을 뿐이다.

상상력의 두 가지 활동 방법

상상력에는 두 가지의 활동 방법이 있다. 하나는 합성적 상상력이며, 다른 하나는 창조적 상상력이다.

합성적 상상력은 오래 전부터 내려온 사고방식이나 지식, 아이디어 등을 합성시켜 새로운 무엇인가를 창조해 내는 힘이다. 합성적 상상력은 그 자체로는 아무것도 만들어내지 못한다. 다만 경험이나 교육, 인생철학을 재료로 하여 거기에서 새로운 것을 창조해낸다. 그리고 지금까지 대부분의 발명가들은 이 합성적 상상력만으로 많은 어려운 문제를 해결해 왔다.

창조적 상상력은 한계가 있는 인간의 마음을 무한의 지성과 직접 교신시키는 힘이다. 영감이나 마음속의 번뜩임 등은 창조적 상상력의 작용에 의한 것이다.

이것에 의해 인간은 문제의 본질을 해명하거나 새로운 발명을 할 수 있는 것이다. 또 이 창조적 상상력에 의해서 인간은 타인의 잠재의식과 텔레파시로 교신할 수도 있다.

창조적 상상력은 자동적으로 움직이는 것이다. 창조적 상상력은 인간의 의식이 급속한 회전을 할 때 가령, 강렬한 소망으로 마음이 두근두근할 때 그 힘이 발휘된다. 창조적 상상력은 사용하면 할수록 더욱더 활발해지고 날카롭게 연마되어 간다.

상업, 공업, 금융업 등 각계의 지도자나 화가, 음악가, 시인, 작가 등 뛰어난 예술가들은 모두 이 창조적 상상력의 개발에 성공한 사람들이다.

소망은 단순한 사고의 번뜩임에 지나지 않는다. 그것은 몽롱한 아지랑이와 같은 것으로, 구체적인 형체가 되어서 현실화되지 않는 한, 추상적으로 아무런 가치가 없다. 소망을 부로 전환시킬 때 가장 빈번하게 사용되는 것이 합성적 상상력이지만 아무래도 창조적 상상력에 의지하지 않고는 해결할 수 없는 경우도 있다.

훈련에 의해 상상력을 기른다

당신의 상상력은 그다지 사용된 적이 없어 그 힘이 약화되어 있는지도 모른다. 만일 그렇다면 더 많이 사용함으로써 소생시켜 연마하지 않으면 안 된다. 사용되지 않은 상상력은 그 움직임이 멈출 수는 있어도 결코 시들어 죽지는 않는다.

잠시 동안, 당신의 합성적 상상력이 소생되는 것을 감지할 수 있도록 정신을 집중해 주기 바란다. 왜냐하면 당신의 소망을 부로 전환시키기 위해서는 아무래도 이 합성적 상상력이 필요하기 때문이다. 눈에 보이지 않는 소원을 현실적으로 눈에 보이는 돈으로 전환하기 위해서는 상상력 중에서도 합성적 상상력이 우선 필요한 것이다.

따라서 이 책을 한 번 읽고 나면 다시 이 단계를 되풀이하여 읽고, 상상력을 발휘하여 당신의 소망을 돈으로 전환시킬 계획을 세워 주기 바란다. 계획을 세우는 방법에 대하여는 대부분의 단계 중에서 반복하여 설명하고 있으므로 필요에 따라 선택하면 된다.

소망을 위한 계획을 확실하게 종이에 옮길 때, 소망은 차츰 눈에 보이는 모습으로 나타난다. 즉 소망을 계획하여 종이에 쓰는 일, 그것이 사고를 돈으로 전환시키는 첫걸음이라는 것을 잘 이해했으리라고 생각한다.

대자연의 법칙에 따르라

당신을 포함하여 지구상에 존재하고 있는 모든 생명들은, 대자연의 신비로운 힘에 의해 작은 물질들로 결합하여 진화해 온 것이다. 그리고 놀라운 사실은 우리의 육체를 구성하고 있는 세포는 물론 지구를 생성하고 있는 모든 원자는 그 하나하나가 물리적인 에너지를 가지고 있다는 사실이다.

소망이란 사고의 번뜩임이다. 이 번뜩임이 에너지를 가지고 있다. 즉 돈을 벌고 싶다는 소망이 마음속에 번뜩인 순간부터 당신의 육체나 두뇌는 목표를 향해 자동적으로 작동을 시작한다. 이것은 대자연이 이 지구나 우주의 만물을 창조해 왔다는 것과 똑같은 불변의 법칙에 의한 움직임이다.

대자연의 불변의 법칙에 힘을 빌림으로써 비로소 우리는 부를 축적할 수 있다. 그러나 그러기 위해서는 먼저 이 법칙이 어떤 것이며, 어떻게 사용하는가를 연구할 필요가 있다. 그래서 나는 실화를 통해서, 막대한 부를 실현시켜 주는 이 힘의 비밀을 파헤쳐 볼까 한다. 그것이 이 법칙을 해명하는 가장 빠른 지름길이라고 생각한다.

기적이라든가 신의 조화라는 것을 우리는 다만 '불가사의'라고밖에 생각하지 않지만, 과연 그것은 절대로 해명하지 못하는 것일까? 실은 대자연의 법칙이 천체 및 지구상의 모든 물체나 동물의 세계를 통해 우리에게 그 작용을 가르쳐 주고 있는 것이다.

다음에 소개하는 이야기는 상상력의 작용을 해명하기 위한 것이다. 이 이야기는 한 번 읽은 것만으로 이해했다고 생각하지 말기 바란다. 가볍게 생각하지 말고 반드시 되풀이해 읽어 주었으면 한다. 세 번쯤 읽었을 때에는 당신의 마음은 커다랗게 부풀어 오를 것이다.

부는 상상력에서 출발한다

재산 축적의 출발점은 상상력이다. 여러 가지 아이디어나 착상은 상상력에 의해 창조된다. 그러면 실제로 상상력이 얼마나 거대한 부를 구축했는가를 알아보자.

아주 오래 전, 나이가 지극해 보이는 늙은 의사가 도시에 왔다. 그는 어느 작은 약국 앞에 마차를 세우고, 그 약국 후문으로 살며시 들어갔다. 그리고 그곳 젊은 점원과 거래를 시작했다.

두 사람은 1시간 이상이나 카운터 뒤에서 은밀하게 작은 목소리로 이야기를 나누었다. 이야기를 마친 뒤 그 늙은 의사는 마차로 돌아와서 낡은 큰 주전자와 약을 휘젓는 데 쓰는 커다란 막대를 가지고 왔다. 점원은 주전자를 조사해본 다음, 안주머니에서 돈뭉치를 꺼내 의사에게 건네 주었다. 500달러나 되는 그 돈은 점원이 이제까지 모아온 전 재산이었다.

의사는 어떤 공식이 적힌 메모를 점원에게 주었다. 그 메모에 적혀있는 공식은 주전자에 어떤 것을 끓이는 데 필요한 것이었으나 의사도 점원도 그 주전자 속에서 막대한 부가 만들어지리라고는 짐작도 하지 못했다.

늙은 의사는 그 메모가 500달러에 팔려 대단히 기뻤고, 점원은 점원대로 그 메모와 낡은 주전자를 사는 데 저금한 돈을 몽땅 털었으나 커다란 찬스를 잡은 것에 매우 흡족했다. 하지만 당시에는 그 투자가 언젠가는 알라딘의 램프도 따라오지 못할 정도로 황금을 만들어 낼 것이라는 것은 꿈에도 생각하지 못했다. 그때 점원이 정말로 산 것은 아이디어였다.

낡은 주전자와 커다란 나무 막대와 어떤 공식을 쓴 메모지는 정말 우연하게 모인 것에 지나지 않았다. 그 주전자가 불가사의한 힘을 발휘하기 시작한 것은 새 소유자인 점원이 원래 주인인 의사가 전혀 생각지도 못했던 어떤 '비밀의 요소'를 혼합시켰을 때부터였다.

그 주전자가 황금을 만들어내게 된 원인 즉, 그 점원이 혼합시킨 비밀의 요소는 도대체 무엇이었을까?

그 해답을 말하기 전에 먼저, 이 아이디어가 어느 정도로 막대한 부를 가져왔는지 살펴보겠다.

주전자의 알맹이는 전세계의 수많은 사람들에게 일자리를 주고 계속 막대한 급료를 지불하고 있다. 또한 그 주전자의 알맹이는 막대한 양의 설탕을 필요로 하기 때문에 사탕수수 재배나 설탕의 정제, 판매에 종사하고 있는 수많은 사람들에게 많은 이익을 제공해주고 있다.

그리고 연간 수억 개의 유리병을 소비하여 유리 공업에 종사하고 있는 수많은 사람들의 생활 유지를 돕고 있다. 거기다 많은 점원이나 디자이너, 카피라이터, 광고업자 등에게 일을 주고 이 주전자 알맹이를 아름답게 상품화한 예술가에게는 명예와 부를 부여해 주었다.

이 낡은 주전자 덕분에 작은 도시가 미국 남부에서 제일 가는 상업 도시로 발전했고, 직접 또는 간접으로 이 도시 사람들에게 커다란 혜택을 주고 있다. 뿐만 아니라 이 아이디어 덕분에 세계 곳곳의 모든 관계자에게 커다란 이익을 주고 있다. 또한 주전자에서 솟아나오는 황금에 의해 남부에서 최대의 대학이 건립되었고, 성공을 꿈꾸는 수천 명의 젊은이가 그곳에서 공부를 하고 있다.

나는 아내에게서 이 마법의 주전자에 대한 이야기를 처음 들었다. 그 점원이 낡은 주전자를 샀던 곳으로부터 얼마 떨어져 있지 않은 장소에서 나는 그녀를 만났고, 그때 그 이야기를 들었던 것이다. 그리고 내가 그녀에게 프로포즈할 때, 우리가 마시고 있던 것이 이 주전자의 알맹이였다.

이제, 엄청난 부를 안겨다 준 그 낡은 주전자에 대한 비밀을 눈치챘을 것이다. 그것은 바로 '코카콜라'였던 것이다. 자신이 어떤 사람이든, 어디에 살고 있는 사람이든, 어떤 일을 하고 있는 사람이든, 앞으로 '코카콜라'라는 글자를 볼 때마다 그 부와 발전이 하나의 아이디어에서 태어났다는 것을 떠올리기 바란다. 또한 아서 캔들러라는 이름의 그 점원이 메모지에 적은 공식대로 혼합한 것이 '상상력'이었다는 사실을 기억해 두기 바란다.

좀더 생각을 해 보자. 이 책에서 말하고 있는 제1단계(STEP 1)

의 성공철학이야말로 코카콜라를 온 마을과 도시, 전세계의 가는 곳마다 보급시키는 원동력이 되었다. 그러므로 이 성공철학을 알아두면 당신도 코카콜라와 같은 기적을 만들 수 있을 것이다.

일주일 동안에 100만 달러를 만든 사나이

"뜻이 있는 곳에 길이 있다"라는 옛 속담과 일치하는 이야기를 하나 소개해 보겠다. 이 이야기는 훌륭한 교육자이자 목사였던 프랑크 갠솔러스 자신으로부터 직접 들은 것이다.

갠솔러스는 대학시절, 교육제도에 문제점이 많다는 것을 느꼈다. 그래서 만약 그 자신이 대학총장이 되면 반드시 이 문제점을 개선시켜야겠다고 생각했었다. 목사가 된 다음에도 그는 교육제도의 개혁을 계속해서 생각하고 있었다. 그러다가 어느 순간 그는 낡은 교육 방법에 이끌리지 않고 뜻대로 교육할 수 있는 새로운 대학을 설립하기로 결심했다.

하지만 새로운 대학을 건립하는 데는 100만 달러라는 거금이 필요한데, 그런 거금을 어디서 어떻게 모아야 할지 몰랐다. 큰 뜻에 불타는 젊은 목사는 이 자금의 일로 마음이 괴로웠다. 그는 자나 깨나 고민했다. 무슨 일을 하거나 어디에 있거나 이 고민은 그를 따라다녔으며 드디어 이 고민에 집착하게 되어버렸다.

목사이면서 철학가이기도 했던 갠솔러스 박사는 성공을 성취한 사람이라면 누구나 그러했듯이, 먼저 자기의 목표를 명확하게 해야 한다는 것을 깨달았다. 그는 한 번 더, 어째서 새로운 대학이 필요한가를 생각하고 그리고 그 필요성과 목표를 명확하게 했다.

갠솔러스는 명확한 목표가 불타오르는 듯한 소망의 밑받침이 될 때, 의욕과 박력과 상상력이 용솟음치는 것을 인식했으나 어디서 어떻게 100만 달러를 만들면 되는지 전혀 알 수가 없었다. 여기서 그가 일반적인 상식에 따랐다면 아마도 다음과 같은 핑계를 대고 포기하고 말았을 것이다.

"나의 생각은 매우 훌륭한 것이다. 그러나 그것에 필요한 100만 달러를 만들지 못하는 이상 나로서는 하는 수 없지 않은가."

대부분의 사람이라면 이렇게 말했을 것이 틀림없다. 그러나 그는 그렇게 말하지 않았다. 여기서 그 자신의 말을 직접 들어보자.

"어느 토요일 오후에 나는 내 방에서 100만 달러를 만들려면 어떻게 하면 될 것인가 하고 생각에 잠겨 있었습니다. 벌써 2년 이상이나 이 문제에 대해 생각해 왔지만 생각하는 일 이외에 내가 할 수 있는 일은 한 가지도 없었습니다. 그런데 갑자기 어딘가에 충격을 받은 듯이 나는 일주일 내에 100만 달러를 만들겠다고 결심했습니다."

갠솔러스는 어디서 어떻게 그 돈을 마련할 것인가는 염려하지 않기로 했다. 가장 중요한 것은 결정한 기간 안에 반드시 그 돈을 만들어야 한다는 결심뿐이었다. 이 단호한 결심을 한 순간부터 지금까지는 경험한 적이 없는 기묘한 확신이 솟아오름을 느낄 수 있었다. 그리고 마음속에 누군가가 이렇게 말하는 듯했다.

'어째서 오랫동안 이런 결단을 하지 못했는가? 돈은 벌써 오래전부터 너를 기다리고 있었는데.'

그로부터 일은 차츰 진전이 잘 되었다. 그는 신문사에 전화를 하여 내일 아침 설교를 하고 싶다고 신청했는데, 그 주제는 〈만일 지금, 나에게 100만 달러가 있다면 무엇을 할 것인가〉라는 것이었다. 그는 즉시 설교 준비를 시작했다. 이것은 지난 2년간이나 계속 생각해온 것이기 때문에 그다지 어려울 게 없었다. 그는 모든 준비를 끝내고 일찍 잠자리에 들었다. 이미 100만 달러가 손에 들어온 듯한 생각으로 자신감에 가득차 잠이 들었다.

이튿날 아침 일찍 잠에서 깬 그는 원고를 다시 읽으면서 "오늘의 설교가 사람들의 마음을 움직이게 하여 부디 100만 달러가 모이게 해주십시오" 하고 무릎을 꿇고 하느님께 기도했다.

기도를 하고 있을 때, 그는 돈이 만들어질 것 같은 확신이 생겨났다. 그리고 그 흥분을 간직한 채 설교 장소로 갔다. 그런데 문제가 생겼다. 설교를 시작하기 직전에 원고를 빠뜨리고 온 사실을 알았던 것이다.

그렇지만 그는 잠재의식 속에 하고 싶은 말을 모두 담아두고 있었으므로 걱정없이 설교를 시작하였다.

그는 온 정성을 다하여 그리고 진지하게 그가 설계한 이상을 설파했다. 만일 지금 그의 손에 100만 달러가 있다면 도대체 어떤 일을 하려고 하는가에 대해 상세하게 그리고 절실하게 설명했다. 즉 젊은 사람들이 좀더 실용적인 능력을 익히고 풍부하고 따뜻한 마음을 기를 수 있는 새로운 대학의 이야기를 했던 것이다.

그가 설교를 끝내고 강단에서 내려오려고 할 때였다. 뒤에서 세 번째 줄에 앉아 있던 한 신사가 천천히 일어서더니 앞으로 걸어 나왔다. 그리고 강단으로 올라오더니 양팔을 벌리고 이렇게 말했다.

"목사님, 당신의 설교에 감격했습니다. 만일 100만 달러가 있다면 당신은 지금 하신 말씀을 반드시 실행하실 것으로 저는 믿습니다. 내일 내 사무실로 오시면 그 100만 달러를 드리겠습니다. 나는 필립 D. 아머라고 하는 사람입니다."

다음 날 아침, 갠솔러스는 아머의 사무실에서 100만 달러를 기부받았다. 이렇게 해서 유명한 일리노이 공과대학의 전신인 아머 실업대학이 설립되었던 것이다.

이 100만 달러는 작은 한 아이디어에서 창조된 것이다. 그리고 이 아이디어에는 갠솔러스가 2년 간에 걸쳐 마음속에 품고 간직해온 소망이 견고하게 포장되어 있었다.

이 이야기 중에서 한 가지 주목해야 할 것이 있다. 그가 돈을 손에 넣으려고 결심하고, 무엇을 할 것인가를 생각해 그것을 실행에 옮기고부터 불과 36시간 내에 100만 달러나 되는 막대한 돈이 현실이 되어 손에 들어왔다는 사실이다.

젊은 갠솔러스가 가지고 있던 '100만 달러가 있다면'이라고 하는 소망은 세상에서 진귀하거나 새로운 것이 아니었다. 갠솔러스 외에도 같은 생각을 가진 사람은 얼마든지 많이 있었을 것이다. 그러나 저 기념할 만한 토요일, 지금까지의 애매한 생각을 뒤집어 '일주일 이내에 돈을 손에 넣겠다'고 결심한 그 결단력에는 보통 사람으로는 하지 못하는 무엇인가 독특한 것이 있다.

그가 100만 달러를 손에 넣었을 때의 그 법칙은 현재에도 살아 있다. 물론 당신도 이 법칙을 사용할 수 있다. 이 불변의 법칙은 그 젊은 목사가 사용하여 성공한 것과 마찬가지로 오늘날에도 사용할 수가 있다.

확실한 목표와 완전한 계획

코카콜라의 신화를 창조한 아서 캔들러와 100만 달러의 설교를 한 프랑크 갠솔러스는 공통된 특징이 있다. 그것은 두 사람 모두 '최종 목표를 명확하게 하는 것'과 '완전한 계획을 세우는 것'에 의해 아이디어를 부로 바꿀 수 있다는 놀라운 법칙을 알고 있었다는 점이다.

근면과 정직만이 부를 이룰 수 있다고 믿는 사람이 있다면 그것은 크게 잘못된 생각이다. 성실하게 일만 하면 부자가 된다는 생각 또한 큰 오해이다. 막대한 부를 획득하는 데는 간절하고 강렬한 소망과 대자연의 법칙이 작용해야 한다. 물론 우연이나 요행을 말하는 것은 아니다.

일반적으로 말해, 아이디어란 사고의 번뜩임이며, 그것은 상상력의 작용을 빌려 행동을 일으키게 하는 것이다. 세일즈맨으로 성공한 사람들은 팔리지 않는 상품이라도 아이디어에 의해 팔 수 있다는 것을 잘 알고 있다. 그러나 평범한 세일즈맨은 이 사실을 모르기 때문에 평범한 성과에서 끝내고 만족해 버린다.

한 예로, 어떤 출판업자는 대부분의 독자들이 책의 내용보다는 제목을 보고 사게 된다는 사실을 발견했다. 그래서 책의 내용은 그대로 하고 표지와 제목만 새롭게 하여 출간했더니 100만 부 이상 팔렸다고 한다.

시시한 것처럼 느끼는 사람도 있겠지만 이것도 하나의 아이디어로 상상력이 가지고 온 승리이다. 아이디어란 딱히 정가를 붙일 수 없다. 그 값은 아이디어의 고안자가 붙이는 것이다. 그 사람이 현명하면 할수록 큰 가치를 만들어 낼 것이다.

아이디어 고안자와 그 아이디어를 파는 사람이 손을 잡고 협동하여 일을 시작할 때, 여러 가지 성공 이야기가 시작된다. 카네기는 아이디어를 창조하는 사람과 파는 사람을 모음으로써 자신을 포함한 많은 사람들에게 부를 낳게 했다.

몇 백만 명이나 되는 사람들이 우연을 기대하면서 인생을 보내고 있다. 물론 그 우연에서 찬스를 잡을 수도 있겠지만 최고로 현명한 인생 설계는 운을 기다리는 것이 아니다.

나의 경우도 확실히 '우연'이 인생 최대의 찬스를 만들어 주었지만, 현실적으로 재산을 축적하기까지는 25년 동안의 부단한 노력이 필요했다.

나의 '우연'이란 앤드류 카네기를 만난 것이다. 그때, 카네기가 내 마음에 심어준 가치는 '성공철학'을 정리하여 완성시킨다는 아이디어였다. 그리고 25년에 걸친 노력과 연구 결과 정리된 이 책에 의해 수많은 사람들이 도움을 얻어 성공을 거두었다. 어떤 일이든 처음에는 흔한 것들로 시작되었다. 위대한 성공도 누구나 생각할 수 있는 보통의 아이디어에서 시작되었다.

나의 우연은 카네기에 의해 가져오게 되었으나 그후 나의 결의, 목표의 명확화, 목표 달성에 대한 소망, 그리고 25년 간의 부단한 노력, 이것들이 종합되어 이 책이 출판된 것이다. 그동안 절망이나 낙담, 일시적 패배나 비판, 그리고 일상적으로 느껴온 시간의 낭비에 대한 불안 등으로부터 나를 지탱해 준 것은 타는 듯한 굳은 소망이었다. 이 아이디어가 카네기에 의해 비로소 내 마음에 불꽃이 일기 시작했을 때, 이 불꽃을 '꺼서는 안 된다', '죽여서는 안 된다'라고 내 자신을 달래고 위로하고 격려했다.

서서히 아이디어는 스스로의 힘을 가지게 되어 크게 성장하였으며 드디어는 내 자신이 지배될 정도로 발전해 갔다. 아이디어란 그런 것이다. 처음에는 생명과 활력과 방향을 제시해 주어야 하지만, 그러는 동안에 곧 스스로의 힘으로 일어서서 모든 장애를 헤쳐 나갈 수 있게 된다.

아이디어는 눈에 보이지 않는 힘이지만 그 아이디어를 창조해내는 두뇌보다 훨씬 커다란 힘을 가지고 있다. 또한 아이디어는 두뇌에서 만들어내지만 그 두뇌가 사멸한 뒤에도 계속 살아남는다.

상상력으로 모든 것을 만들어 낼 수 있다

상상력에는 합성적인 것과 창조적인 것이 있으며,
훈련에 의해서 그 기능을 효과적으로 발휘시킬 수 있다.

상상력은 실패 안에서는 보지 못하고
성공 안에서는 반드시 존재하는 촉매적 요소이다.
아서 캔들러는 코카콜라의 공식을 발명하지는 않았다.
하지만 그는 상상력을 사용함으로써 그 공식을 부로 전환시켰다.

부는 간단한 아이디어에서 시작된다.
특별히 이렇다할 새로운 발명을 하지 않더라도
조화를 변화시키는 것만으로
아이디어는 거대한 부를 이루게 할 수 있다.
그리고 그 아이디어는 바로 상상력에서 나온다.

Think
And
Grow
Rich

STEP
6

행동할 수 있는

계획을 세운다

단순히 소망을 갖고 있는 것과
그 소망을 이루고자 하는 것은 엄청난 차이가 있다.
그리고 아무리 훌륭한 계획을 세웠더라도
실천에 옮기지 않으면 소용이 없다.

인간이 무엇인가를 만들어 내거나 성취할 수 있는 것은 처음부터 무엇인가 소망하고 있었기 때문이다. 소망은 희미한 추상적인 세계에서 상상력의 작용에 의해 점점 구체적인 세계로 발전하여 그 달성 계획이 만들어지며 결합되는 것이다.

'소망'의 단계에서 소망을 전환시켜 돈이나 기타의 것을 창조해 가기 위한 6가지 원칙을 소개했는데, 그중 제4원칙에서 '부를 얻기 위한 면밀한 계획을 세우고, 가령 그 준비가 되어 있지 않아도 상관하지 말고 즉시 행동으로 옮길 것'이라고 말한 것을 상기해 주기 바란다. 그러면 어떻게 그 면밀한 계획을 세울 것인가를 이야기하겠다.

첫째, 필요한 인재를 되도록 많이 모은다. 이 협력자들의 힘을 빌어 계획을 세우고 행동 준비를 한다.

둘째, 협력자들에게 힘을 빌리기 전에 그들의 협력에 대해 어떤 보답을 할 것인가를 결정해 둔다. 어떤 대가도 구하지 않고 전면적인 협력을 해 줄 사람이란 없다. 또 현명한 사람이라면 보답의 준비도 하지 않고 타인에게 협력을 청하는 일은 하지 않는다. 단 그 보답이 반드시 돈이어야 할 필요는 없다.

셋째, 협력자들과는 적어도 주 2회, 되도록이면 자주 만나도록 한다. 계획이 완전히 달성될 때까지는 끝까지 이러한 관계를 유지한다.

넷째, 협력자들과 상호간에 마음이 통하도록 항상 노력한다. 의사 소통이 원활하지 못하면 당신의 계획은 중도에서 실패할 위험이 있다. 협력자 전원의 마음이 완전히 일치되어 조화를 이루는 것이 중요하기 때문이다.

다음은 계획을 세울 때 가져야 할 기본 마음자세를 말해 두겠다.

첫째, 당신은 지금 매우 중요한 일을 실행하고자 한다. 그러므로 반드시 성공해야 한다. 그리고 절대로 실패를 허용하지 않는 완전한 계획을 세워야만 한다.

둘째, 당신은 다른 사람의 교육과 경험, 그리고 재능과 상상력을 바탕으로 해야 성공이 보장된다. 그러므로 이러한 것을 효과적으로 계획 속에 혼합하여 조직한다.

남의 협력을 전혀 빌리지 않고 거대한 부를 구축할 만한 경험이나 재능이나 지식을 가진 사람은 없을 것이다. 따라서 부를 구축하는 계획은 반드시 자기의 힘과 협력자들의 힘이 능숙하게 조화를 이루어야 한다. 경우에 따라서는 딩신 혼자 계획을 세워도 무방하다. 그러나 그때에도 반드시 협력자들의 검토와 승인을 얻는 것을 잊어서는 안 된다.

실패했다면 새로운 계획을 세워라

만약 최초의 계획이 실패하면 어떻게 하는 것이 좋을까? 그럴 경우 주저할 것 없이 즉시 다음의 새로운 계획을 세운다. 이 계획도 실패한다면 또다시 곧 그 다음 계획을 세운다. 즉 완전히 성공을 거둘 때까지 몇 번이고 계속 새로운 계획을 세운다. 이것이 바로 성공의 포인트인 것이다. 성공을 원한다면 실패를 거듭해도 이를 교훈삼아 새로운 계획을 세워야 한다. 만약 포기를 한다면 그것은 인내력이 결여되어 있기 때문이다.

아무리 실력이 있는 사람이라도 완전한 계획이 없으면 돈을 벌기는커녕 다른 어떤 일에서도 성공하기 어렵다. 단단히 명심해 둘 것은 "혹시 실패를 했더라도 그것은 단순히 일시적인 것이며 결코 영구적인 것은 아니다"라는 사실이다. 당신의 실패의 원인은 다만 계획이 서툴렀다는 데 있을 뿐이다. 그러므로 새로운 계획을 다시 세워 재도전하면 된다.

일시적인 실패가 의미하는 것은 계획의 어딘가가 잘못된 것임을 말하고 있다. 당신을 성공시키는 것은 완전한 계획뿐이다. 그리고 중간에 단념해 버리지 않는 한 누구에게도 패배는 있을 수 없다.

제임스 J. 힐은 대륙횡단 철도를 건설하려고 했으나 자금 마련에서 일시적으로 실패했다. 하지만 그는 다시 한번 새로운 계획을 세워 그 실패를 역전시켰다.

헨리 포드는 창업 당시뿐 아니라 상당한 실업가가 되어서도 일시적이긴 하지만 커다란 실패를 여러 번 맛보았다. 그러나 그때마다 새로운 계획을 짜냄으로써 최후에는 대성공을 거두었다.

"거대한 부를 구축한 사람들을 볼 때, 우리는 그 승리의 모습만을 보고 그가 성공할 때까지 타고 넘어야 했던 수많은 일시적인 패배를 생각하지 않는다."

이 말을 이해하는 사람이라면 일시적 패배를 한 번도 경험하지 않고 부를 쌓는 일은 있을 수 없음을 깨달았을 것이다. 실패는 당신의 계획이 서툴다는 것을 가르쳐 주는 신호이다. 실패하면 즉시 새로운 계획을 세워 다시 목표를 향해 출발해야 한다. 도착하기 전에 단념해 버린다면, 당신은 단순한 '중단자'가 되어 버린다.

"중단하는 자는 결코 승리를 얻지 못한다. 반면에 승리자는 결코 중단하는 일이 없다."

이 말을 정성스럽게 종이에 써서 침실의 벽이나 화장실 안이나 식탁 위에나 사무실 벽에 붙여 놓기 바란다.

그리고 계획에 필요한 협력자를 모을 때 실패를 두려워하지 않는 타입의 사람을 선택해야 한다.

리더가 갖추어야 할 조건

당신은 리더(지도자)가 될 것인가, 부하(추종자)가 될 것인가? 이것을 명확하게 해둘 필요가 있다. 일반적으로 사람들이 이 둘 중 어느 것을 택하느냐에 따라서 매우 차이가 있다.

수입면에 있어서도 부하는 당연히 리더만큼의 수입은 기대하지 못한다. 그러나 부하라는 것은 불명예스러운 일도, 명예스러운 일도 아니다. 어떤 리더나 처음에는 부하에서 시작하였고, 노력과 상상력에 의해 성장하여 리더가 될 수 있었던 것이다.

또 리더에게 현명하게 따르지 못하는 자는 거의 예외 없이 훌륭한 리더가 되지 못한다고 단언할 수 있다. 다시 말해서 가장 현명하게 리더를 따를 수 있는 인물만이 가장 빨리 리더로 성장할 수 있다. 현명한 부하만이 그 리더로부터 지식과 기회를 얻게 되는 것이다.

다음은 유능한 리더가 되기 위해 필요한 11가지 조건을 열거해 보겠다.

1. 용기

용기는 지식과 경험에서 나오는 것이다. 자신감과 용기가 결여된 리더와 일하고 싶은 사람은 아무도 없다. 그러한 리더 아래에 계속 있는 것은 현명하지 못한 부하뿐이다.

2. 자기 통제력

스스로를 조절하지 못하는 사람은 남을 조절할 수 없다. 또 엄한 자기 통제력이 있는 리더에게는 현명한 부하가 다투어 따른다.

3. 두터운 정의감

공평한 마음과 정의감이 없이 타인의 존경을 모은다는 것은 도저히 불가능하다.

4. 단호한 결단력

우유부단함은 자신감이 없는 증거이다. 결단력이 없어 언제나 갈피를 잡지 못하고 있는 리더에게는 따라올 사람이 없을 것이다.

5. 실천적인 계획

성공한 리더는 일을 계획하여 그 계획을 반드시 실행한다. 구체적이고 명확한 계획을 세우지 않고 생각으로 행동하는 리더는 마치 키가 없는 배와 같은 것으로 언젠가는 암초에 부딪치고 말 것이다.

6. 보수 이상의 일을 하는 습관

리더로서 절대적인 조건은 부하에게 요구하는 것 이상으로 일을 해낸다는 인상을 심어 주는 것이다.

7. 쾌활한 성격

야무진 데가 없고 주의성이 없는 사람은 리더가 되지 못한다. 리더에게는 존경심이 모여야 하므로 그 때문에도 쾌활해야 하는 것이 중요하다.

8. 인정스런 마음

리더는 부하에게 인정스러운 마음이 있어야 한다. 부하를 이해할 뿐 아니라 그들의 고민도 이해할 수 있어야 한다.

9. 모든 것을 알고 있을 것

리더는 일에 관한 모든 것을 잘 파악하고 있어야 한다.

10. 투철한 책임감

리더는 부하의 실패에 대해서도 책임질 수 있어야 한다. 이 각오가 없이 책임을 회피하려고 한다면 리더는 그 자리를 떠나야 한다. 부하의 무능은 자신의 무능이라고 생각하는 리더가 되어야 한다.

11. 협동심

리더는 협력 체제 아래에서 일이 되도록 해야 한다. 또 부하에게도 협력하는 것의 중요성을 가르치고 지도할 의무가 있다. 리더에게는 권력이 필요하지만 권력에는 협력이 필요하다.

지금 새로운 타입인 리더의 조건을 11개 항목으로 소개하였지만 그 외에도 필요한 조건이 있을 것이다. 이러한 조건을 몸에 익힌 리더만이 기회를 얻어 성공한다.

리더의 두 가지 유형

리더에게도 두 가지 타입이 있다. 그 하나는 부하의 존경과 이해를 모으는 '왕자(王者)'라고 불리우는 유형이다. 또 하나는 힘으로 그 입장을 밀고 나가는 '패자(霸者)'라고 불리우는 유형이다.

역사적으로 보아 힘으로 이끌어가는 리더가 최후까지 살아남은 예는 없다. 독재자나 전제군주가 반드시 실추되는 것은 의미심장한 일이다. 그것은 사람들이 힘으로 하는 리더에게는 절대로 마음으로부터 복종하지 않는다는 것을 증명하고 있다.

나폴레옹, 무솔리니, 히틀러 등은 힘에 의한 리더였으나 그 지위도 나중에는 소멸되어 갔다. 결국 부하의 지지를 전면적으로 얻고 있는 리더만이 생존하게 된다.

　사람들은 힘으로 지배한 리더에게는 일시적으로 따른다 해도 기꺼이 모든 것을 바쳐 따르는 것은 아니다. 현재 그리고 앞으로도 리더를 꿈꾸는 사람은 패자가 아닌 왕자를 이상으로 삼아야 한다. 왕자야말로 사람들이 찾고 있는 새로운 타입의 리더라 하겠다.

리더가 실패하는 10가지 원인

　다음은 실패하는 리더의 원인을 10개 항목으로 들어본다. '무엇을 해야 하는가' 하는 것 못지 않게 '무엇을 해서는 안 되는가' 하는 것도 중요하기 때문이다.

1. 정밀한 사고나 계획의 부족

유능한 리더는 사물을 상세하게 분석하여 조립하는 능력을 가지고 있다. 리더로서 당연히 필요한 것을 너무 바쁘기 때문이라는 핑계로 소홀히 하는 사람은 훌륭한 리더가 되지 못한다. 또한 리더이든, 부하이든 너무 바쁘기 때문에 계획을 재검토 못한다거나, 긴급사태에 대비할 수 없다는 것은 자신의 무능이나 나태를 증명하는 것밖에 되지 않는다. 성공하는 리더는 반드시 스스로의 지위에 관계되는 모든 사항을 이해하고 있어야 한다.

2. 하찮고 번거로운 일은 하기 싫어하는 것

필요하다면 어떤 일이건 자진해서 하려는 마음가짐이 필요하다. "가장 위대한 인간이란 어떤 일에서나 심부름꾼이 될 수 있는 사람이다"라는 말은 우수한 리더가 되려고 하는 사람들이 인식하고 마음에 두고 있어야 한다. 이것은 진실을 말하고 있다.

3. 행동보다도 지식을 내세우는 것

지식만을 내세우는 사람에게 세상은 어떤 대가도 지불하지 않는다. 지식에 입각하여 일어나는 행동이나 남을 행동하도록 하게 할 때만이 대가가 주어진다.

4. 부하로부터의 도전을 두려워하는 것

부하가 자기 지위를 빼앗으려고 하지는 않을까 하고 두려워하고 있는 리더는, 그 두려움이 머지않아 현실로 될 것을 각오하고 있어야 한다. 유능한 리더는 자기 지위에 관한 모든 것을 연구하여 그 임무에 정통하고 있어야 한다. 그래야만 중요한 문제를 깨끗하게 처리해 나갈 수 있다. 또 유능한 리더는 남의 능력을 능숙하게 이용할 줄 안다. 왜냐하면 단독으로 일하기보다 유능한 부하와 함께 일하는 것이 보다 효율적이라는 것을 알기 때문이다.

5. 상상력의 부족

상상력이 모자라면 긴급 사태에 잘 대처할 수도 없거니와 부하를 효율적으로 지도하기 위한 계획을 세우지도 못한다.

6. 자기 위주의 사고방식

부하가 하는 일에 사사건건 잔소리를 하는 리더는 반드시 그들로부터 미움을 사게 된다. 진정한 리더는 부하의 명예를 손상시키지 않는다. 오히려 부하가 명예를 얻기 바란다. 또 누구나 단순히 돈만을 위해 일하는 것은 아니다. 그가 한 일에 대해 인정받기를 바라고 있다. 유능한 리더는 그것을 잘 알고 있다.

7. 과격한 성격

과격한 리더를 존경하는 부하는 없다. 그리고 과격한 성격은 리더의 인내력과 활력을 파괴해 버리므로 자멸할 뿐이다.

8. 성의 부족

자신에 대해, 동료에 대해 그리고 상사나 부하에 대해 성의가 없는 사람은 언제까지나 리더로 있을 수 없다. 성의가 없으면 사람들의 멸시를 사기 마련이다. 그리고 이것은 실패의 최대 원인이기도 하다.

9. 특권 남용

유능한 리더란 부하에게 용기를 줌으로써 지도하는 사람이다. 부하의 마음에 공포심을 야기시키는 따위의 일은 결코 하지 않는다. 부하들에게 자기의 특권을 강요하려고 하는 리더는 힘에 의한 리더의 부류에 들어간다. 훌륭한 리더라면 부하를 이해하고 포용하며 공평한 마음으로 대하고, 사업상의 지식을 조금 보이는 이외에 특권을 강요할 필요는 없다.

10. 직위와 신분 과시

실력있는 리더라면 부하의 존경을 사기 위해 직위나 신분을 필요로 하지 않을 것이다. 직위나 신분을 지나치게 고집하는 사람은 일반적으로 무능한 경우가 많다. 진실한 리더가 되려고 하는 사람에게는 항상 문이 열려 있는 법이다. 따라서 겉치레나 형식은 필요없다.

이상은 리더로서 실패하는 원인의 대표적인 것이다. 이 중의 어느 하나를 받아들여도 실패하기에 충분하다. 훌륭한 리더가 되려고 생각한다면, 이러한 결점을 가지고 있지는 않은지 주의 깊게 자신을 검토해 보기 바란다.

전세계가 새로운 리더를 구하고 있다

이번엔 어떤 분야에서 새로운 리더를 구하고 있는지 알아보
도록 하겠다.

- 정치 분야에서 새로운 리더를 얻어야 한다는 것은 긴급
  요건이다.
- 금융계도 근본부터 개혁할 수 있는 리더를 찾고 있다.
- 산업계 역시 새로운 리더를 찾고 있다. 산업계에 있어서
  앞으로의 리더는 기업의 사회적 책임을 확고하게 자각하
  고 있는 인물이어야만 한다.
- 종교계의 리더가 반성해야 할 일은 신자들이 경제적인 문
  제로 고민하고 있다는 현실을 좀더 진지하게 받아들여야
  한다는 것이다. 이 문제를 피하고 정신적인 입장에서만
  설교를 한다면 떠나는 이들이 증가할 것이다.
- 법률·의학·교육 등의 분야에 있어서도 새로운 타입의 리
  더가 필요하다. 특히 교육계에 있어서는 중요한 문제이다.
  교육계의 리더는 학교에서 배운 지식을 실생활에 어떻게
  활용해갈 것인가를 가르치는 연구가 필요하다. 즉 이론
  이나 기억보다도 지식의 활용에 중점을 두는 자세가 필
  요하다.

- 저널리즘의 세계에도 새로운 리더를 필요로 하고 있다.

이와 같이 현대는 모든 분야에서 새로운 타입의 리더를 요구하고 있다. 세계는 굉장한 속도로 시시각각 변화하고 있으므로 우리들 인간의 관습이나 사고방식도 이 변화에 대응하여 고쳐나가야 한다. 앞으로의 세대를 살아가는 사람은 항상 진보적인 자세로 환경을 개선해 나가는 동시에 자기 자신도 점차 개혁해나가야 한다.

자신의 가치를 알리는 방법

자기 자신의 재능을 최대한으로 살려 나가려면, 우선 적합한 일을 얻어야 한다. 어떻게 하면 효과적으로 적합한 직업을 찾을 수 있을까? 이에는 여러 가지 방법이 있겠으나, 내가 적극적으로 권하고 싶은 것은 당신의 완전한 카탈로그를 직접 원하는 회사에 보내는 것이다. 여기에 그 카탈로그를 만드는 방법을 구체적으로 알려주겠다.

자신의 카탈로그를 만드는 것은, 변호사가 재판을 위해 준비하는 원고와 마찬가지로 신중하게 만들어야 한다. 만일 당신이 이러한 종류의 카탈로그를 만든 경험이 없다면 전문가와 상의하여 만드는 것이 좋을 것이다. 성공한 상인이라면 반드시 자기 상품의 장점을 잘 설득하는 예술성과 광고 심리학을 몸에 익히고 있을 것이다. 이것은 당신의 재능을 파는 경우에도 절대 필요한 일이다.

자신의 카탈로그에 반드시 써야 할 것은 다음과 같다.

1. 학력
학력을 간결하게 쓰고, 전공 과목과 전공 이유를 명확하게 쓴다.

2. 경험
현재 지망하고 있는 직종과 비슷한 일을 한 경험이 있으면 그 이전에 다닌 회사 이름과 주소 등을 상세하게 써 넣는다. 또한 그 일에 도움이 될 만한 체험이 있으면 어떤 것이건 상세하게 써 넣는다.

3. 신원 보증의 편지
어떤 회사이거나 중요한 직위를 맡기는 이상에는 당신의 전력이나 성격을 상세하게 알려고 할 것이다. 그러므로 카탈로그에 이전 근무처의 간부나 당신이 알고 있는 유명인 또는 신뢰도가 있는 사람이 써준 신원을 보증하는 추천서를 첨부한다.

4. 사진

카탈로그에는 최근의 사진을 붙이도록 한다. 그리고 사진은 반드시 전문가에게 찍어야 한다.

5. 희망하는 직위

반드시 희망하는 직위를 명확하게 쓴다. 단순하게 어떠한 자리를 구한다는 식의 태도는 바람직하지 않다. 사양하거나 비굴해하거나 중도 포기하는 태도는 신용을 잃을 뿐이다.

6. 재능·특기·자격

구하고 있는 직종과 관계가 있는 재능이나 특기, 자격을 상세하고 면밀하게 쓴다. 이것은 가장 중요한 일로 이것에 의해 당신의 수입이 결정된다.

7. 시험적으로 채용할 것을 제의

어쨌든 1개월 동안 채용하여 시험해 볼 것을 제의한다. 이것은 다소 무례하게 보일지도 모르나 지금까지의 경험으로 볼 때 적어도 해볼 만한 가치는 있을 것이다. 당신의 재능에 자신이 있다면 꼭 해보기 바란다. 일반적으로 이러한 제의는 당신이 재능에 자신이 있다는 것을 나타내는 것도 되며, 상대방 경영자의 마음을 움직이게 하는 데도 도움이 될 것이다. 단 이 제의를 실행하는 데는 다음의 세 가지 조건이 필요하다.

첫째, 일을 반드시 해낼 자신이 있다.

둘째, 시험적인 채용 기간인 1개월이 끝나면 반드시 채용될 전망이 서 있어야 한다.

셋째, 반드시 취직하고 말겠다는 굳은 의지가 있어야 한다.

8. 상대 회사에 관한 지식

취직하기 이전에 그 업계에 대해 충분히 연구해 두는 일이 중요하다. 그리고 카탈로그에는 당신이 그 업계에 관해 가지고 있는 지식을 써 넣는다. 이에 의해 당신이 진정으로 하고자 하는 의욕이 있다는 뜻을 알리게 된다. 거기다 당신이 상상력이 풍부한 사람이라는 인상을 주게 된다.

승리를 쟁취하는 변호사란 법률을 전부 암기하고 있는 사람이 아니라 그 사건에 대해 철저한 준비를 한 사람이다. 당신이 자기 '사건'에 철저한 준비가 되었다면 당신의 승리는 이미 절반 이상 확보되었다고 생각해도 될 것이다.

카탈로그가 길어도 염려할 필요는 없다. 당신이 진지하게 취직할 곳을 연구하는 것과 마찬가지로 채용을 하는 측도 진지하게 유능한 인재를 구하고 있다. 실제로 성공자라고 불리우는 경영자들은 유능한 부하를 고르는 데 성공한 사람들이다. 따라서 어떤 정보이든 반드시 그들에게 흥미의 대상이 될 것이다.

또 한 가지 중요한 것이 있다. 카탈로그는 반드시 깨끗하고 아름답게 완성시켜야 한다는 것이다. 이것은 당신이 근면한 사람이라는 것을 증명하기 때문이다. 나도 의뢰해 오는 사람들을 위해 카탈로그를 제작해 준 일이 있었다. 꼼꼼하게 정성을 들여 만든 카탈로그 덕분에 면접도 보지 않고 취직이 된 사람이 몇 사람이나 있었다.

카탈로그 제작이 끝나면 표지를 만들어 신중하게 제본하기 바란다. 표지는 반드시 상대의 회사명을 기입한 별도로 된 용지라야 한다. 회사 이름을 넣지 않고 어디에나 제출할 수 있도록 해두면 당신의 성의를 의심할 수도 있다. 또 표지는 최상의 두꺼운 종이를 사용한다. 모든 점에서 고상하고 품위있고 완전하게 보이도록 연구하고 개선하는 일이 중요하다.

우수한 세일즈맨은 반드시 복장에 조심한다. 그것은 처음의 인상이 영원히 이어진다는 사실을 잘 알고 있기 때문이다. 카탈로그는 당신을 알리는 세일즈맨이므로 깔끔한 옷차림을 함으로써 상대방의 마음을 단단히 붙잡아야 한다.

만일 당신이 구하고 있는 직위가 응분의 가치가 있는 것이라면 모든 것에 최선을 다하는 것이 당연하다 하겠다. 상대의 경영자에게 당신의 인상을 바르고 강렬하게 주는 것에 성공하면, 보통 방법으로 취직하는 경우보다도 몇 배의 수입을 처음부터 기대할 수 있다. 단 직업소개소나 광고를 이용하여 응모하는 경우라면 카탈로그 복사물로 충분할 것이다. 복사물도 잘 사용하면 결코 실례가 되지 않는다.

원하는 직업 갖는 방법

누구나 자기에게 맞는 직업을 가지고 싶어한다. 좀더 확실하게 원하는 직업을 갖고자 한다면 다음의 일곱 가지 항목을 자신에게 적용해 보기 바란다.

첫째, 당신이 바라고 있는 일을 확실하게 정한다. 돈만 생기면 어떤 일도 좋다는 사람에게는 결코 돈이 되는 일은 주어지지 않는다. 혹시 희망대로의 일이 없으면 스스로 창립하면 된다.

둘째, 취직하고 싶은 회사를 결정한다.

셋째, 희망하는 회사의 경영 방침과 사장의 인격, 승진의 기회 등을 면밀하게 연구한다.

넷째, 당신의 재능과 성격을 분석하여 자신이 '무엇을 할 수 있는가'를 명확하게 한다. 그리고 당신의 의욕과 재능과 노력을 어떻게 조화시키면 되는지 그 계획을 세운다.

다섯째, 이제 여기까지 오면 지위나 승진에 대한 것은 잊어버린다. "나에게 무슨 일이든 주세요"라는 소극적인 말을 하는 것도 중지한다. 단지 당신은 '무엇을 할 수 있는가' 그것만을 생각하도록 한다.

여섯째, 마음속에 당신을 알릴 수 있는 방법이 떠오르면, 그 방법을 상세하고 알기 쉽게 문장화한다. 그리고 완전한 당신의 카탈로그를 만든다.

일곱째, 그 카탈로그를 목표하는 담당자에게 제출한 다음은 그 사람에게 맡겨 둔다. 어느 회사에서나 자기 회사에 이익을 가져다주는 인재를 찾고 있으므로 당신의 카탈로그는 반드시 진지하게 검토될 것이다.

이 7개 항목을 실행하는 데는 2~3일 혹은 2~3주의 시간이 걸릴지도 모른다. 그러나 이에 의해 수입면에서나 승진면에서나 모든 면에서 말단 생활을 몇 년이나 앞당기게 된다. 무엇보다도 이것을 실행함으로써 당신은 최종 목표를 달성하는 데 걸리는 시간을 적어도 5년 이상은 단축할 것이다.

원하는 직업을 가지려면 반드시 신중하고 과감한 계획이 필요하다.

성공에는 반드시 그만한 이유가 있다

경영자와 종업원의 관계가 이전과는 상당히 달라졌다. 경영자·종업원·손님 이 세 사람의 관계에 있어서 경영자와 종업원은 종전의 상하 관계가 아니고 함께 협력하여 손님에게 서비스를 제공하는 동료 관계가 된 것이다.

과거에는 경영자나 종업원 양자가 모두 '싸다'는 것만을 목표로 하고 있었다. 그래서 종업원이 되려는 사람은 "임금은 싸도 괜찮습니다"라고 자신을 싸게 팔고, 경영자도 "우리 것이 쌉니다" 하고 자기 상품이나 서비스를 싸게 팔아왔다. 다시 말해서 양자가 모두 바겐세일을 하고 있었던 것이다. 일반적으로 바겐세일에서는 서비스도 예의도 무시되는 경향이 있다.

하지만 오늘날은 각 기업마다 예의와 서비스를 절대적인 모토로 삼고 있다. 이 모토는 경영자는 물론이거나와 종업원에게도 중요한 의미가 있다. 왜냐하면 경영자도 종업원도 최종적으로는 손님에게 고용되어 있는 것과 마찬가지이기 때문이다. 그러므로 자기자신이나 상품을 싸게 팔아, 그 때문에 예의와 서비스가 소홀해지면 결국은 양자 모두가 손님으로부터 외면을 당하게 된다.

그 예로써 가스계량기 검침원이 요란스럽게 문을 두드렸던 시대를 떠올려 보자. 당황하여 급히 문을 열면 무례하고 찌푸린 얼굴을 한 검침원이 "도대체 언제까지 사람을 세워 놓을 작정이오"라고 말한다. 그러나 이와 같은 시대는 이미 지나갔다. 현재의 검침원은 신사처럼 예의와 서비스 정신을 갖춘 태도를 보인다. 한편 당시 이처럼 무례한 검침원들이 판을 치고 있을 때, 한 석유회사의 세일즈맨들이 친절한 서비스로 미국 전체를 점령해 버렸다.

경제 공황이 극심할 무렵, 나는 펜실베이니아의 탄광지대에서 석탄 산업이 부진한 원인을 수개월에 걸쳐 조사하고 있었다. 그 결과, 석탄업자도 그 종업원들도 '싸구려 경쟁'의 나날을 보내고 있었기 때문인 것으로 나타났다. 즉 석탄업자는 생산설비 개발은 소홀히 한 채 무조건 싼 것만을 추구했고, 종업원들은 자신을 싼값에 팔고 있었으므로 당연히 생산성이 떨어질 수밖에 없었던 것이다. 그러나 그 덕택에 석유회사는 더할 나위 없는 굉장한 이익을 보았다.

이 이야기에서 알 수 있듯이 사람이 어떤 결과로 끝날 것인가 하는 것은 그 사람의 현재를 관찰하면 당장에 알 수 있다. 성공하는 사람은 성공하기 위한 행동을 취한다. 마찬가지로 실패하는 사람은 실패하기 위한 행동을 하고 있다. 이처럼 어떤 결과든 반드시 그 원인이 있기 마련이다.

QQS 공식

당신의 장래는 당신이 발휘하는 그 서비스의 질과 양, 그리고 서비스 정신에 의해 정해진다. 이것이 바로 'QQS 공식'이다. Q는 Quality(질), 또 하나의 Q는 Quantity(양), 그리고 S는 Service(서비스 정신)을 말한다. 이 공식을 잘 활용함으로써 당신은 좋은 성과를 올릴 수 있다.

그러면 QQS 공식에 대해 상세하게 설명해 보겠다.

서비스의 질(Q)이란, 어떤 작은 일에 관해서도 모든 행동이 항상 사람들에게 그만한 가치를 가져오도록 배려하는 일을 말한다. 즉 성의가 충만한 서비스야말로 질이 높다고 하겠다.

서비스의 양(Q)이란, 경험과 실적을 쌓아감에 따라 좀더 일의 양을 늘리려고 생각하는 습관에서 생겨나는 것이다. 다시 말해서 보다 많은 서비스는 보다 많은 서비스를 하려는 사고방식의 습관에 의해 나오게 된다.

서비스 정신(S)이란, 동료와 부하들이 협력하고 싶어지도록 하며, 모든 사람들에게 이익을 가져오게 하려는 마음에서 형성된다. 또한 질과 양이 충분하다 해도 거기에 서비스 정신이 부족하면 완전하다고는 할 수 없다. 당신의 수입과 보람은 이 QQS가 최대한으로 발휘됨으로써 보증된다.

앤드류 카네기는 이 QQS 공식 중에서도 특히 S, 즉 서비스 정신의 중요성을 강조하고 있다. 카네기는 아무리 양이 많고 질이 좋아도 다른 사람들과 협조가 되지 않는, 서비스 정신이 결여된 사람을 결코 동료로 삼지 않았다. 즉 모두 함께 일할 수 있는 인재를 구했던 것이다. 그리고 그의 방법에 따른 사람들이 모두 부를 쌓는데 성공한 것을 보면, 우리들은 그의 방법을 인정하지 않을 수 없다.

또 사회 생활을 하는데 있어서 쾌활한 성격을 가지는 일이 중요하다. 이러한 성격의 사람이라면 다소 서비스의 질이나 양이 부족하다 해도 사회는 나름대로의 평가를 할 것이다. 중요한 것은 솔직하고 밝은 성격이다.

재능이 가치가 있으려면

재능을 팔아 생활하는 사람도 상품을 팔아 생활하는 사람 못지않게 수입을 올릴 수 있다. 즉 재능을 파는 사람이 좀더 그 파는 방법을 연구하면 지금보다도 더욱 많은 수입을 얻을 수 있다는 것이다.

왜 이런 말을 하는가 하면, 재능을 파는 사람들의 대부분이 그 재능을 파는 방법과 규칙이 보통 상품과는 다르다고 생각하고 있기 때문이다. 그래서 자신의 재능을 좀더 효과적으로 팔려는 노력을 하지 않는다.

물건을 파는 시대는 이제 끝났다. 앞으로는 재능을 파는 시대이다. 당신 두뇌(재능)의 현실적인 가치를 결정하는 것은 당신의 수입이다. 즉 당신의 재능을 팔아 얻고 있는 수입이다.

그러나 실제로, 당신의 수입은 당신의 모든 재능의 6퍼센트에 불과하다. 당연히 돈은 재능보다 가치가 낮은 것이지만, 때로는 너무나 그 차가 벌어지는 일이 있다.

우수한 두뇌는 효과적으로 쓰기만 하면 사업에서 돈보다 훨씬 큰 가치를 만들어 낸다. 왜냐하면 두뇌는 불경기의 영향도 받지 않으며, 도난을 당할 우려도 없고, 써서 없어지지도 않기 때문이다. 뿐만 아니라 돈이라는 것은 우수한 두뇌에 의해 활용되지 않으면 모래 언덕과 마찬가지로 전혀 가치가 없는 것이기 때문이다.

실패자가 될 수 있는 31가지 원인

열심으로, 진지하게 노력하는데도 불구하고 실패하는 사람들이 적지 않다. 하지만 이러한 것을 숙명이라고 단념해 버리기 전에 대체 무엇이 원인이 되어 그렇게 되었는지 엄격하게 반성해 볼 필요가 있다.

나는 이전에 실패자로 간주되는 2만 5천 명이나 되는 사람들을 연구한 적이 있다. 그 연구 결과, 실패자가 되는 데는 31가지 원인이 있다는 사실을 발견했다. 그래서 그 항목들을 소개하고자 한다. 당신은 이러한 것들과 어떤 관계가 있는지 생각하면서 읽어주기 바란다.

1. 불행한 유전적 결함

때로는 육체적, 정신적인 결함을 가지고 태어나는 사람이 있다. 이 결함을 보충하는 것은 주위 사람들의 따뜻한 협력뿐이다. 그러나 자기 힘으로 개선하지 못하는 문제는 31가지 원인 중에서 이것이라는 것을 잊지 마라.

2. 인생 목표의 결여

자기 인생의 목표를 확실하게 세워 놓고 있지 않은 사람에게 성공의 가망은 있을 수 없다. 내가 연구한 사람들 100명 중의 98명은 이렇다 할 인생 목표를 가지고 있지 않았다. 아마도 이것이 그들에게 가장 큰 실패 원인이 되었다고 생각한다.

3. 향상심의 결여

보다 나아지는 것에 무관심하거나 노력을 아끼는 사람에게는 어느 누구도 도움을 주지 않는다. 본인이 깨달을 때까지 그저 기다릴 뿐이다.

4. 교육 부족

이것은 비교적 간단하게 해결되는 문제이다. 역사를 뒤돌아보아도 최고 지식을 가진 사람들은 대부분이 '독학형'이었다. 정규교육을 받은 사람만이 교육적인 사람이라고 부르는 것은 잘못이다. 교육적인 사람이란, 타인과 협력하면서 자기의 소망을 척척 실현해갈 줄 아는 사람을 말한다. 즉 교육은 단순히 지식 있는 것을 뜻하는 것이 아니라 그 지식을 어떻게 활용하는가 하는 것이다.

5. 자기 훈련 부족

자기 훈련의 제일 기본은 자기 관리이다. 먼저 자기의 소극적인 성격을 개선해야 한다. 또 남을 지배하기 전에 자신을 지배할 수 있는 사람이 되어야 한다. 자기를 지배하는 일이 결코 쉽지는 않으나, 만일 자신을 지배할 수 있으면 모든 것을 지배할 수 있다.

6. 질병

아무리 잘해도 건강하지 못하면 행복하다고 할 수 없다. 그러나 질병의 커다란 원인으로 자기 관리의 결여를 들고 있는 것은 주목해야 할 일이다. 예를 들어 폭음과 폭식·부정적인 사고방식과 습관·성생활에 관한 지식 결여와 지나침·운동 부족·나쁜 호흡 방법에 의한 신선한 공기의 결여 등이 질병의 주요 원인이 되고 있다.

7. 어린 시절의 나쁜 영향

"어릴 때 굽은 가지는 커서도 굽은 나무가 된다"는 속담과 같이 유년 시절을 나쁜 환경이나 나쁜 사람과의 관계에서 자란 경우 어른이 되면 범죄를 저지를 확률이 높다.

8. 오늘 할 일을 내일로 미루는 습관

내일로 미루는 습관은 실패 원인 중 가장 흔한 것이다. 이러한 습관은 어떤 사람에게나 잠재해 있는 것으로, 성공의 찬스를 놓치기 쉽다. 인생에서 실패하는 것은 시기를 기다리고만 있기 때문이다. 기다릴 필요는 없다. 기다려도 시기는 찾아오지 않는다. 지금 당장 일어서서 할 수 있는 일부터 시작하라.

9. 인내력의 결여

우리는 보통 훌륭한 창시자이며 비참한 완료자인 경우가 많다. 우리는 조금이라도 실패를 하면 그대로 희망을 잃어버리기 쉽다. 하지만 인내처럼 중요한 것은 없다. 인내를 덕목으로 하고 있는 사람은 '가난의 신'을 이기고 결국 성공한다. 실패는 결코 인내를 이기지 못한다.

10. 배타적인 성격

누구에게나 트집을 잡아 친구마저 잃는 사람에게 성공의 가망은 적은 법이다. 성공하기 위하여는 남의 협조를 얻을 수 있어야 하는데, 배타적인 성격의 소유자는 결코 사람들의 협조를 얻지 못한다.

11. 성욕의 과다

성 충동의 에너지는 사람들을 행동으로 전환시키는 모든 자극 중에서도 가장 영향력이 강한 것이다. 또 인간의 감정 중에서도 그 여파가 높은 것이다. 그러므로 이것을 능숙하게 이용하여 육체적인 만족 외의 생산적인 목적에 그 에너지를 활용해야 한다.

12. 도박 선호

도박을 좋아한 나머지 얼마나 많은 사람들이 실패로 울어야 했는지 모른다. 1929년의 월가 대폭락 때도 수백만 명에 이르는 사람들이 주식 마진으로 그 인생을 망쳤다.

13. 결단력의 결여

성공자는 재빠르게 결단을 내리고 여간해서는 그것을 변경하지 않는다. 그러나 실패자는 천천히 결단을 내리고 사소한 일에도 그것을 변경한다. 우유부단과 질질 끄는 것과는 쌍둥이 악마와 같은 것으로, 그 어느 한쪽이라도 품고 있는 사람은 반드시 다른 한쪽도 품게 된다. 이 쌍둥이 악마에 사로잡히기 전에 빨리 그것을 쫓아버려야 한다.

14. 여섯 가지 공포

가난·비판·질병·실연·고령·죽음에 관한 두려움을 버려야 한다.

이 중 어느 하나만 가지고 있어도 실패의 원인이 된다.

15. 배우자 선택의 잘못

결혼은 모든 인간 관계 중에서 그 친밀도가 가장 농후하다. 그러므로 부부 중 어느 쪽엔가 문제가 있으면 양자가 함께 실패한다고 해도 과언이 아니다. 결혼의 실패는 가장 비참하고 불행하고 절망적인 것이다.

16. 과도한 조심성

인생은 여러 가지 찬스로 가득차 있다. 그런데 지나친 조심성은 찬스를 앗아가고 만다. 이에 못지않게 조심성이 없는 것도 나쁘므로 둘 다 피해야 한다.

17. 동료 선택의 잘못

사업 실패의 원인 중 가장 흔한 잘못이다. 자기의 능력을 최대한으로 발휘하기 위해서는 의욕과 지성이 있는 사람과 동료가 되어야 한다. 일하는 데 있어서 서로 다투는 동료야말로 선택할 만하다. 의욕이 없는 동료를 선택한 탓으로 실패한 사람도 적지 않다.

18. 미신과 편견

미신은 일종의 공포의 발로이며, 무지의 증명이다. 성공하는 사람은 근거 없는 것을 무서워하지 않는다.

19. 사업 선택의 잘못

만약 아무리 노력을 해도 마음속에서 그 일을 싫어하면 결코 성공하지 못한다. 그러므로 가장 중요한 것은 전심 전력을 다 바칠 수 있는 일을 선택해야 한다.

20. 집중력의 부족

변덕이나 반 재미삼아 무엇에나 손을 대는 사람은 결국 무엇 하나 진짜를 가지지 못한다. 인생의 최종 목표를 하나로 정리하여 집중적으로 노력할 수 있는 사람이 되는 것이 중요하다.

21. 낭비벽

방탕한 사람은 성공을 못한다. 낭비는 가난으로 가는 지름길이다. 그래서 정기적으로 저금하는 습관을 몸에 배게 하는 것이 중요하다. 저금이 있다는 것은 특히 일을 구할 때나 정년 퇴직자가 재출발하려고 할 때 용기와 안심을 가져다준다. 왜냐하면 돈이 없으면 일을 선택할 자유도 없어져 무엇이건 나타나는 조건마다 꼬리를 흔들며 따라야 하기 때문이다.

22. 열의의 결여

열의가 없는 사람은 유능하게 될 수가 없다. 열의 있는 사람이란 그만큼 사람들에게 영향력이 있는 사람이다. 정열이 사람을 움직인다.

23. 좁은 마음

어떠한 분야에서도 마음이 좁은 사람은 리더가 되지 못한다. 마음을 닫는다는 말은 지식욕이 없어졌다는 것을 뜻한다. 특히 종교나 인종 혹은 정치 등에 관한 의견의 차이는 좁은 마음일 때 가장 나쁜 영향을 끼치게 된다.

24. 무절제

무엇보다도 폭음·폭주·과식·과도한 성행위는 좋지 않다. 이중에서 어느 한 가지만 가지고 있어도 성공에는 치명적인 원인이 된다.

25. 협동정신의 결여

협동정신이 없는 사람은 그 지위를 잃거나 찬스를 놓치는 일이 많다.

26. 노력없이 손에 넣은 재산이나 권력

재산이나 권력은 스스로의 노력으로 손에 넣은 것이 아니면 때때로 파멸을 초래하는 일이 있다. 지나치게 쉽게 부를 얻는 것은 빈곤보다 위험하다.

27. 거짓말하는 것

거짓말을 하는 사람에게 남겨지는 것은 아무것도 없다. 언젠가는 그 거짓말로 인해 신망과 자유를 잃게 될 것이다. 따라서 정직만이 최선이다.

28. 이기주의와 허영심

이기주의와 허영심은 얼마 안 있어서 사람들로부터 외면당하는 원인이 된다.

29. 억측에 의한 판단

올바르게 판단하기 위해 사실을 수집하는 노력을 게을리하는 사람들이 너무 많은 것 같다. 이러한 사람들은 억측이나 이기적인 판단에서 오는 사견(私見)의 포로가 되어 결국은 자신을 움직이지 못하게 만들어 버린다.

30. 자금 부족

충분한 자금을 가지지 않고 경솔하게 과대한 사업을 시작하면 얼마 가지 않아 미궁에 빠지게 될 것이다.

31. 기타

이 밖에도 당신이 경험하여 고생한 실패의 원인은 많이 있을 것이다. 이것을 상세하게 써주기 바란다.

이 31 항목 중에서 열심히 노력을 했는데도 실패로 끝난 사람들의 원인이 발견될 것이다. 만약 둘도 없는 친한 친구가 있으면, 그에게 이 항목들을 체크하도록 하면서 당신을 분석해 주도록 부탁하는 것이 바람직하다.

용기가 필요한 일이겠으나 그것을 실행함으로써 커다란 인생의 개선점이 발견될 것으로 본다. 일반적으로 제삼자만큼 자기 자신을 냉정하게 관찰할 수는 없다. 이것은 당신을 포함한 우리 모두에게 해당된다 하겠다.

자기를 잘 알리는 비결

"너 자신을 알라!"라는 말이 있듯이, 가령 상품을 잘 팔려면 그 상품에 대해 잘 알아야 한다. 마찬가지로 자신의 재능을 파는 경우에 우선, 자기 자신을 잘 알아두어야 한다. 자기 결점을 올바르게 앎으로 해서 그것을 보완하거나 혹은 개선할 수 있는 것이다. 또 자신의 장점을 잘 앎으로써 재능을 바르게 팔 수가 있다. 이처럼 자기 자신을 잘 알기 위해서는 정확한 자기 분석을 해야 한다.

자신의 가치를 모르고 어리석음을 드러내 버린 어느 젊은이의 이야기를 하겠다.

그는 어느 유명한 회사에 취직을 하려고 지원했다. 면접을 보던 경영주는 그에게 매우 좋은 인상을 갖고 있었기에 "어느 정도의 보수를 기대하고 있는가?"라고 물어보았다. 그런에 이 젊은 이는 "특별히 큰 보수는 바라지 않습니다"라고 대답했다. 이것은 목표의식의 결여를 여실히 나타내고 있다.

경영주는 그때 이렇게 말했다.

"그러면 일주일 간 수습기간을 거친 다음 당신 능력에 맞는 보수를 정합시다."

"아, 아닙니다. 괜찮습니다. 지금 일하고 있는 곳에서도 과분한 급료를 받고 있습니다."

현재의 위치에 그냥 있는 경우거나 아니면 사정이 있어 다른 일자리를 구할 경우라도 반드시 현재 받고 있는 급료 이상의 가치가 자기에게 있다는 확신을 가져야 한다.

누구나 좀더 수입이 많았으면 하고 바랄 것이다. 그러나 급료는 돈 이상의 가치가 있는 것이므로 돈을 탐내는 것과는 전혀 별개 문제이다. 대부분의 사람들이 이 점을 착각하고 있는 것 같다. 자기 자신의 가치와 돈에 대한 욕망은 아무런 관계도 없다. 당신의 가치를 결정하는 것은 자신에게 얼마만큼의 가치가 있는 행동을 할 수 있는가 하는 사실이다.

작년에 비해 얼마나 전진했는가

1년에 한 번은 반드시 상품의 재고 조사를 하지 않으면 안 되는 것과 마찬가지로 자신의 재능을 파는 사람도 1년에 한 번은 자기 분석을 해야 한다. 그리고 그 결과로 결점이 감소하고 장점이 증대해야 한다.

인간은 진보하기도 하고 정지하기도 하고 혹은 후퇴하기도 한다. 하지만 우리들의 목표는 진보해야 한다. 이러한 의미에서 자기 분석은 과연 진보가 있었는가, 만약 진보했다면 어느 정도인가 알려 준다. 또 반대로 후퇴한 경우에도 그 사실은 명백해진다. 재능을 효과적으로 살려 나가기 위해서는 가령, 그 정도가 적다 할지라도 반드시 전진하는 일이 필요하다.

이 자기 분석은 연말에 하는 것이 바람직하다. 그렇게 하면 분석의 결과, 밝혀진 문제점을 새해의 개선 목표로 삼을 수 있기 때문이다. 그러면 다음의 '자기 분석을 위한 28가지 질문'에 대답해 주기 바란다. 되도록 엄격한 친구가 도와주면 훨씬 객관적인 결과를 얻을 수 있을 것이다.

- 금년 목표는 모두 달성했는가?(인생의 최종 목표를 세워 1년 동안에 어디까지 나아갈 것인가를 밝히고 한해한해 전진해 가야 한다)
- 항상 최선을 다했는가? 지난해보다 무엇인가 조금이라도 나아진 것이 있었는가?
- 최대한의 봉사를 했는가?
- 항상 협조성을 가지고 일을 했는가?
- 하루하루 미루지는 않았는가? 만일 있었다면 어느 부분에서 그러했는가?
- 성격을 개선할 수 있었는가? 그것은 어떤 점이었는가?
- 계획대로 끝까지 끈기 있게 행동할 수 있었는가?
- 어떤 경우이든 확신을 가지고 신속하게 결단을 내릴 수 있었는가?
- 가난·비판·질병·실연·고령·죽음 이 여섯 가지 공포 중 어느 것에도 구애 받지 않았는가?
- 조심성이 너무 많거나 모자라지 않았는가?
- 누구와도 분쟁을 일으키지 않았는가?

- 집중력이 부족해서 에너지를 낭비하지 않았는가?
- 관대한 마음으로 남의 잘못을 용서했는가?
- 어느 부분의 재능이 진보했는가?
- 무절제한 일은 없었는가?
- 이기주의로 흐른 적은 없었는가?
- 남으로부터 존경받을 만한 행동이나 태도를 보였는가?
- 독단이나 자신을 고집한 적은 없었는가? 항상 정확한 분석에 입각하여 판단했는가?
- 시간, 지출, 수입 등이 모두 예정대로 관리되었는가?
- 시간을 낭비한 적은 없었는가?
- 내년에는 좀더 전진하기 위해 시간을 어떻게 활용하면 좋겠는가? 또 습관을 어떻게 바꾸면 좋겠다고 생각하는가?
- 양심에 가책이 되는 행동을 한 적이 있는가?
- 양질, 다량의 서비스를 수입 이상으로 제공했는가?
- 누군가에게 불공평하게 하지는 않았는가? 만일 그랬다면 누구에게 했는가?
- 만약 자기가 인재를 모집하는 입장이라면 자기를 채용해야 한다고 생각하는가?
- 현재 하고 있는 일은 마음에 드는가? 만약 그렇지 않다면 무엇이 원인인가?
- 자신에게 대가를 지불하는 사람들이 완전히 만족하고

있다고 생각하는가? 만일 그렇지 않다면 무엇이 원인이라고 생각하는가?

- 자기는 성공할 수 있다고 생각하는가?(냉정하게 평가하고 타인의 의견과 비교한다)

그러면 이것으로 당신의 재능을 살리기 위한 실천 계획을 만들 준비는 정리되었다. 리더를 위한 11가지 조건, 리더가 실패하는 10가지 원인, 원하는 직업을 갖는 7개 항목, 인생에서 실패하는 31가지 원인 등 이제까지 당신의 재능을 최대한으로 발휘해 나가기 위한 계획을 세우는 방법에 대하여 설명하였다.

어째서 이렇게까지 철저하고 상세하게 설명했는가 하면, 자기재능을 완전히 살려 성공을 거두기 위해서는 아무래도 이런 것들이 필요하기 때문이다. 이를테면 정년 퇴직한 사람이나 사업에 실패하고 재출발하려는 사람, 인생의 도중에서 새로운 일을 시작하려는 사람들이 내세울 수 있는 것은 자기 자신의 재능 이외에는 아무것도 없다. 그러므로 자신의 재능을 충분히 발휘해 소중하고 신중히 팔아야 한다.

지금까지의 교훈을 완전히 이해하여 자기 것으로 만들 수 있다면 재능을 파는 사람에게도, 인재를 평가하는 사람에게도 크게 도움이 될 것이다. 특히 이 교훈은 인사 부장이나 채용 담당자, 그밖의 관리직이나 경영자에게 가치를 매길 수 없는 귀중한 자료가 되지 않을까 한다.

　　만일 내가 하는 말이 과장되었다고 생각된다면 조금 전의 자기 분석을 위한 28가지 질문을 스스로 시험해 보라. 아마도 진지하게 인생을 생각하고 있는 사람이라면 나의 의견을 시인해 주리라고 생각한다.

바로 행동으로 옮겨라

목표를 달성하기 위한 면밀한 계획을 세워라.
만약 당신이 실패하는 일이 있어도
완전히 성공을 거둘 때까지 몇 번이고 새로운 계획을 세워라.
마음속에서 단념해버리지 않는 한
누구에게도 패배는 있을 수 없다.

위대한 사업을 성취하기 위해서는
시간을 충분히 가지고 철저한 준비를 할 필요가 있다.
그리고 계획을 행동으로 옮길 때 당신을 격려하고
당신에게 힘을 나누어 주는 동료를 선택함으로써
당신의 자신감은 더욱더 견고해질 것이다.

Think
And
Grow
Rich

STEP
7

결단은

신속하게 한다

결단이 소망을 완성시킨다.
언제, 어떻게 결단을 내릴 것인가를 몸에 익혀라.
당신은 결단에 의해 막대한 재산을 놓치지 않고
손에 넣을 수가 있다.

당신은 얼마나 신속하고 명확하게 결단을 내릴 수 있는가? 실패를 부르는 가장 큰 원인은 바로 결단력의 부족이다. 결단력의 결여 즉 우유부단함은 누구나 극복해야 할 최대의 적인 것이다.

백만장자와 비교가 안 될 만큼 막대한 재산을 축적한 사람들을 분석하면서 명백해진 것은, 그들 모두가 신속한 결단력의 소유자이며 한 번 내린 결단을 변경해야 할 경우에는 매우 많은 시간을 가지고 신중하게 생각하여 결정한다는 사실이다. 거기에 반하여 부를 축적하는 데 실패한 사람은 예외없이 결단을 내리는 것이 매우 느리고, 그것을 변경하는 것은 매우 빠르며, 게다가 빈번하다는 사실을 알 수 있었다.

결단을 신속하고 명확하게 내리며 결단을 변경할 때는 충분히 시간을 두고 결정하는 것은 헨리 포드의 가장 뛰어난 재능 중 하나였다. 이 때문에 그는 '완고한 사람'이라고 불리기도 했는데, 이러한 완고함은 세계에서 가장 추한 자동차라는 별명의 '모델 T'를 제작할 때도 나타났다. 주위 사람들은 "모델을 바꾸어야 합니다"라고 충고했으나 그는 계속 생산했다.

어쩌면 이 '모델 T'의 변경에 있어서 결단을 내리는 시기가 늦었는지도 모른다. 그러나 그는 이러한 완고한 고집으로 막대한 부를 구축해왔던 것이다. 완고한 성격은 때로는 단점이 되기도 하지만 단호한 결단력을 뒷받침해주기도 한다. 아무튼 결단을 내리는 것이 매우 늦고 변경하는 것이 매우 빠른 성격과는 비교할 수 없는 가치가 있었다.

당신 자신의 결단에 따르라

필요한 돈을 만족할 만큼 손에 넣지 못하는 사람은 일반적으로 남의 의견에 너무나 많은 영향을 받는다는 공통점을 가지고 있다. 그들은 신문 기사나 주변 소문에도 쉽게 흔들린다. 의견이란 이 세상에서 가장 싼 상품에 불과하다. 누구나 산더미 정도의 '무책임한 의견'을 가지고 있는 법이다.

남의 의견에 현혹되어 신념이 없는 결단을 내린다면 당신은 어떤 일을 해도 성공할 가망이 없다. 남의 의견에 좌우되는 것은 자신이 아직 진실한 소망을 가지고 있지 않다는 증거이다.

당신은 당신 자신의 결단에 따라야 한다. 당신이 선택한 협력자가 아닌 다른 사람들의 의견에 당신 마음이 좌우되어서는 안 된다. 마음이 흔들리지 않기 위해서라도 협력자를 결정할 때에는 반드시 당신의 목표를 완전히 이해하고 전면적으로 응원해 줄 사람을 찾도록 해야 한다.

지나치게 친한 친구나 친척 중에 악의는 없다 해도 놀리거나 농담하는 뜻으로 당신을 가로막는 사람이 있을지도 모른다. 그러한 무책임한 말로 인해 자신감을 잃어 실패하게 되는 경우가 많이 있었다.

당신에게는 자기의 두뇌, 자기의 마음이 있으므로 그것을 사용해서 결단을 내려야 한다. 그리고 결단을 내리기 전에 좀더 정확한 정보나 사실을 수집해 두고 싶을 경우에는 당신의 목적을 밝히지 말고 필요로 하는 정보만을 찾으면 된다.

일반적으로 어정쩡한 지식만을 가진 사람들이 아는 체를 한다. 이런 사람들은 남의 의견을 들으려고 하지 않고 자신의 의견만이 전부인 양 떠들어대며 말도 많은 것이 특징이다.

단호한 결단력이 몸에 배도록 하려면 입을 굳게 다물고, 눈과 귀는 크게 열어야 한다. 지나치게 말이 많은 사람 중에는 무능한 사람이 많다. 혹시 당신이 듣기 보다도 말을 많이하는 타입의 사람이라면 당신은 정보를 수집하기는커녕 남에게 당신의 아이디어를 도둑맞아 버릴 우려가 크다.

또 풍부한 지식을 가진 사람 앞에서 입을 연다는 것은 당신이 훌륭한 지식인인지 아니면 그렇지 않은 사람인지를 자백하는 일이 된다. "참으로 현명한 사람은 조심성 있는 태도와 침묵을 통해서 저절로 남의 눈에 띈다"는 사실을 유념하기 바란다. 당신 주변 사람들도 모두 기회를 탐구하고 있다. 만일 부주의하여 계획을 누설하면 어느 누구에게든지 선수를 빼앗길 수 있다.

지금 당장 당신이 내려야 할 결단은 입을 다물 것과 귀를 열어두는 일이다. 그리고 다음의 말을 크게 써서 눈에 잘 띄는 곳에 붙여 두기 바란다.

"하고 싶은 일을 남에게 말하기 전에 행동으로 결과를 보여라!" 이것은 말보다는 행동이 중요함을 알려 주고 있다.

결단이 역사를 바꾼다

결단의 가치는 그것을 내리는 데 얼마만큼의 용기가 필요한가에 따라 결정된다. 현대 문명의 기초는 생사를 건 용기있는 결단에 의해 구축되어 왔다.

링컨은 수천 명이나 되는 지지자들과 친구들의 맹렬한 반대에도 불구하고 노예 해방령을 선언했다. 그의 용기있는 결단으로 흑인들에게 자유가 부여된 것이다.

독배를 마신 소크라테스의 결단도 자기의 신념에 타협을 허락하지 않는 용기의 결과였다. 그의 결단은 역사를 천 년 이상이나 진보케 하여 인류에게 사상의 깊이와 언동의 자유를 가져다주었다.

로버트 E. 리 장군이 미합중국의 정책에 반대하여 남부 여러 주를 위해 일어선 것도 용기에 따른 결단이었다. 이 결단에는 자기의 생명은 물론이거니와 수많은 사람들의 생명이 걸려 있다는 사실을 그는 잘 알고 있었기 때문이다.

그런데 미합중국 역사 중에서 최대의 결단은 1776년 7월 4일, 필라델피아에서 내려진 결단일 것이다. 56명의 사람들이 어떤 서류에 서명을 했는데, 이 용기 있는 행동은 '미국의 모든 국민이 자유를 획득하느냐' 아니면 '56명이 하나도 남김없이 교수형을 당하느냐'라는 문자 그대로 목숨을 건 결단이었다.

우리는 이 결단이 내려진 날을 기억하고 있으나, 이때에 얼마만큼의 용기가 필요했는지는 잘 모르고 있다. 우리가 알고 있는 것은 단지 배운 대로의 역사이며, 밸리 포지나 요크타운에 대해서이며, 조지 워싱턴이나 토머스 제퍼슨에 대한 것 등 그들의 이름이나 날짜뿐이다. 그러나 우리는 이 이름과 날짜, 장소의 배후에 숨겨져 있는 진실한 힘에 대해 거의 무지에 가깝지 않을까? 더구나 워싱턴의 군대가 요크타운에서 승리를 쟁취하기 훨씬 이전, 미국 시민들에게 자유를 부여한 눈에 보이지 않는 힘에 대하여는 한층 더 이해를 못할 것이다.

전국민에게 새로운 독립을 가져오게 하여 영원한 자유와 생명을 부여한 불가사의한 힘에 대하여, 역사가들이 아무런 조회도 하지 않았다는 것은 슬퍼해야 할 일이다. 왜냐하면 이 힘이야말로 온갖 고난을 극복하고 가치있는 인생을 이루려고 하는 사람들에게 없어서는 안 될 것이었기 때문이다.

그러면 여기서 그 힘을 만들어 내게 된 사건을 살펴보도록 하자. 이 이야기는 1770년 3월 5일, 보스턴에서 발발한 사건에서 시작된다.

그 무렵, 영국 정부군은 미국 식민지에 대해 무력 탄압을 자행하여 시민들을 공포로 몰아넣고 있었다. 시민들은 무장 군인들이 온거리를 순찰하고 있는 광경을 증오에 찬 눈으로 바라보고 있을 뿐이었다. 그러다 끝내 시민들은 그 적의를 노골적으로 나타내기 시작했다. 병사들에게 야유를 하거나 돌을 던졌다. 그러자 "총검 준비, 발사!"라는 명령이 부대장으로부터 내려져 대참사가 일어났던 것이다.

이렇게 하여 전쟁이 시작되었고 수많은 사상자가 속출했다. 이 사건은 영국 정부의 탄압이 식민지 주민을 지나치게 자극한 것에 원인이 있었다. 그 때문에 미국 여러 주의 의회(식민지 개척민의 대표자들로 구성된 의회)는 이에 대해 단호한 행동을 취하기 위해 긴급 회의를 열었다. 이 회의에는 대표자로서 존 핸콕과 새뮤얼 애덤스도 출석해 있었다. 그들은 용기를 가지고 서로 이야기를 나누었으며, 그리고 영국 정부군을 보스턴에서 내쫓기 위해 함께 행동하자고 서로 맹세했다.

이 두 사람에 의해 내려진 결단이야말로 현재, 미합중국에서 구가하고 있는 자유의 시초였다. 이 결단에는 대단한 위험이 수반되어 있었으므로 굳은 신념과 커다란 용기가 필요했던 것이다.

회의를 끝낸 후, 새뮤얼 애덤스가 사자가 되어 허친슨 지사를 만나 영국 정부군의 철병을 요청했다. 그리고 이 요구는 받아들여져 영국군은 보스턴에서 물러갔다.

하지만 이것으로 사건이 전부 해결된 것은 아니었다. 그로부터 얼마 후, 역사를 바꾼 대사건이 일어났다.

협력한다는 것의 중요성

평소에 서로 편지를 주고 받는 사이인, 리처드 헨리 리와 새뮤얼 애덤스는 공포와 희망을 가슴에 안고 각자의 주에서 시민의 복지를 위해 힘쓰고 있었다.

그러던 중 애덤스는 13주의 식민지 사이에 편지 왕래를 생각해냈다. 그렇게 하면 상호간에 협조성이 높아져 직면하고 있는 큰 문제를 해결하는 데 크게 유익하다고 생각했다. 보스턴에서 군대와의 충돌이 일어난 지 2년 후인 1772년 3월, 애덤스는 이 아이디어를 의회에 제안했다. 그 결과, 영국령 아메리카 식민지 독립을 위해 서로가 손을 잡자는 취지하에 '식민지 통신 위원회'가 발족되었다.

이 위원회는 현재 미국 시민들에게 자유를 가져다 준 강대한 기초가 되었다. 새뮤얼 애덤스, 리처드 헨리, 존 핸콕 등을 중심으로 '협력자' 그룹이 이루어진 것이다.

식민지 통신 위원회가 출발할 무렵, 당시의 시민들은 보스턴 사건 때와 같은 방법으로, 아무런 조직력도 갖지 않은 채 영국 정부군에게 계속 반항을 하고 있었다. 그러나 이런 방법으로는 아무런 소득이 없었다. 여러 주에서 발생하는 사소한 분쟁도 해결하지 못하는 경우가 빈번했다. 그런데 누구 하나 지혜와 용기와 정열을 함께 모아서 진심으로 손을 잡고 영국과 싸우려는 자가 없었다. 이러한 현실을 극복하기 위해 애덤스, 헨리, 핸콕 세 사람이 협동하여 일어섰던 것이다.

그러나 영국측도 그냥 있지는 않았다. 그들도 대책을 세워서 그들 나름대로의 '협력자'를 조직하고 있었다. 무엇보다도 그들에게는 돈과 군대가 충분하게 있었다.

정의의 결단

영국 국왕은 매사추세츠 지사로 허친슨 대신에 게이그를 새로이 임명했다. 새 지사는 부임하자마자 제일 먼저 새뮤얼 애덤스에게 대리인을 보내 반대운동을 중지하도록 협박을 가했다. 이때 대리인이었던 펜튼 대령과 애덤스가 나눈 대화를 재현해 보면 이러하다.

"애덤스 씨, 나는 게이그 지사의 명에 의해 말하겠소. 당신이 반대운동 진압에 협력만 해준다면, 영국 정부는 당신에게 만족할 만한 사례를 할 것이오. 이 이상 반항하지 않는 편이 현명할 것이라고 지사님께서도 말씀하시고 있소. 지금까지 당신이 취해 온 행동은 영국 법령에 의하면 충분히 처벌받아야 마땅하오. 즉 반역죄로 본국으로 송환되거나 아니면 지사의 판단 하나로 당장에 투옥될 것이오. 그러나 마음을 바꾸면 큰돈을 얻게 될 뿐만 아니라 국왕의 총애도 받을 수 있고 평화를 유지할 수 있게 될 것이오."

새뮤얼 애덤스는 반대운동을 중지하고 뇌물을 받아들이느냐 아니면 이대로 교수형에 처해지는 위험을 각오할 것이냐, 두 가지 중 어느 쪽을 취할 것인지 결단을 내려야 했다.

자신의 생명을 걸지 않으면 안 될 최악의 결단을 해야 할 위기에 몰린 애덤스는 펜튼 대령에게 지금부터 자기가 하는 말을 그대로 반드시 지사에게 전해주겠다는 다짐을 받고 이렇게 대답했다.

"게이그 지사에게 이렇게 전해주시오. 어느 누구의 요청이라도 나는 국가의 정의를 범하는 행동을 할 수가 없소. 게이그 지사에게 한 가지만 충고하겠소. 흥분한 시민들을 더이상 노하게 하지 않는 편이 현명할 것이오."

이러한 애덤스의 통렬한 회답을 받은 지사는 격노하여 다음과 같은 성명을 발표했다.

"나는 영국 국왕의 이름을 걸고 반대운동에 참가한 모든 시민의 죄를 사면하고 평화로운 생활을 약속한다. 그러나 너무나 큰 반역죄를 범한 새뮤얼 애덤스와 존 핸콕 두 사람에게는 그에 상응하는 벌을 가하겠다."

현대의 속어로 표현하자면, 애덤스와 핸콕을 없애겠다는 뜻이었다. 그러나 이 지사의 성명은 오히려 두 사람에게 결사적인 결단을 내리게 하는 결과가 되었다. 두 사람은 믿을 수 있고 신뢰할 수 있는 동지들을 모아 긴급 비밀회의를 열었다. 전원이 모이자 애덤스는 문을 잠근 다음 열쇠를 주머니에 넣고 이렇게 말했다.

"어떻게 해서든 모든 식민지를 단결시켜야 합니다. 따라서 그러기 위한 결론이 나올 때까지는 단 한 사람도 이 방에서 나가지 못할 것입니다."

방 안에는 비장한 흥분이 계속 감돌았다. 어떤 사람은 당장 행동을 개시해야 한다고 주장하였고, 어떤 사람은 화해를 모색해보자고 했다. 또 어떤 사람은 영국 국왕에게 대드는 것이 현명한가 아닌가 망설이고 있었다.

그러나 애덤스와 핸콕은 아무런 공포감도 느끼지 않았으며, 실패의 가능성 또한 생각지 않았다. 이 두 사람의 열정이 전달되었는지 다른 사람들도 동참하여 마침내 1774년 9월 5일에 필라델피아에서 제1회 대륙회의를 개최하기로 결정하였다.

이 날은 1776년 7월 4일 독립선언일보다도 중요한 날이다. 왜냐하면 이 대륙회의를 여는 결단이 내려지지 않았더라면 독립선언도 있을 수 없었기 때문이다.

이 회의가 개최되기에 앞서, 버지니아 주의 대표인 토머스 제퍼슨에 의해 〈영국령 아메리카에 있어서의 권리에 대한 개요〉라는 제목의 책자가 발간되었다. 이 일로 제퍼슨과 버지니아 주의 영국 대표인 던모어 경과의 관계는 애덤스과 게이그 지사와의 관계처럼 험악한 상태가 되어 버렸다.

이 책자가 발간되자마자 제퍼슨도 영국 정부에 반역죄로 기소되어 버렸던 것이다. 그러나 이러한 탄압에도 아랑곳없이 동지의 한 사람인 패트릭 헨리는 이렇게 말했다.

"만일 이것을 반역이라고 한다면 앞으로도 계속 온갖 반역을 범합시다."

식민지의 운명을 좌우하는 엄숙한 입장에 있던 이 사람들에게는 권력도 군사력도 재력도 없었다. 그럼에도 불구하고 그들은 제1회 대륙회의 개최와 동시에 행동을 개시했다. 이 격렬한 반대운동은 2년간 계속되었다. 그리고 1776년 6월 7일, 리처드 헨리가 의장의 허락을 얻어 다음과 같은 발표를 했다.

"여러분, 우리는 이 식민지가 자유와 독립의 권리를 쟁취해야 한다고 믿고 있습니다. 따라서 우리는 영국 국왕에 대한 모든 충성을 단절하고 모든 정치적 관계를 해소하기 위한 행동을 취하려고 합니다."

역사적인 선언

헨리의 폭탄 선언으로 의회는 벌집을 쑤셔놓은 듯하였다. 헨리의 발언에 대한 뜨거운 격론이 매일 벌어졌으며 이에 헨리도 완전히 지쳐버렸다. 5일째가 되자 그는 마침내 일어서서 명백하고 확고한 목소리로 이렇게 말했다.

"의장, 우리는 이 문제에 대해서 이미 며칠 동안 서로 이야기를 나누었습니다. 이제 행동하는 일만 남았습니다. 무슨 이유로 더이상 기다릴 필요가 있겠습니까? 또 더이상 무엇을 생각할 필요가 있겠습니까? 오늘을 아메리카 공화국의 탄생일로 정합시다. 황폐한 식민지가 아닌 평화와 법이 존재하는 질서있는 국가를 건설하고 싶지 않습니까?"

이 동의가 표결되기 전에 그는 그의 가족이 위급하다는 소식을 듣고 급히 버지니아로 돌아갔다. 그러나 출발 전에 최후까지 함께 싸우기를 서로 맹세한 토머스 제퍼슨에게 모든 일을 맡겨놓고 떠났다. 그로부터 얼마 후 대륙회의 의장인 핸콕은 제퍼슨을 독립선언문 기초위원회의 위원장으로 임명했고, 위원회의 구성원들은 필사적인 노력을 기울여 독립선언문을 작성했다. 이 선언에 서명한 사람들은 모두 영국과의 싸움에 질 경우 목숨을 잃을 것이라는 사실을 알고 있었다.

6월 28일, 대륙회의에서 독립선언문 기초안이 발표되었으며 며칠 동안 내용에 대한 검토가 시작되었다. 그리고 드디어 1776년 7월 4일, 토머스 제퍼슨은 의회에서 이 독립선언문을 정식으로 발표했다.

"자명한 진리로서 모든 사람들은 평등하게 태어나 누구에게도 빼앗길 수 없는 천부의 권리를 부여받았으며 그 안에 생명, 자유 및 행복의 추구가 들어 있다는 것을 믿고……"

제퍼슨의 발표가 끝나고 투표가 실시된 결과, 이 선언서가 정식으로 인정되었다. 그리고 죽음을 각오한 56명의 서명을 얻었다. 이 결단에 의해 식민지 국민들에게 영원한 권리를 가져다주는 국가가 탄생했던 것이다.

이와 같은 사실을 분석해 볼 때 미국이라는 국가는 이 56명의 협력자들에 의해 창조된 것이라고 할 수 있겠다. 또 워싱턴의 군대가 성공을 거두게 된 것도 이 협력자들의 결단이 있었기에 가능했다. 이 결단이 모든 장병들의 가슴에 불타는 투지를 솟게 하여 결코 실패를 용납않겠다는 굳은 결의를 심어주었던 것이다.

온 국민들에게 자유의 기쁨을 안겨 준 이 결단력은 인생을 스스로 결정해야 할 우리들 자신에게 있어서도 같은 의미를 가지고 있다. 주의 깊게 살펴보면, 이 독립선언문도 정식으로 발표되기까지는 다음의 여섯 가지 단계가 차례차례 진행되었다는 것을 알 수 있다. 즉 소망, 결단, 신념, 인내, 협력자 그리고 계획의 조직화이다.

모든 것을 걸다

이 결단력의 철학이 가르쳐 주는 것은, 강렬한 소망에 입각한 사고는 그 자체가 물리적인 가치를 창조하려는 경향이 있다는 것이다. 앞에 소개한 바 있는 미국 독립의 역사나 U. S. 스틸사의 이야기에서 불가사의하게 전환해 가는 사고의 모습을 확인할 수 있었을 것이다.

이 전환은 기적도 아니고 신의 조화도 아니다. 단지 자연의 법칙이 작용했을 뿐이다. 이 자연의 법칙은 신념과 용기 있는 사람이라면 누구나 손에 넣을 수 있는 것이다. 그리고 이 자연의 법칙은 국가에게는 자유를 또, 사람에게는 부를 가져다 주는 것이기도 하다.

신속히 명확한 결단을 내리는 사람은 자기가 무엇을 바라고 있는지를 잘 알고 있는 사람이며, 그 바람을 달성하는 용기를 갖추고 있는 사람이다. 그리고 어떤 분야에서든 지도자가 되려면 빠르고 단호한 결단을 내릴 수 있어야 한다. 세상은 자기가 바라고 있는 것을 잘 알고 있으면서 그것을 향해 행동하는 사람들에게만 기회를 준다는 사실을 기억하기 바란다.

한편 우유부단한 성격은 보통 어릴 적부터 몸에 배게 되는 것이다. 이런 아이들은 분명한 목표도 가지지 않은 채, 초등학교·중학교·고등학교에 진학하고 대학마저도 그냥 그대로 들어간다. 그리고 직장을 선택할 때도 그 버릇이 없어지지 않는다. 어떤 직업이라도 가질 수 있는 데도 불구하고 제일 먼저 발견한 직장에 취직해버린다. 이러한 사람들은 확실한 목표도 가지지 않고 또, 경영자를 신중히 선택하려는 노력도 하지 않았기 때문에 현재의 지위와 급료에 만족해야만 하는 것이다.

당신이 진정 성공을 바란다면 우유부단함을 떨쳐버리고 단호한 결단력을 키워야 한다. 그런데 단호한 결단을 내리는 데는 용기가 필요하며 때로는 매우 과감한 용기가 요구되는 경우도 있다. 독립선언에 서명한 56명은 자기의 생명을 그 결단에 걸었다.

그들은 생명을 걸고서라도 식민지의 자유를 얻고자 했던 것이다.

이처럼 이들이 열망했던 것과 같은 마음가짐으로 부나 사회적 지위 등 원하는 바를 열망한다면 누구나 반드시 이룰 수 있다. 단 무엇인가를 계획하고 열심히 추구하지 않는 한 결코 저절로 굴러들어오지 않는다는 사실을 명심해야 한다.

결단력은 그 자체가 매우 강대한 위력을
발휘하는 것이다

결단력의 결여는 실패의 최대 원인이다.
누구나 의견을 가지고 있으나
당신의 일생은 당신의 의견으로 결정해야 한다.

우유부단한 습성은 아이 적부터 몸에 배어버리는 일이 많은데
어떻게 하면 그것을 제거할 수 있는 것일까?
아니면 거기에서 사람들을 멀리 떼어 놓을 수는 없을까?

신속히 명확한 결단을 내리는 사람은
자기가 무엇을 바라고 있는지를 잘 알고 있는 사람이다.
그리고 그 바람을 달성하기 위한 용기를 갖추고 있는 사람이다.
세상은 자기가 바라고 있는 것을 잘 알고 있으며
그것을 향해 행동하는 사람들에게만 항상 기회를 준다.

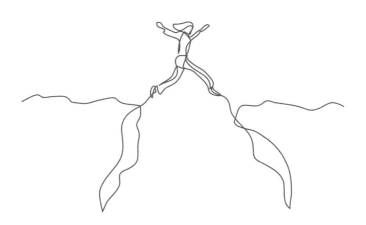

Think
And
Grow
Rich

참고 견디는

마음을 키운다

무엇이 약점인가를 확실하게 알자.
성급함이야말로 사람을 파멸시키는 것이다.
인내력을 몸에 익혔을 때
당신은 전진하는 사람이 될 수 있다.

소망에서 어떤 가치를 창출해 내기 위해서 인내력은 불가결한 요소이다. 그리고 이 인내력의 근본이 되는 것이 '의지의 힘'이다. 의지의 힘과 소망이 올바르게 결합할 때, 두려움을 모르는 그 무엇이 생겨난다. 막대한 재산을 구축해온 사람들은 때로는 냉혈한이라고 비난받는 일이 있다. 그러나 대부분의 경우 그것은 오해이다. 그들은 강인한 의지력과 절대로 단념하지 않는 소망을 가진 사람들이다.

대다수의 사람들은 사소한 반대나 역경 앞에서 목표나 계획을 단념해 버린다. 그래서 목표를 달성하기까지 어떤 장애에도 굴하지 않고 전진해 가는 사람은 극히 드물다.

인내력이라는 말에는 아무런 영웅적인 여운도 없다. 그러나 이 소박한 말에는 우리들 인간에게 있어서 탄소가 철강의 가치를 결정하는 것과 같은 가치가 있다.

소망을 이루기 위해서는 이 성공철학의 13단계를 활용해야 한다. 그러려면 먼저 이 성공철학을 이해하고 인내의 힘으로 한 단계씩 실천해 나가야 한다.

인내력의 부족은 실패를 초래한다

인내의 인(忍)이라는 글자가 나타내는 정신이야말로 인생의 모든 고난을 극복하게 하는 원동력이다. 그런데 대부분의 사람들이 이 인내력의 부족으로 실패를 하는 경우가 많다.

한 조사 결과에서도 인내력의 부족은 대다수 사람들이 가지고 있는 공통된 약점이라는 사실이 명백하게 드러났다. 그러나 이 약점은 노력에 의해 극복할 수가 있다. 가장 간단한 극복 방법은 오로지 자기의 소망에 마음을 집중하는 일이다.

목표 달성의 출발점은 모두가 소망이다. 이것을 언제나 마음에 새겨두기 바란다. 작은 불은 약간의 열만을 낼 수 있는 것과 마찬가지로 작은 소망은 작은 결과밖에 가져오지 못한다. 만일 당신의 인내력이 부족하다고 생각된다면 그것은 당신의 소망이 약한 탓이다. 따라서 좀더 소망의 불을 활활 타오르게 함으로써 인내력을 강하게 할 수 있다.

이 책을 다 읽고 나면 제1단계(STEP 1)의 내용을 다시 읽고 '소망 달성을 위한 6가지 원칙'을 꼭 실행해 주기 바란다. 이 6가지 원칙에 따르려고 하는 용기와 성의가 당신의 성공 여부를 결정한다. 만일 당장 실행할 기분이 나지 않으면 아직 성공을 추구하는 의식이 충분히 무르익지 않았다고 생각하라. 그리고 보다 확고하게 의식을 굳히도록 해야 한다.

큰 바다로 물이 흘러들어 가는 것과 마찬가지로 부를 얻겠다고 결심한 사람에게만 돈은 자연히 흘러들어 가는 법이다. 만일 당신에게 인내력이 결여되어 있다면 제2단계(STEP 2)를 다시 한번 숙독하기 바란다. 또 협력자를 만들어 그 사람들의 원조를 얻도록 하라. 그리고 자기암시나 잠재의식의 각 단계에 있어서도 인내력을 개발하기 위한 내용이 있으므로 참고해 주기 바란다.

무엇보다도 당신이 잠재의식 중에 바라고 있는 것이 확실하게 구체적으로 떠오를 수 있도록 노력해 주기 바란다. 그렇게 하면 인내력 부족으로 고민하는 일은 없어질 것이다. 당신의 잠재의식은 당신이 일어나 있거나, 잠을 자고 있거나 상관없이 언제나 계속 활동해 주고 있을 것이다.

부를 추구하는 의식

이 13단계의 성공철학은 생각난 것처럼, 혹은 단편적으로 음미하는 것만으로는 아무런 힘을 발휘하지 못한다. 그 진가를 몸에 익히기 위해서는 완전히 자신의 습관으로 될 때까지 계속 성공철학을 실행해야 한다. 이것 이외에 당신이 '부를 추구하는 의식'을 개발하는 방법은 없다.

가난한 사람은 실은 가난을 좋아하는 사람이라고 할 수 있다. 그것은 돈을 좋아하는 사람에게 돈이 모여드는 것과 같은 이치이다. '가난을 추구하는 의식'이 어느 사이엔가 가난한 사람의 마음을 점령해 버린 것이다. 그리고 '가난을 추구하는 의식'은 애써 거두어들이려고 하지 않아도 마음속에 자연적으로 생겨나지만, 이것에 비해 '부를 추구하는 의식'은 의식적으로 노력하지 않으면 생겨나지 않는다.

이 중요한 사실을 완전히 이해하면 부를 구축하기 위해 인내력이 얼마나 중요한 것인가를 알게 될 것이다. 만일 인내의 힘이 없으면 당신은 어느 것이든 시작도 하기 전에 이미 실패해 버릴지도 모른다. 그러나 인내의 힘만 있다면 당신은 반드시 승리를 얻을 수가 있다.

만일 당신이 가위에 눌려본 경험이 있다면 인내력의 가치를 이해하기 쉬울 것이다. 당신은 침대 위에서 자고 있다. 그리고 당장에라도 목이 졸려 죽을 것 같은 공포감에 사로잡혀 있으나 몸부림치는 것은 물론 꼼짝도 하지 못한다. 어쨌든 당신은 몸을 움직여야만 한다고 생각하기 시작한다. 참을성 있게 의지의 힘을 작용시켜가는 도중에 간신히 한쪽 손가락을 움직일 수 있게 된다. 그 손가락을 계속 움직이는 동안에 차츰 팔이 움직이게 된다. 그리고 팔을 들어 올릴 수 있게 된다. 그리고 마찬가지로 자신의 몸 한쪽 부위에 의지의 힘을 작용시켜 가면 다시 한쪽 팔도 움직일 수 있게 되고 끝내는 한쪽 다리가, 그리고 또 다른 쪽 다리가 움직이게 된다. 드디어는 몸 전체를 자유롭게 움직일 수 있게 되어 간신히 악몽에서 벗어나게 된다.

이와 마찬가지로 당신은 어떤 어려움이 있더라도 한 걸음 한 걸음 인내력을 가지고 노력해 가면 끝내는 성공을 하게 될 것이다.

인내력에 대한 보상

당신이 어떻게 하든 정신적인 무기력에서 탈출해야 할 상황에 놓여 있을 경우에도 마찬가지이다. 가위눌림에서의 탈출에 성공한 것과 같이 처음에는 손가락 하나 움직이는 데도 대단한 노력이 필요하지만, 참을성 있게 노력을 계속해 가는 도중에 점점 가속도가 붙어 끝내는 완전하게 자기의 의지대로 컨트롤 할수 있게 된다. 처음에는 아무리 느리다 해도 인내력 있게 진행해 나아가야 한다. 인내의 힘이 최후의 승리를 가져오기 때문이다.

지난날 막대한 부를 이룬 사람들 중에서는 강한 인내력을 가지기 위해 협력자의 도움을 빌린 사람도 있었다. 그들이 특별히 인내의 힘을 단련하려고 했던 것은 혹독한 환경이 느닷없이 닥쳐오는 경우가 생기기 때문이었다. 이렇게 하여 그들은 인내력이 강한 인물이 되었던 것이다.

인내력을 습관화하여 몸에 밴 사람은 어떠한 실패에 처해도 마치 보험에라도 들어 있는 듯이 침착하게 사태를 관망한다. 그들이야말로 몇 번이고 실패해도 마지막에는 반드시 성공하게 될 사람이다. 때로는 무엇인가가 그 이면에 붙어 있어서 일부러 온갖 종류의 실패를 경험하게 함으로써 자신을 테스트하는 것처럼 생각되는 경우마저 있다. 이면에 숨어 있는 그 무엇은 인내력 테스트를 통과하지 못한 사람에게는 성공의 기쁨을 주지 않는다. 테스트에 통과하지 못한 사람에게 승리란 없다.

반대로 테스트에 통과한 사람들은 그 인내력에 대한 보상으로 보수가 듬뿍 주어진다. 목표가 무엇이건 그들에게는 성공이라는 승리가 주어진다. 그것만이 아니다. 그 결과 보수만이 아닌 더 중요한 것 즉 "어떤 실패에도 반드시 그 이상의 가치를 만들어내는 씨앗이 잠재해 있다"라는 진리를 체득하게 된다.

실패를 승리로 바꾸는 것

극히 한정된 사람들만이 실패의 경험에서 인내력의 소중함을 배우게 된다. 그들은 실패가 찾아와도 그것은 일시적인 것에 지나지 않는다고 생각하고 곧 다시 일어나는 사람들이다. 그 소망을 결코 포기하지 않는 사람만이 결국 실패를 승리로 전환시킬 수 있다.

사람들의 생활방식을 보면 많은 사람들이 실패에 좌절한 채, 두 번 다시 일어서지 못하고 끝나는 것을 보게 된다. 그러나 그 중에는 실패를 한층 더 노력하라는 격려라고 받아들이는 사람도 있다.

이러한 사람들은 절망적인 사태에 직면했을 때에 "져서는 안 돼! 일어서야 해"라며 그것에 대항하는 불가사의한 힘이 솟구치는 것을 느끼게 된다. 이 힘을 굳이 부른다면 인내력이라고 이름지을 수 있다. 이 힘이야말로 더욱 개발하여 단련해야 할 것이다. 만약 이 인내력이 없으면 어떠한 분야에 있어서도 결코 위대한 성공을 성취하지 못할 것이다.

브로드웨이의 정복자

브로드웨이는 '절망자의 묘지'인 동시에 '기회의 문'이기도 하다. 현재도 브로드웨이에는 전세계 사람들이 명성·부·권력·사랑·그밖의 성공이라고 불리는 온갖 것들을 찾아 모여들고 있다.

그리고 누군가가 기회를 찾고 있는 긴 행렬에서 빠져나가 성공을 거두었다 하면 사람들은 브로드웨이의 정복자로서 그 사람을 칭찬한다. 그러나 브로드웨이는 그렇게 간단하게 정복되지는 않는다. 이 브로드웨이는 재능이나 천재성을 인정하나 그 대가를 주는 것은 그 사람이 단념하기를 거부하는 것 즉, 인내력을 확인했기 때문이다.

나는 이 브로드웨이 정복에 성공한 인물을 몇 사람 알고 있는데, 그 성공의 비밀은 '인내'라는 말과 결코 떼어놓을 수 없다.

이 성공의 비밀은 브로드웨이의 정복자 중에서 훌륭히 성공한 사람 중의 하나인 패니 허스트의 고투 중에도 찾아볼 수 있다. 허스트는 작가로 입신하려고 1915년에 뉴욕으로 왔다.

그녀는 낮에는 노동을 하고 밤에는 희망에 불타 저작에 몰두했다. 그리고 4년 동안이나 수없이 출판사를 왕래했지만 아무런 반응이 없었다. 그러나 그녀는 "알았어. 브로드웨이, 당신의 승리예요"라는 말은 결코 하지 않았다. 오히려 이런 말로 마음을 다졌다.

"좋아요. 브로드웨이, 당신이 얼마나 많은 사람들을 이곳에서 내쫓았는지 모르지만 나를 내쫓지는 못할 걸요. 지쳐 단념하는 쪽은 아마 당신일 거예요."

그녀는 어느 출판사로부터 심하게는 36회나 되는 거절의 편지를 받기도 했으나 결코 단념하지 않았다. 보통 작가라면 최초의 거절편지만으로 단념해 버렸을 것이다. 하지만 그녀는 4년이라는 긴 세월 동안 출판사를 오갔던 것이다. 왜냐하면 그녀는 반드시 이긴다는 신념이 있었기 때문이다.

마침내 승리의 날이 왔다. 눈에 보이지 않는 무엇인가가 그녀를 테스트하고 있었으며 그녀는 거기에 합격한 것이다. 그때부터 그녀가 습관처럼 오고 갔던 그 길을 이번에는 출판사측에서 그녀의 집을 왕래해야 했다. 돈이 너무나 갑자기 쏟아져 들어와 그녀는 미처 세어 볼 틈도 없었다. 거기다 그녀의 작품이 영화화되어 많은 돈이 홍수처럼 흘러 들어왔다.

짧은 이야기였지만 성공하는 데 있어서 인내력이 얼마나 중요한 것인지 알았으리라 생각한다. 패니 허스트라 해서 특별한 사람은 아니다. 그리고 위대한 부를 이룩한 사람들은 누구나 처음에는 이러한 인내력을 요구받는다. 비유해 보자면, 브로드웨이는 어떤 거지에게도 한 잔의 커피와 샌드위치쯤은 베풀어 줄 것이다. 그러나 커다란 스테이크를 요구하는 사람에게는 반드시 담보물로 인내력을 요구한다.

이 이야기를 듣고 크게 공감할 할 사람이 있다. 그 사람은 바로 케이트 스미스로서, 그녀는 이전에 돈을 못 받더라도 마이크가 있는 곳이라면 어디서나 오랜 시간 계속 노래를 불렀다. "브로드웨이가 마치 어디까지 하겠는가. 어디 해보라"라고 말하는 듯했다. 그러나 그녀는 자기 손으로 행복을 잡을 때까지 견디어 냈다. 끝내는 브로드웨이가 지쳐 이렇게 말했다.

"아! 이제 됐어. 잘 알았으니까 그러면 네 노래 가격을 정하
도록 하자. 계속해서 노래를 불러라."

그리하여 그녀는 스스로 자신의 가격을 매길 수 있었고, 엄
청나게 큰돈을 벌어들였다.

인내력을 기르는 8가지 비결

인내력은 마음의 작용이며, 개발하여 단련시킬 수 있다. 여
기에 인내력을 연마하기 위한 8가지 비결을 소개해 보겠다.

1. 목표의 명확화
당신이 무엇을 바라고 있는가를 확실하게 알아야 한다. 이것은
인내력을 개발하는 가장 중요한 열쇠이다. 강력한 동기 부여야말
로 온갖 곤란을 극복해 가는 힘이 되어주는 것이다.

2. 소망
더욱더 열렬하고 간절한 소망을 가진다. 당신의 소망이 뜨겁게
타오르게 되면 누구보다도 강한 인내력이 발휘될 것이다.

3. 자신감

당신의 능력, 당신의 가치를 믿는다. 자신감과 용기는 인내력을 지탱해 준다.

4. 계획의 조직화

명확하고 구체적인 계획을 세운다. 면밀한 계획을 세워나가는 도중에 점점 인내력이 양성되는 것을 느끼게 될 것이다.

5. 정확한 지식

당신의 경험, 당신의 관찰을 기초로 하여 지식을 쌓는다. 이 올바른 지식을 사용하지 않고 단순한 억측이나 짐작만으로 판단하는 것은 당신의 인내력을 파괴하기만 한다.

6. 협력심

사람들에게 인정과 이해와 조화가 갖추어진 협력심을 얻는 일은 당신의 인내력을 강화시켜 준다.

7. 의지의 힘

명확한 목표를 향해 항상 마음을 집중시키려고 하는 노력은 인내력의 밑거름이 된다.

8. 습관

인내하는 것을 습관화하여 몸에 배도록 노력해야 한다. 당신의 마음은 나날의 경험이 쌓여서 원숙해질 것이다. 두려움이라고 하는 가장 큰 적이라도 당신이 '용기있는 행동을 반복하는 일'에 의해 쫓아버릴 수가 있다.

극복해야 할 16가지 약점

당신 자신에게 인내력이 결여되어 있다고 생각하면 특히 어느점이 문제인가를 알아두기 바란다. 앞에서 소개한 '인내력을 기르는 8가지 비결'을 분석하여 당신에게 결여되어 있는 것이 무엇인지 면밀하게 알아보라. 이것을 분석함으로써 새로운 당신을 만드는 힌트를 발견할 수 있을지도 모른다.

또 당신과 성공 사이를 가로막고 있는 적이 무엇인지 살펴볼 필요가 있다. 이러한 분석에 의해 당신의 인내력에 대한 약점을 알 수 있을 뿐 아니라 그 약점의 근본 뿌리에 있는 깊은 잠재적인 원인도 알 수 있을 것이다. 이 8가지 항목을 연구하여 자신이 무엇을 원하며, 무엇을 할 수 있는지를 확실하게 파악해 주기 바란다. 그러기 위해서는 정직하게 자기 자신을 바라보는 일이 중요하다.

그러면 성공을 추구하는 사람들이 반드시 극복해야 할 약점 16가지 항목을 열거해 보겠다.

- 자기가 무엇을 바라고 있는지 모르고 설명도 하지 못한다.
- 무엇이건 내일로 미룬다.
- 공부하고 싶은 즉, 지식을 쌓고 싶은 의욕이 없다.
- 우유부단하여 정면으로 일과 대결하고자 하지 않고, 모든 것을 책임 전가 한다.
- 문제를 해결하기 위한 명확한 계획을 세우려고 하지 않고 구실을 찾아 발뺌을 한다.
- 자기만족처럼 불행한 것은 없다. 이것만은 구제할 방법도 없거니와 가능성도 없다.
- 중요한 문제가 생겼을 때, 직면하여 싸우려고 하지 않고 안이하게 타협하려는 태도의 근본 원인은 무관심에 있다.
- 남의 잘못은 혹독하게 책망하나 자기 잘못은 여간해서 인정하려고 하지 않는다.
- 소망이 빈약해서 게으름뱅이처럼 안일한 타성에 젖어 있다.
- 조그마한 실패를 구실삼아 다시 시도하려고 하지 않는다.
- 계획을 종이에 쓰려고 하지 않는다. 이래서는 분석도 반성도 하지 못한다.
- 눈앞에 아이디어가 번뜩이거나 기회가 와도 손을 내밀어

잡으려고 하지 않는다.

- 멋있는 꿈만 그릴 뿐 아무 일도 하려고 하지 않는다.
- 노력하는 것보다는 그냥 이대로 지내는 편이 좋다고 생각한다. 이런 사람에게는 '이렇게 되고 싶다', '이렇게 하고 싶다', '이것이 갖고 싶다'는 큰 뜻이 결여되어 있다.
- 애써 얻으려 하지 않고 도박이나 투기 따위의 요행을 찾는다.
- 타인의 생각, 행동, 발언 등이 마음에 걸려 즉, 비난받을 것이 두려워 결국은 아무 일도 하지 않는다. 이것은 이 16가지 약점 중에서도 가장 큰 적이다. 왜냐하면 이것은 눈에 보이지 않으나 어느 누구에게나 잠재의식 속에 반드시 도사리고 있는 것이기 때문이다.

비판을 두려워하지 말라

비판을 두려워한 나머지 친척이나 친구 또는 세상 사람들의 영향을 지나치게 받아 결국 자기 인생을 허비해 버리는 사람들이 너무나 많다.

또 잘못된 결혼이라고 생각하면서도 남의 이목이 두려워 이혼하지 못하고 불행한 인생을 사는 사람도 많이 있다. 이처럼 하고 싶은 일이 있어도 다른 사람들이 어떻게 볼까 두려워서 또는 어떤 의무감 때문에 하지 못하는 경우가 많이 있다. 이러한 것에 구애되어 있는 사람은 그것에 의해 자기의 큰 뜻이나 희망이 꺾여 돌이킬 수 없는 손해를 보게 되는 것이다.

실패에 대한 비난이 두려워 일부러 기회를 놓치는 사람도 있다. 이 실패에 대한 비판을 두려워하는 마음은 성공하고 싶다는 소망보다도 강한 것이다.

또 높은 목표를 가지지 말자고 생각하는 사람도 있다. 그들은 주변 사람들로부터 "너무 큰 희망을 가지지 마라. 세상에서 미친 사람이라고 할 테니까"라는 말을 들을까봐 두려워하고 있기 때문이다.

나 또한 그러했다. 앤드류 카네기가 앞으로 20년간의 세월을 걸고 성공철학을 체계화하자고 제안했을 때, 나는 순간적으로 세상이 무엇이라고 말할 것인가 하고 두려워했다. 이 제안의 목표가 내가 이제까지 상상도 하지 않았을 정도로 높고 먼 것이었기 때문이다. 그 생각과 동시에 나의 마음은 구실이나 핑계를 찾아내기 시작했다. 그것은 모두가 남들의 비판을 두려워하는 마음에서 나온 것이었다. 내 마음속에서는 이런 목소리가 들려왔다.

"그 일은 너무나 크고 시간이 많이 걸리는 일이다. 너에게는 무리한 일이야. 친척이나 친구들이 어떻게 말할 것 같은가? 또 생활비는 어떻게 할 것인가? 지금까지 누구 하나 성공철학을 체계화한 일이 없는데 도대체 네가 어떻게 그것을 하려고 하는가? 그렇게 많은 욕심을 부리다니 너는 도대체 누구냐? 비참한 성장 과정을 회상해 보라. 철학에 대해 네가 무엇을 알고 있느냐? 세상은 너를 미치광이라고 생각할 것이다(실제로 사람들은 그렇게 생각했다). 지금까지 다른 누군가가 어째서 그 일을 안했겠느냐?"

이외에도 차례로 여러 가지 의문이 내 마음속을 소용돌이치며 반성을 촉구했다. 그것은 마치 세상 사람들이 내 소망을 송두리째 짓밟아버리려는 것처럼 생각되었다. 그리고 카네기의 제안은 나에게는 도저히 무리한 일이므로 단념하라고 가르쳐 주는 듯했다.

사실 지금까지 이 작업을 중단할 수 있는 기회가 몇 번이나 있었다. 그러나 그후에 나는 수천 명이나 되는 사람들을 분석해 가는 도중에 어떤 사실을 발견했다. 아이디어라는 것은 태어났을 때 이미 죽어 있거나 아니면 살아 있다 해도 즉시 손을 쓰지 않으면 안 된다. 즉 당장에 명확한 계획과 신속한 행동을 주입하여 생명력을 불어넣어야 한다는 것이다. 갓 태어난 아이디어는 극진한 간호가 필요하다. 조금이라도 더 생명을 끌면 그만큼 살아남을 기회가 커지는 것이다.

비판에 대한 두려움은 온갖 아이디어를 망쳐버리는 원인이 된다. 그 두려움이 있는 한 아이디어는 결코 계획화되지 못하며 행동으로 옮겨지는 일도 없다.

인내가 행운을 가져온다

많은 사람들이 성공은 행운에 의해 오는 것이라고 믿고 있다. 어쩌면 그렇게 믿게 하는 요소가 있을 것이다. 그러나 행운만을 믿고 있다가는 언제고 실망하게 될 것이다. 왜냐하면 그런 사람들은 곧 눈앞에 있는 또 하나의 중요한 성공의 요소를 간과해 버리기 때문이다. 또 하나의 요소라는 것은 행운을 자신의 손으로 창출하는 지식을 말한다.

코미디언인 W. 필즈는 대공황 때 재산도 잃고 수입도 없는 처지가 되었다. 거기다 중요한 일자리였던 밤무대마저 폐쇄당하고 말았다. 더욱 어려운 일은 그의 나이가 이미 60세를 넘었다는 것이었다. 그러나 그의 재기를 향한 소망은 누구보다도 강했다. 그는 출연료는 받지 않아도 좋으니 일을 시켜 달라고 하여 생소한 영화계로 뛰어들었다.

이때 또 한 가지 어려운 일이 발생했다. 그는 기관지염을 앓게 되었던 것이다. 보통 사람이라면 진작 단념하고도 남았을 것이다. 그러나 필즈는 대단한 인내력의 소유자였다. 그에게 결코 단념이란 것은 있을 수가 없었다. 그는 단념하지 않고 참아내면 언젠가는 반드시 행운을 만나게 된다는 것을 믿고 있었기 때문이었다. 실제로 그는 끝내 행운을 잡았다. 그러나 그것은 결코 우연히 이루어진 것은 아니었다.

메리 드레슬러 역시 60이 다 된 나이에 일자리는 물론 돈도 없는 신세가 되었다. 그러나 그녀는 인내심을 가지고 노력하여 마침내 꿈에 그리던 아카데미상을 수상하였다. 보통 사람들이라면 이미 성공에 대한 꿈을 버리는 연령이 되었는데도 불구하고 그녀의 인내력은 훌륭한 승리의 꽃을 피웠던 것이다.

에디 캔터는 1929년의 주식시장 대폭락 때, 전재산을 날렸으나 용기와 인내력만은 잃지 않았다. 이 두 가지 힘과 탁월한 통찰력 덕분에 그는 한 주에 1만 달러를 버는 데까지 재기할 수 있었다.

이상과 같이 인내력이 있으면 다른 조건이 여하히 나빠져도 재기할 수 있는 것이다.

누구나가 희망을 걸 수 있는 행운이 있다고 하면 그것은 자신의 손으로 만들어내는 행운뿐일 것이다. 그리고 그 행운은 인내력에 의해 비로소 손에 넣을 수가 있다.

명확한 목표가 인내력을 낳는다

원저공의 이야기를 하겠다. 그는 황태자 시절 진정으로 사랑할 수 있는 신부를 구하기 위해 각지를 돌아다녔다. 유럽 여러 나라의 공주들이 그에게 청혼받기를 원했으나, 그에게는 누구

하나 마음에 드는 사람이 없었다.

그러다가 그는 에드워드 8세로 즉위하게 되었으나, 일체의 개인적인 자유가 허락되지 않은 채 하루하루를 공허함에 싸여 보내야 했다. 그의 허전한 마음을 측근들은 전혀 이해하지 못했다. 그 공허감을 달래준 것은 미국 태생이며 연상의 연인인 심프슨과의 사랑이었다.

월리스 심프슨은 두 번의 이혼 경력을 가진 여성이었으나 용기를 가지고 진실한 사랑을 추구했다. 그리고 그 진실한 사랑은 사람이 만든 규칙이나 비판이나 중상이나 정략 결혼 따위로 결코 속박하지 못했다. 그는 결국 왕위를 동생인 조지 6세에게 물려 주고 프랑스로 건너와 윈저공이 되어 당당하게 심프슨과 결혼했다. 그리고 이 윈저공 부부는 떳떳이 왕실 가족의 일원에 속하게 되었다.

인내력의 높은 대가로 쟁취한 이 사랑의 이야기는 이미 옛날 이야기처럼 생각되기 쉽다. 그러나 우리가 알아두어야 할 것은 이 두 사람이 어떻게 하여 세상에서 가장 소중한 사랑을 얻었는가 하는 것이다.

지금부터 당신이 만나는 사람마다 "이 세상에서 가장 가지고 싶은 것은 무엇인가?" 하고 물어 보기 바란다. 아마도 그들 중 대부분 당장에 대답을 하지 못할 것이다. 만약 굳이 대답을 요구하면 대개는 '돈'이라고 할 것이다. 또 '행복'이라던가 '명성과 권력'이라는 사람도 있을 것이다. 그밖에 '세상에서 인정받고 싶다'라든가 '생활의 안정'이라든가 '가수로서, 댄서로서, 혹은 작가로서의 재능'이라고 대답하는 사람도 있을 것이다.

그러나 누구 하나 그 달성 기일을 명확하게 대답하지 못하며 그 달성 계획을 명확하게 설명하지도 못할 것이다. 희망만으로 부를 달성할 수는 없다. 거기에 필요한 것은 명확한 계획이며 그것을 지탱하는 것은 불타는 소망과 부단한 인내력이다.

인내력을 단련하는 4가지 원칙

인내력을 습관으로 몸에 익히기 위해서는 4가지의 원칙이 있다. 거기에는 약간의 시간과 다소의 노력만 있으면 충분하다. 결코 위대한 지식이 필요한 것도 아니며, 고등교육이 필요한 것도 아니다.

그 4가지 원칙이란 다음과 같다.

첫째, 불타오르는 소망으로 뒷받침된 명확한 목표를 가질 것

둘째, 명확한 계획을 세워 한 걸음 한 걸음 실행해 갈 것

셋째, 마음을 우울하게 하는 부정적인 요소들 즉, 자신의 발전에 방해가 되는 의견을 깨끗이 털어버릴 것

넷째, 목표와 계획에 찬동하여 항상 용기를 북돋우어 주는

친구를 사귈 것

이 4가지 원칙은 모든 성공의 필요 조건이다. 이 책의 13단계에 걸친 성공철학도 결국은 그 각 단계를 습관화하여 몸에 익히는 것이 목적이다.

이 4가지 원칙에 의해 당신은 두려움을 극복할 수 있다.

이 4가지 원칙에 의해 당신은 고정관념을 타파할 수 있다.

이 4가지 원칙에 의해 당신은 부유해질 수 있다.

이 4가지 원칙에 의해 당신은 권력과 명성을 얻을 수 있다.

이 4가지 원칙에 의해 당신은 행운을 만들어 낼 수 있다.

이 4가지 원칙에 의해 당신은 꿈을 현실화 할 수 있다.

이 4가지 원칙을 실행하는 사람에게는 멋진 보상이 주어진다.

그 보상이란 자신의 가격을 스스로 매길 수 있는 특권과 자기 인생을 뜻대로 만들어 갈 수 있는 특권이다.

마호메트 이야기

인내력 있는 사람들이 온갖 고난을 극복해온 그 불가사의한 힘은 도대체 무엇일까? 패배로 타격을 받아도 다시 전세계를 상대로 해서 싸우려고 일어서는 사람에게만 무한의 지성이 구원의 손을 내미는 것은 무엇 때문일까?

헨리 포드는 무(無)에서 출발하여 인내라는 힘만으로 거대한 자동차 왕국을 이룩했다. 또 토머스 에디슨은 불과 3개월 남짓한 교육밖에 받지 않았으나 세계적인 발명가가 되었다. 그는 인내력을 축음기와 영사기, 백열 전구와 그밖에 50가지 이상의 유익한 발명품과 바꾸었다.

나는 에디슨과 포드에 대해서는 오랫동안에 걸쳐 상세하게 연구할 기회가 많았다. 이 두 사람에게 그런 엄청난 성공을 이룩하게 한 가장 큰 요소는 인내력 이외에 다른 것은 아무것도 없었다고 단언할 수 있다.

위대한 예술가·사업가·정치가·발명가·철학자·종교가 등으로 불리우는 사람들을 종합적으로 분석해 보면, 인내력과 집중력과 목표의 명확화가 그들에게 성공을 가져다 준 근본적 원인이었다는 것을 알게 된다.

여기서 이슬람교의 창시자 마호메트의 이야기를 통해 인내력을 기르는 불가사의한 힘에 대해 알아 보겠다. 좀더 구체적으로 말하면 마호메트의 생애를 분석하여 현재 경제 및 각 분야에서 성공한 사람들과 비교함으로써 그들 모두에게 공통되게 있는 남보다 뛰어난 인내력이 어떤 것인가를 살펴 볼까 한다.

마호메트는 예언자이기는 했으나 기적을 이루고자 하는 신비론자는 아니었다. 그는 40세가 훨씬 넘어서 포교를 시작했는데, 자신을 신의 사자라고 자칭하고 이 세상에 참된 종교를 전하기 위해 신이 보낸 사람이라고 선언했다.

하지만 사람들은 그를 바보에다 미치광이로 취급했다. 아이들은 그를 놀리고 들볶았으며 여인들은 오물을 던졌다. 결국 그는 고향인 메카에서 쫓겨났으며 그를 따르는 자도 가진 것을 몽땅 빼앗기고 사막으로 추방되었다. 10년간 그의 전도에 대해 주어진 것은 추방과 빈곤과 조소뿐이었다.

그로부터 10년 후 그는 모든 아라비아의 지도자가 되었으며 메카의 지배자가 되어, 도나우 강에서 피레네 산맥에 이르는 광대한 지역에 영향력을 가진 세계적 신종교의 우두머리가 되었던 것이다. 이 신종교가 설파한 가르침은 기본적으로 3가지 요소로 이루어져 있다. 그것은 말의 힘, 기도의 힘, 신과 인간과의 접촉이었다.

마호메트는 메카의 호족들의 세력이 쇠퇴하기 시작할 무렵에 태어났다. 당시 메카는 세계의 중심지이며, 카바라고 불리우는 기적의 돌의 고향이며 교역의 거점으로 번영하고 있었다. 그러나 매우 건강하지 못한 도시였기에 아이들은 베드윈 유목민에게 맡겨져 사막에서 성장했다.

마호메트도 역시 그렇게 자랐다. 그는 유목민의 아들로서 계모 아래서 자랐으나 건강하고 늠름한 젊은이로 성장했다. 그리고 어느 호상의 미망인에게 고용되어 캐러밴 대장이 되었다. 그는 동양 각지를 유목하며 다른 종교를 가진 사람들과 이야기

를 나누기도 하고 또, 크리스트교의 몰락과 그 투쟁을 관찰할
수 있었다.

그는 28세가 되었을 때, 주인이자 미망인이었던 하데이지어
의 눈에 들어 그녀와 결혼했다. 그녀의 아버지는 그 결혼을 완강
하게 반대했으나 그녀는 아버지에게 술을 주어 취하게 한 다음
그 사이에 식을 올리고 말았다. 이렇게 하여 그후 12년간, 마호
메트는 돈많은 상인으로서 사람들의 존경을 받으며 살았다.

그러나 어느 때부터 그는 사막 한가운데를 혼자 헤매고 다
니기 시작했다. 그리고 며칠이 지나자 그는 코란의 성시(聖詩)를
완전히 암기하고 돌아왔다. 그는 아내 하데이지어에게 모든 것을
숨김없이 이야기했다. 그것은 그가 사막을 헤매고 있을 때, 가브
리엘 대천사가 나타나 "마호메트여, 그대는 신의 사자이로다"라
고 말해주었다는 것이었다.

코란은 신의 계시란 말이다. 그는 시인도 아니었으며, 또한
어학에 대한 재능도 전혀 없었지만 코란의 경전을 계시받은 대
로 충실하게 암기했던 것이다. 코란의 말은 전 아라비아의 시인
들이 창조한 어떤 말보다도 멋진 것이었다. 이것은 아랍 민족에
게는 기적 바로 그것이었다. 그들에게 있어서 그 말은 가장 멋진
선물이었으며 그 의미에 있어서도 매우 큰 힘을 가지고 있었다.
거기에다가 코란은 신 앞에서의 인간은 모두 평등하다고 하며
이 세상의 민주국가(이슬람)를 설파했던 것이다.

그러나 카바의 신전에 있는 360개의 우상을 모두 파괴해 버린 것은 정치적인 폭동의 결과이기도 했지만 마호메트의 주장에 의한 것이기도 했으므로 그는 또다시 추방되었다. 이 우상은 사막민들을 메카로 모으는 역할을 하고 있었으며 그 덕분에 상업이 번성했던 것이다. 메카의 상인이나 자본가들은 마호메트도 원래는 상인이었지 않느냐면서 그를 비난했다. 그래서 그는 사막으로 도망하여 그 땅에서 세계적인 국가를 건설하려고 마음먹었다.

　　이슬람의 건설은 이렇게 하여 시작되었던 것이다. 소멸될 줄 모르는 싸움의 불꽃은 사막 밖으로까지 번져갔다. 결사의 각오가 된 마호메트의 민주군은 한 덩어리로 단결하여 싸움을 계속했다. 마호메트는 유다교나 크리스트교도에게도 문을 닫지 않았다. 왜냐하면 그는 새로운 종교를 세우려고 한 것이 아니었기 때문이다. 그는 오직 하나의 신념을 가지고 오직 하나의 신을 믿는 사람이면 누구나 환영했다.

인내하는 습관을 가져라

전진하는 사람들이 어째서 억세어지는가를 알게 되면,
어째서 억센 사람들만이 전진을 할 수 있는가를 알게 될 것이다.

탄소가 부서지기 쉬운 철을 강철로 변화시키는 것과 마찬가지로
인내력에는 인간의 성격을 변화시키는 힘이 있다.
인내력이 있으면 당신은 부를 추구하는 의식을 개발할 수가 있으며,
그 힘으로 잠재의식은 항상 당신에게 부를 이루게 하려고
그 기능을 개시하게 된다.

아무리 명마일지라도 한 번 뛰어 열 걸음을 나아가지는 못한다.
그리고 아무리 하찮은 수레를 끄는 말이라도
먼 곳까지 도달하기 위해 중단하지 않는다면 명마와 같다.
어떤 경우라도 단념하지 않고
전진을 계속하는 자만이
최후에 승리할 수 있다.

Think
And
Grow
Rich

STEP
9

유익한

협력자를 찾는다

"

소망을 돈으로 전환시키는 데는
조직적인 노력이 필요하다.
당신 주위의 협력자들이
당신의 부를 축적하게 해 줄 것이다.

"

부를 축적하고 성공을 이루는 데는 반드시 그것을 위한 에너지가 필요하다. 행동을 일으키는 데 충분한 에너지가 없으면 어떤 훌륭한 계획도 무력하여 쓸모가 없게 된다. 이 단계에서는 어떻게 하면 이 에너지를 얻게 되는가, 또 어떻게 사용하면 되는가 하는 것을 설명하려고 한다.

　　이 에너지라는 것은 조직화되어 올바르게 방향 지워진 지혜를 말한다. 즉 여기서 말하는 에너지는 사람들의 소망을 돈이나 그밖의 가치로 전환시키는 조직적인 노력을 의미하고 있다. 이 조직적인 노력이란, 동일한 목표를 향해 나아가는 여러 사람들이 서로 조화를 유지하면서 협력해 가는 모습을 말한다.

　　이 에너지는 재산을 축적하는 데도 필요할 뿐 아니라 그 재산을 유지해 나가는 데도 필요하다.

　　그러면 이 에너지를 얻기 위해서 어떻게 하면 되는가? 이 에너지가 '조직적인 지식'이라 한다면 우선 그 지식은 어디에서 입수할 수 있는지 그 근원을 조사해 보자.

첫째, 무한의 지성이다. 우리들은 무한한 발상 즉 창조적 상상력에 의해 지식을 얻게 된다. 이것에 대해서는 〈상상력〉 단계에서 충분히 설명하고 있으므로 한 번 더 읽어주기 바란다.

둘째, 축적된 경험이다. 인류의 헤아릴 수 없는 경험은 기록되고 정리되어서 공공 도서관에 보관되어 있다. 또 이 중에서도 중요한 것은 분류되고 조직화되어 학교에서 가르치고 있다.

셋째, 실험과 연구이다. 과학의 세계나 각 기업의 세계에서 밤낮으로 새로운 사실이 수집, 분류되고 조직화되어 가고 있다. 과거의 경험만으로는 해결되지 않을 때에는 이 실험과 연구에 의뢰할 수밖에 없다. 여기에서도 창조적 상상력은 빈번하게 사용된다.

지식은 이들 중 어느 것에서나 입수할 수 있을 것이다. 이렇게 얻어진 지식은 명확한 계획 속에 짜여져 그리고 행동에 옮겨짐으로써 에너지로 전환된다.

이상과 같은 지식의 3대 근원을 조사해 보고 알 수 있는 사실은, 한 사람만으로 이 지식들을 모아 행동을 일으켜 나가려고 한다면 그것은 매우 많은 고난이 따른다는 것이다. 그러나 만일 계획이 명확하여 알기 쉬운데다 대규모라면 굳이 사람들을 모으려고 하지 않아도 저절로 사람들이 모여들어 협력해 줄 것이라고 생각한다.

협력자가 만들어주는 힘

명확한 목표를 달성하기 위해 모여든 여러 사람들의 지식과 노력과 협조의 정신은 성공을 이루는 데 커다란 힘이 되어 준다.

아무리 위대한 사람이라 할지라도 이 협력자의 원조가 없으면 그 실력을 최대한으로 발휘하지 못한다. 우리는 지금까지의 소망을 전환시켜 돈이나 그밖의 가치를 창출해 내는 계획을 세우는 방법 등에 대해 배워 왔다. 그런 것들을 인내력과 지성으로 실행하고 이 협력자를 올바르게 선택한다면 당신은 자신도 모르는 사이에 목표의 절반을 달성했다고 여겨도 좋을 것이다.

따라서 올바르게 선택된 협력자가 당신에게 주는, 눈에 보이지 않는 강력한 에너지에 대해 좀더 상세하게 이해해 둘 필요가 있다. 협력자는 두 가지 특징을 가지고 있다. 하나는 경제적인 면에서의 특징이며, 또 하나는 심리적인 면에서의 특징이다.

경제적인 면은 간단 명료하다. 항상 사람들의 조언을 구해 상담하며 진심으로 원조해 주려고 하는 친구가 있는 사람이 많은 이익을 얻을 수 있다는 것이다. 이러한 협력이 있고서야 당신은 막대한 부를 구축하는 데 기초가 굳어졌다고 하겠다. 당신이 이 진리를 깊이 이해하게 되면 틀림없이 경제적으로 완전한 성공을 얻게 될 것이다.

심리적인 면은 여간해서 이해하기 어려울지도 모른다. 그러나 이 안에는 매우 중요한 진리가 감추어져 있다. 즉 두 개의 마음이 하나가 될 때 눈에 보이지 않는 힘을 가진 제3의 마음이 태어난다는 것이다. 인간의 마음은 일종의 에너지이며 그것은 본질적으로는 정신적인 것이다. 두 사람의 마음이 조화의 정신으로 합쳐지면 양자의 마음의 에너지로 이어져 하나의 결정(結晶)이 되며 협력자의 심리적인 장점을 발휘하게 된다.

내가 협력자의 철학에서 경제면에 대해 알게 된 것은 50년 이상이나 이전에 앤드류 카네기로부터 그것을 배웠기 때문이다. 이 철학과의 만남이 내 일생에 할 일을 결정지웠다. 카네기의 협력자들은 대략 50명의 인원으로 구성되어 있었다. 그는 그 협력자들과 함께 철강의 생산과 판매라는 최종 목표를 향해 발전해 갔던 것이다. 그의 막대한 재산은 모두가 이 협력자들에 의해 만들어졌다고 할 수 있다.

과거에 있어서 막대한 부를 이룩한 사람들이나, 막대하다고는 하지 못해도 아무튼 성공자라고 생각되는 사람들을 분석해 보면 반드시 협력자의 지식을 활용한 사람들뿐이다.

이처럼 큰 에너지가 협력자 이외에 과연 다른 무엇에서 얻어질 수 있을 것인가?

타인의 두뇌를 활용하라

인간의 두뇌는 전지에 비유할 수 있다. 한 개의 전지보다 몇 개의 전지를 연결한 쪽이 더 많은 에너지를 내듯이, 인간의 두뇌라는 전지도 그것을 몇 개 더 짜맞춤으로써 보다 많은 에너지를 얻을 수 있다.

그래서 다음과 같은 중요한 공식이 성립된다.

"두 개 이상의 두뇌가 조화를 이루어 협력(결합)을 할 때, 하나의 두뇌보다 월등하게 큰 사고적 에너지를 만들어 낸다." 이것은 전지를 한 개보다 여러 개 결합하는 편이 훨씬 많은 에너지를 창출해 내는 원리와 마찬가지이다. 이 메커니즘을 이해하면, 타인의 두뇌를 능숙하게 이용하는 사람들이 협력자로부터 과연 어떤 에너지를 끌어내고 있는지 그 비밀을 알게 될 것이다.

이것은 앞에 설명한 협력자의 심리적 특징과도 같은 것이다. 즉 몇 개의 두뇌가 결합하여 그 기능을 발휘할 때 이 조화된 결합에 의해 창조되는 에너지는 그 어떤 각자의 에너지보다도 더 커진다.

헨리 포드는 매우 가난하고, 배운 것 없고, 세상 물정을 모르는 상태에서 사업을 시작했다. 그러나 불과 10년 만에 그는 이 세 가지 핸디캡을 극복하고 미국 최대의 부호가 되었다. 이 사실은 누구나 잘 알고 있을 것이다. 그런데 이에 첨가하여 또 한 가지 알아두어야 할 것이 있다.

그것은 포드가 눈부시게 발전을 한 시기가 토머스 에디슨과 친구가 되었던 무렵부터였다는 것이다. 이것만 보아도 사람과 사람 사이에서 일어나는 어떤 마음의 교류가 그 성공에 얼마나 큰 영향을 미치게 되는지 잘 알 수 있다. 한발 더 나아가서 포드는 하베이 파이어스턴이나 루터 버뱅크, 윌리엄 버로스 등 훌륭한 두뇌의 소유자들을 알게 된 무렵부터 뚜렷하게 성공을 거두었다. 이처럼 훌륭한 친구들과의 마음의 교류가 얼마나 큰 에너지를 만들어내는지 마음 깊이 새겨두기 바란다.

"조화의 정신과 사랑을 가지고 친분을 나누어 가는 도중에 우리는 서로의 소질이나 습관, 사고력 등에 많은 영향을 받는다."

이 말과 같이 포드는 에디슨이나 버뱅크, 버로스, 파이어스턴 등과의 사귐을 통해 자신의 두뇌에 그들의 지성이나 경험이나 정신력 등을 흡수한 것이다. 거기다 그는 여기서 소개한 방법을 써서 협력자 그룹을 결성하고 그것을 계속 활용했다. 이 방법은 당신도 당장 활용할 수 있는 것이다.

간디가 인도를 움직인 힘의 비결

2억의 동포를 단결시켜 강대국에 항거했던 인도의 등불, 마하트마 간디에 대해서 잘 알고 있으리라고 생각한다. 그는 어떻게 해서 그토록 엄청난 힘을 발휘할 수 있었을까? 이 대답은 불과 몇 마디면 충분할 것이다. 그는 단호한 목표를 향해 사람들이 조화의 정신으로 단결하도록 지도했다. 그 결과 2억이 넘는 사람들의 몸과 마음을 하나로 모았던 것이다.

간단하게 말하자면 간디는 기적을 이룬 인물이라고 할 수 있겠다. 2억 이상이나 되는 사람들을 강제성 없이 조화의 정신만으로 서로 협력하도록 한 것은 기적이 아니고 무엇이겠는가? 혹시 이 사실을 기적이라고 부르는데 의문이 있는 사람이 있다면 누구든 좋으니 두 사람 이상을 몇 분만이라도 조화의 정신으로 협력하도록 해보라.

사업을 경영하고 있는 사람들은 조화와의 관계는 차치하고라도 종업원들과 함께 일하는 어려움을 통감하고 있을 것이다.

조화를 이룰 수 있는 에너지를 얻는 원천 중에서 가장 중요한 것은 바로 무한의 지성이다. 둘 이상의 사람이 조화의 정신으로 하나의 목표를 향해 서로 협력할 때 그 에너지가 무한의 지성인 것이다. 무한의 지성은 에너지의 온갖 원천 중에서도 가장 위대한 것이다. 그리고 천재나 위대한 지도자들이 의지해온 것도, 그들이 그것을 의식했든, 안했든 이 무한의 지성이었다. 이것은 우리가 오감을 통해 실감하는 지식에 비하면 신뢰성이 조금 떨어질지 모른다. 그렇다고 체험이 항상 신뢰된다는 것은 아니다.

아무튼 무한의 지성과 교신하는 방법에 대해서는 다음 단계에서 설명할 것이다.

무한의 지성과 교신하는 일은 어떤 종교적인 것이 아니다. 이 책에서 소개하고 있는 철학은 직접적 혹은 간접적으로 어떤 종교와도 관계가 없다. 이 책은 단지 독자의 소망을 어떻게 하면 돈이나 그밖의 구체적인 가치로 전환할 수 있는가 하는 것을 해명하는 일이 목적이다.

따라서 숙독하고, 생각하고, 그리고 명상해 주기 바란다. 그렇게 하면 머지않아 이 책 전체의 주제가 뚜렷한 모습을 나타내어 당신의 눈앞에 떠오를 것이다. 당신이 지금 눈으로 보고 있는 것은 각 페이지의 일부에 지나지 않는다.

가난뱅이가 되는 데는 계획이 필요 없다

돈이라는 것은 몹시 부끄러움을 잘 타는 데다 매우 붙잡기 어려운 것이다. 그러므로 좋아하는 여성을 필사적으로 쫓는 남자와 마찬가지로, 부라는 것은 정열을 가지고 힘있게 쟁취해야 한다. 우연하게도 부를 추구하는 데 필요한 에너지는 여성을 바라는 에너지와 거의 흡사하다. 이 에너지가 부를 위해 효과적으로 발휘될 때 반드시 신념과 인내력 그리고 계획성, 실천성 등이 형성된다.

실제로 큰돈이 손에 들어올 때는 마치 홍수가 밀려들어오는 것 같다. 그것은 눈에 보이지 않는 위대한 에너지의 흐름에서 기인된 결과이다. 이를테면 큰 강의 흐름과 같은 것이다. 그러나 이 에너지의 흐름은 보통 강과 달라서 한쪽은 아래로, 다른 한쪽은 위로 역류하고 있다. 그 한쪽의 흐름을 탄 사람들은 점점 부자가 되고 또 다른 한쪽 흐름에 휘말려 들어간 사람들은 점점 더 가난하고 비참하게 되어 간다.

막대한 부를 쌓아올린 사람들은 모두 이 인생의 흐름을 가까이에서 보아 왔을 것이다. 빈부의 갈림길은 그 사람의 사고방식의 차이에 의한 것이다. 적극적으로 사물을 생각하는 사람들은 부를 이루는 흐름을 타고, 반대로 사물을 소극적으로 생각하는 사람들은 가난하게 되는 흐름에 말려 들어가게 된다. 이 사고방식의 차이는 부를 이루고자 하는 사람들에게는 매우 중요한 문제가 된다.

만약 당신이 가난하게 되는 흐름을 타고 있다면 이 책은 당신이 다른 한쪽의 흐름으로 바꾸어 타도록 하는 열쇠가 될 것이다. 이 열쇠를 능숙하게 사용해 나간다면 당신은 틀림없이 변화될 것이다. 그러기 위해서도 이 책을 주의 깊게 숙독해 주기 바란다. 단순히 통독하는 것만으로는 이익을 얻기가 어렵다.

가난과 부는 가끔 그 위치가 바뀌는 일이 있다. 부가 가난을 내쫓아 버릴 때, 그 전환을 가져오는 것은 깊은 생각과 면밀한 계획이다. 가난하게 되는 데는 계획이 필요 없다. 물론 누구의 협력도 불필요하다. 왜냐하면 가난은 대담하고 냉혹하기 때문이다. 반대로 부는 소심하고 겁장이기 때문에 따뜻한 보호가 필요하다.

협력자가 주는 힘

협력자의 힘을 빌린다. 그렇게 하면 가장 적합한 일을 잡게 된다.
또한 리더가 될 수도 있으며,
놀라울 만큼 단기간에 큰 부자가 될 수도 있다.

앤드류 카네기가 발견한 온갖 성공을 가져오는 위대한 철학
즉 협력자는 당신이 지금 당장 활용할 수 있는 것이다.
협력자가 만들어주는 조직화된, 방향지워진 지식은
당신의 생애에 있어서 커다란 이정표가 될 것이다.

인간의 마음은 에너지의 보고이다.
두 개 이상의 마음이 조화의 정신으로 서로 협력할 때,
이 협력자는 제3의 마음이 된다.
그것에서 눈에 보이지 않는 위대한 에너지가 방출된다.

Think
And
Grow
Rich

성 에너지를

창조적으로 전환시킨다

"

성 에너지는 당신의 정열이나
창조적 상상력이나 집중적 소망이나 인내력,
그리고 그밖에 당신을 풍족하고
행복하게 하는 모든 것의 원동력이다.

"

성충동은 마음에 따르는 작용의 하나이다. 그런데 대부분의 사람들은 이것을 육체적인 문제로만 간주하고 있다. 이런 잘못된 인식으로 인해 성에 대해 궁금해하거나 성 지식을 알려고 하는 것조차 음란한 생각으로 여기게 되는 것이다. 성은 본질적으로 육체적인 것이기는 하나 다분히 정신적인 것이기도 함을 이해해야 한다.

성생활에는 세 가지의 중요한 역할이 있다. 첫째는 인류를 영속하게 만드는 것이고, 둘째는 건강 유지에 도움을 주며, 셋째는 보통 사람을 천재로 만들기도 한다는 것이다.

이 중에서 세 번째의 경우처럼 성충동을 아무렇게나 방치하기 보다는 에너지로 전환하여 활용하는 것이 중요하다. 여기서 전환이라는 말은 변화한다, 어떤 원리를 달리 응용한다, 어떤 에너지를 다른 에너지로 바꾼다는 의미이다.

다시 말해서 성충동의 전환이란, 성이 육체적인 것에 지나지 않는다는 생각을 바꾸어 좀더 다른 에너지로써 활용한다는 것이다.

성에 대한 소망은 인간의 소망 중에서도 가장 강렬한 것이다. 이 소망에 사로잡혔을 때, 사람들은 평소에는 보지 못하는 왕성한 상상력과 용기, 의지력, 인내력, 창조력 등을 발휘하게 된다. 또 성에 대한 소망은 너무나 강한 것이어서 사람들은 명예나 생명마저도 아낌없이 걸기도 한다.

따라서 마음을 흔들어 움직이게 하는 이 강렬한 에너지를 다른 방향으로 이용할 수 있다면, 왕성한 상상력이나 용기 그리고 창조력 등이 발휘되어 문학이나 예술 또는 부를 이룩하는 데 크게 도움이 될 것이다. 그런데 성 에너지를 전환시키기 위해서는 강한 의지의 힘이 필요하다. 성충동은 타고 난 것이며 자연스러운 현상이므로 성충동을 배제하거나 억제하는 것은 바람직하지 못하다. 성충동은 인간의 신체와 정신 건강을 위해 올바르게 발산되어야 한다. 그러나 이것을 전환시켜 다른 방면으로 활용하지 않으면 성충동은 단순히 육체적인 것으로 끝나고 말 것이다.

강에 댐을 쌓아 물의 흐름을 일시적으로 막을 수는 있어도 물줄기는 결국 다른 배수구를 찾아 흐르기 마련이다. 성충동도 마찬가지라고 말할 수 있다. 즉 일시적으로 억제하고 조절할 수는 있어도 자연의 원리에 따라 반드시 다른 배수구를 찾게 된다. 만일 이것을 창조적인 노력으로 전환시킬 수만 있다면 그 자신은 강력한 힘을 얻게 되는 것이다.

성 에너지는 행동력의 원천이다

과거 2천년 이상에 걸쳐 위대한 성공을 거둔 사람들의 전기와 역사를 연구하는 과정에서 다음과 같은 중대한 사실이 밝혀졌다.

첫째, 위대한 성공을 거둔 사람들은 모두가 강한 성 에너지의 소유자이며 성충동을 능숙하게 전환시키는 기술을 터득한 사람들이라는 것이다.

둘째, 막대한 재산을 이룩한 사람들이나 문학, 예술, 산업, 건축 등의 방면에서 세계적으로 인정받게 된 남성들은 모두가 여성의 영향에 의해 동기가 부여되었다는 사실이다.

이와 같이 위대한 성공을 거둔 사람들은 남성이든 여성이든 그 생애를 조사해 보면 강한 성 에너지를 가지고 있었다는 사실을 알 수 있다.

성충동은 억제하지 못하는 힘으로, 설령 신체를 얽어매어도 막지 못한다. 이 충동에 몰렸을 때 사람은 강한 행동력을 발휘하게 되는 것이다. 이런 사실을 알게 되면 성충동을 전환하는 일 가운데에 중대한 의미를 가진, 창조력의 비밀이 감추어져 있다는 것을 이해할 수 있을 것이다.

인간을 포함한 모든 동물에게 있어서 그 생식기능을 파괴하는 일은 행동력의 대원천을 봉쇄해 버리는 것과 마찬가지이다. 그 증거로는 거세된 동물을 관찰하면 당장에 알게 된다. 거세되면 황소라도 어린 양처럼 온순해진다. 이와 같이 인간이든 동물이든 성 에너지를 제거하면 모든 투지를 잃고 만다.

인간의 마음은 자극에 반응하여 정열이나 창조적 상상력이나 강렬한 소망 등의 충동이 생긴다. 이런 마음의 충동을 가져오는 자극의 대표적인 것은 다음 10개 항목이다.

- 성
- 애정
- 명성·권력·돈에 대한 욕망
- 음악
- 우정(남녀 불문)
- 조화의 정신으로 묶인 협력자
- 사회적인 박해
- 자기암시
- 두려움
- 마약과 술

이 항목 중 여덟 개는 자연적이고 건설적인 것이나 나머지 두 개는 파괴적인 것이다. 그러나 무엇보다도 마음을 자극하는 요소들 중에서 가장 첫 번째로 꼽히는 것은 '성'임을 알 수 있다. 그것은 성이 가장 강하게 인간의 마음을 자극하여 실제적인 행동에 박차를 가하는 것이기 때문이다.

성과 천재

진정한 의미의 천재는, 상식으로는 도달하지 못하는 지식의 원천과 자유롭게 교신하여 사고의 강도를 증대시키는 방법을 발견한 사람이라고 하겠다.

그러나 사람에 따라서는 이 천재의 정의에 대해 다음과 같이 질문하는 사람 있을지 모른다.

상식으로는 도달할 수 없는 지식의 원천과 어떻게 교신하는가? 천재만이 도달할 수 있는 지식의 원천이 정말 존재하는가? 만일 있다면 그것은 어떤 것인가? 그리고 어떻게 하면 거기에 도달할 수 있는가?

이 질문에 답변을 대신하여 당신 스스로 확신을 가질 수 있는 증거를 소개하겠다.

육감(六感)의 실재에 대해서는 상당히 구체적인 증거를 제시

할 수 있다. 육감이란 창조적 상상력이며, 이것은 누구나 가지고 있기 때문이다. 그러나 대다수 사람들이 이 창조적 상상력을 사용하지 않은 채 인생을 마친다. 또 가끔 이것을 사용하는 일이 있었다 해도 그것은 우연에 지나지 않는다. 창조적 상상력은 신중성과 계획성을 가진 극히 소수의 사람들만이 구사할 수가 있다. 다시 말해서 이 능력을 자유자재로 활용할 수 있고 이 작용을 충분히 알고 있는 사람이 바로 천재이다.

창조적 상상력은 한계가 있는 인간의 마음과 무한의 지성을 직접 연결하는 것이라 하겠다. 종교계에서 말하는 하늘의 계시나 발명계에서의 기초 발견이나 새로운 원칙 등은 모두 이 창조적 상상력의 작용에 의한 것이다.

천재와 보통 발명가와의 커다란 차이는 천재가 창조적 상상력을 발휘할 수 있는데 비해, 보통 발명가는 이 힘에 대한 아무런 지식도 없다는 점이다. 단지 아주 뛰어난 발명가만이 이 창조적 상상력과 합성적 상상력 양쪽을 사용할 수 있다.

예를 들면 뛰어난 발명가는 먼저 합성적 상상력(이론)을 사용하여 경험에 의해 얻어진 지식과 정의를 조직하거나 합성한다. 그리고 만일 축적된 지식으로는 발명에 불충분하다는 것을 알게 되면 다음에 창조적 상상력을 활용하게 된다. 이 방법은 사람에 따라 다르겠지만 다음의 두 가지 방법을 가지고 있다.

먼저 자신의 마음을 자극하여 그 작용을 높인다. 다음에 이미 알고 있는 요소(완성 부분)에 정신을 집중시켜 발명에 필요한 미해결인 요소(미완성 부분)와 연결시켜 그 완성도를 마음속에 그려낸다. 그리고 이 완성도가 잠재의식에 완전히 뿌리박힐 때까지 마음속에서 진지하게 생각을 계속한다. 그 다음은 마음을 비워 긴장을 풀고 해답이 떠오를 때까지 기다린다.

이 해답은 빨리 그리고 명확하게 떠오르는 경우도 있으나 좀처럼 떠오르지 않는 경우도 있다. 그럴 때는 좀더 육감이나 영감을 연마하도록 노력해야 한다. 에디슨은 육감과 번뜩임에 의해 백열전구를 발명하기까지 합성적 상상력을 사용하여 1만 종류 이상이나 되는 아이디어 조립을 시험해야 했다. 이것은 그가 축음기를 발명했을 때도 마찬가지였다.

창조적 상상력의 존재를 증명하는 신용할 수 있는 증거는 몇 개나 있다. 이것은 고등교육을 받지 않았지만 각 분야에서 지도자가 된 사람들을 상세하게 분석함으로써 입증된 것이다.

창조적 상상력에 의해 위대하게 된 지도자로서 가장 좋은 예는 바로 링컨일 것이다. 그는 한 여인을 만나 경험한 사랑의 자극에 의해 자신의 재능을 발견하여 활용했던 것이다. 이것은 천재가 어떻게 생겨나는가를 연구하는 데 매우 중대한 의미를 가지고 있다.

성은 모든 것의 활력원이다

역사의 페이지를 넘겨보면, 여성에 의해 성적 소망이 자극되어 창조적 상상력을 개발함으로써 위대한 지도자가 된 사람들이 많다. 나폴레옹 보나파르트도 그 중 한 사람이다. 그는 아내인 조세핀의 사랑과 내조를 받던 시절엔 천하 무적이었다. 그러나 그녀와 이혼하고부터 급속하게 쇠퇴하기 시작했고, 결국엔 전쟁에서 패배하여 세인트 헬레나 섬으로 유배 당했다.

굳이 더 예를 들지 않더라도 아내의 사랑과 내조로 대성공을 거둔 남자가 그 아내와 이혼하고 새 여자를 맞이한 후에 파멸한 경우를 종종 보았을 것이다.

인간의 마음은 자극에 의해 반응을 일으킨다. 이 자극 중에서 가장 위대하고 가장 강력한 것이 성충동인 것이다. 이것을 에너지로 전환시킬 때 이 위대한 힘은 사람들을 높은 이상의 세계로 끌어올려 낮은 곳에서 자칫 끌려들어가기 쉬운 일이나 고뇌나 고통에서 사람들을 해방시켜 준다.

그럼 기억을 새롭게 하기 위해 강한 성 에너지를 가지고 훌륭한 대성공을 거둔 사람들의 이름을 열거해 보겠다. 그들은 천재라고 불리는 사람들이지만 모두 성충동을 훌륭하게 전환시킨 사람들임에는 틀림없다.

조지 워싱턴·토머스 제퍼슨·나폴레옹 보나파르트·앨버트

하버드·윌리엄 셰익스피어·에이브러햄 링컨·우드로 윌슨·랄프 왈도 에머슨·J. H. 패터슨·로버트 번즈·앤드류 잭슨·엔리코 카루소…….

위대한 인물의 전기를 많이 읽거나 이에 대한 지식이 있는 사람이면 이 명단에 더 많은 사람의 이름을 첨가할 수 있을 것이다.

역사 속의 인물로는 신뢰하지 못한다고 생각되면 당신 자신이 알고 있는 성공자 중에서 한 사람이라도 성에 그다지 관심을 가지지 않았던 인물을 찾아 보라.

성 에너지는 모든 천재들에게 있어서 창조력의 활력원이었다. 성의 강렬한 힘 없이 위대한 지도자나 건축가나 예술가로서 성공한 사람은 지금까지 단 한 사람도 없었으며 앞으로도 결코 나타나지 않을 것이다.

단 성 에너지가 강한 사람은 모두 천재라고 오해하면 안 된다. 천재라 함은 자신의 마음을 자극함으로써 창조적 상상력을 높여 훌륭한 활력을 발휘할 수 있는 사람을 말한다. 이 마음의 자극제로써 가장 중요한 것이 성 에너지인 것이다. 그러나 이 에너지가 있다는 것만으로 천재가 되는 것은 아니다. 성 에너지의 육체적 교류에 대한 소망을 다른 소망으로 전환시켜 행동을 일으킬 때 비로소 천재가 태어나는 법이다.

강대한 성 에너지를 가졌으면서도 천재와는 전혀 거리가 먼 인생을 보내고 있는 사람도 많은데 그것은 그 힘의 위대함을 오해하고 남용함으로써 자기 자신을 저차원의 동물로까지 떨어뜨렸기 때문이다.

낭비되고 있는 성 에너지

성공을 이룬 저명한 사람들을 2만5천 명 이상 분석한 결과, 40세 이전에 성공한 사람은 거의 없고 대부분의 성공자가 50세를 지나고부터 자기 재능을 발휘하기 시작했다는 사실을 알았다. 이것은 너무나 놀라운 사실이어서 나는 그 원인을 철저하게 연구해 보았다.

그 결과, 대다수 사람들이 40세에서 50세가 될 때까지 어째서 성공을 못했는가 하는 근본적인 원인이 밝혀졌다. 그 원인이란, 젊었을 때에는 성 에너지를 단지 육체적으로만 발산해서 낭비해 버리기 때문이었다. 젊을 동안은 육체적인 면 이외에 좀더 중요한 방향으로 전환시킬 수 있다는 것을 모른다. 그러다가 성 에너지가 가장 격렬한 시기를 지난 40세에서 50세가 되어서야 이 사실을 깨닫게 되는 것이다.

이와 같이 성 에너지를 육체적인 발산에만 집착하면 결국에는 보다 가치있는 것에 사용하지 못하고 낭비해 버려 후회하게 될 것이다.

다시 한번 강조하건대, 성은 인간의 감정 중에서 가장 강한 것으로 이것을 능숙하게 전환시켜 가면 큰 성공을 거둘 수가 있을 것이다.

인공적인 자극제

역사 속의 인물 중에서 간혹 술이나 마약 따위의 인공적인 자극을 써서 천재가 된 사람을 볼 수 있다.

예를 들면 에드거 앨런 포우는 알코올 중독에 걸려 있을 때에 〈큰 까마귀〉라는 작품을 써서, 일찍이 인간이 접근하지 못했던 공포의 세계를 상상 속에 그려냈다. 제임스 리글러 또한 알코올 중독상태에서 대걸작을 썼다. 그에게는 그 환상 속에서 '안개가 가득낀 강 위에 공장이 서 있는 모습'이 보였던 것이다. 또 로버트 번즈도 알코올 중독 상태에서 〈반딧불〉의 원작인 〈지금은 그리운 그 옛날〉을 썼다.

그러나 이러한 사람들은 작품으로는 성공을 거두었는지 모르지만 최후에는 자신을 망쳐버렸다는 사실을 잊어서는 안 된다.

술이나 마약 따위와 같은 인공적인 자극제를 사용하지 않아도, 인간의 마음은 대자연의 혜택에 의해 더 안전하게 자극을 받도록 만들어져 있다. 그 자극에 의해 우리들의 마음은 어디까지나 훌륭하게 고양시킬 수 있는 것이다. 이 대자연의 자극제를 대신할 만한 것은 아직 발견되지 않고 있다.

성이 정신적인 충동이라는 것은 심리학자들도 인정하는 바이다. 이 사실은 원시인에게도 공통되는 것인데, 예를 들면 부활제 때 일종의 독특한 이상 행동에서 그것이 나타나 있다.

이 세계는 인간의 감정에 의해 지배되고 인간의 감정에 의해 문명이 이루어져 왔다. 원래부터 인간의 행동은 이성보다도 감정에 의해 좌우되고 있는 것이다. 그리고 인간의 창조적 상상력은 냉혹한 이성에 의하는 것이 아니라 오로지 감정에 의해 작동한다. 이 인간의 감정 중에서 가장 강렬한 것이 성이다. 다른 마음의 자극제를 모두 결합시켜도 성에는 미치지 못한다.

마음의 자극제는 일시적이든 영속적이든 별개로 해서, 모두 사고의 집중력을 높이는 작용을 가지고 있다. 앞에서 열거한 10가지 마음의 자극제에 의해 우리는 무한의 지성과 교신하기도 하고, 자기 자신 또는 남의 잠재의식 속에서 천재성을 끌어낼 수도 있는 것이다.

성과 세일즈맨

3만 명 이상의 세일즈맨을 지도해온 어느 교수는 "성에 관심이 높은 사람일수록 세일즈맨으로서 유능하다"라는 말을 했다. 이것은 성 에너지가 인간의 매력인 개성을 만들어내는 데 한몫 하기 때문이다.

성에 관심이 높은 사람들은 언제나 근사한 매력을 발산한다. 그리고 이 생명력이 넘치는 매력을 길러 양성함으로써 인간 관계를 크게 발전시킬 수 있는 것이다. 그 사람이 매력적인 사람인지 아닌지는 다음과 같은 방법에 의해 판단할 수 있다.

1. 악수

손을 잡는 순간 그 사람에게 매력이 있는지 없는지를 곧 판단할 수 있다.

2. 목소리의 상태

매력 즉, 성 에너지가 있는 사람의 목소리는 윤기있고 탄력적이며 감미롭다.

3. 자세와 동작

성에 관심이 높은 사람의 동작은 생동감 있으며 우아함과 유순

함을 잃지 않는다.

4. 사고의 민감성

성에 관심이 높은 사람은 사고방식 안에도 성적인 감정을 융화시켜 사용할 수 있다. 또 그렇게 함으로써 주위 사람들에게 영향을 준다.

5. 복장

성에 관심이 높은 사람은 항상 외모에 주의를 기울이고 있다. 그러므로 복장은 체격이나 용모에 맞는 개성적인 것을 입고 있다.

세일즈맨을 고용할 때, 유능한 경영주라면 첫째 조건으로 개성적인 매력이 있는 사람을 채용할 것이다. 성 에너지가 부족한 사람은 정열적이지 못하므로 열의를 통해 사람들의 마음을 사로잡지 못하기 때문이다. 어떤 상품을 팔더라도 열의는 세일즈맨에게 있어서 가장 중대한 요소이다.

정치가·강연가·목사·변호사·세일즈맨 이런 직업을 가진 사람이 성 에너지가 부족하면 남에게 영향을 주지 못한다는 점에서 실격자이다. 또 대부분의 사람들이 자신의 감정에 자극을 받아야만 행동을 일으킨다는 사실과 맞추어 생각해 볼 때, 세일즈맨의 소질로서 성 에너지가 필요하다는 사실을 충분히 인식할 수 있을 것이다.

베테랑인 세일즈맨이 '판매의 명인'라고 불리우는 것은 그가 의식을 하고 있는지 어떤지 불분명하지만, 성 에너지를 세일즈의 정열로 전환시키고 있기 때문이다. 여기서 성충동의 현실적인 중요성을 구체적으로 이해했으리라고 본다.

성 에너지를 육체적인 관심에서 판매라는 목적으로 전환시켜 결단력과 정열을 발휘할 수 있는 세일즈맨은 성충동 전환의 기술을 체득한 사람이다. 본인이 그것을 깨닫고 있는지 어떤지는 문제가 되지 않는다. 베테랑 세일즈맨의 대부분은 자신도 알지 못하는 사이에 성 에너지를 능숙하게 전환시키고 있는 것이다.

성 에너지의 전환에는 대단한 의지의 힘이 필요하다. 그러나 이 의지의 힘은 노력에 의해 단련할 수 있으며, 그 노력은 반드시 그만한 가치가 있는 결과를 가져올 것이다.

성에 대한 오해

아주 오래 전부터 성에 대한 언급이 금기시 되어온 탓에 성에 관한 오해와 곡해가 생겨 추하고 음란한 것으로 취급되어 왔다. 그래서 남성이든, 여성이든 성 에너지가 강한 사람들은 남에게 알려지는 것을 두려워하고 감추게 되었다.

눈부시게 진보한 현대에서도 성 에너지가 강한 것을 열등하게 생각하고 있는 사람이 얼마나 많은지 모른다. 이것은 성 에너지가 강한 것이 창피한 일이라는 잘못된 상식에서 비롯된 것이다.

한 가지 밝혀둘 것은 여기서 성 에너지를 찬미하고 있다 해서 결코 품행이 나쁜 사람들을 두둔하고 있는 것은 아니라는 점이다. 성은 현명하게 사리분별을 하고 있을 때는 찬미되지만 만일 남용하게 되면 몸도 마음도 망치는 결과를 가지고 온다.

위대한 지도자들의 경우를 보자. 그들의 성공은 여성의 격려에 의한 것이었다는 사실은 매우 중요한 의미를 가지고 있다. 대부분 성공자들의 부인들은 겸손하고 희생적이어서 세상에 얼굴을 잘 내놓지 않으므로 알려지지 않은 것뿐이다. 아내 이외의 여성으로부터 영향을 받았다는 예는 극소수에 불과하다.

현명한 사람이라면 술이나 마약이 인생을 망친다는 것을 잘 알고 있을 것이다. 그러나 성에 빠진다는 것이 술이나 마약과 마찬가지로 창조력을 소멸시키는 유해한 것이라는 사실을 아는 사람은 매우 적다.

성에 미친 남자는 마약 중독자와 마찬가지이다. 양자가 모두 이성을 잃고 의지의 힘을 조절하지 못하게 되어 버린다. 또 우울증 환자의 대부분은 성의 참 기능에 무지한 것이 원인이라고 한다. 성충동의 전환에 대해 무지한 사람은 한편으로는 큰 벌을 받고 또 한편으로는 큰 이익을 놓치게 된다.

많은 사람들이 성에 대해 무지한 원인은 이 문제가 수수께끼와 침묵 속에 싸여 숨겨져 왔기 때문이다. 이 수수께끼와 침묵이 겹쳐서 젊은 사람들에게 심리적인 금욕 상태를 강요하고 있다. 그 결과, 도리어 호기심을 불러일으켜 성에 대한 과도한 관심을 증대시키고 있는 것이다.

젊은 사람들에게 올바른 성교육을 실시해야 할 입장에 있는 정치가나 의사의 체면을 손상시키는 말인지 모르겠지만, 그들 역시 아직 성교육에 대한 충분한 지식을 가졌다고는 할 수 없다.

마흔 살부터가 진짜다
‖‖‖‖‖‖‖‖‖‖‖‖‖‖‖‖‖‖‖‖‖‖‖‖‖‖‖‖‖‖‖

어떤 분야에 있어서도 40세가 되기 전에, 창조력을 최대한으로 발휘한 사람은 극히 드물다. 보통 사람들이 창조력을 충분히 발휘할 수 있는 것은 40세에서 60세 사이이다. 이것은 수천 명의 남녀를 주의해서 분석한 결과 밝혀진 사실이다. 그러므로 40세까지 실패를 한 사람이나 40세를 지나 이제 늙었다고 비관하고 있는 사람들은 희망과 용기를 갖기 바란다.

일반적으로 40대에서 50대가 인생에서 가장 결실이 많은 시기이다. 우리들은 공포와 전율이 아닌 희망과 기대를 가지고 그 나이가 오기를 기다려야 한다.

40대가 되기 전에는 최상의 사업을 할 수 없다는 증거는 미국에서 잘 알려져 있는 성공자의 기록을 조사해 보면 당장에 알게 된다. 헨리 포드는 40대가 되기 전까지 그 성공의 징조가 전혀 보이지 않았다. 또 앤드류 카네기는 40세가 훨씬 넘어서부터 노력의 결실을 보기 시작했다. 제임스 힐도 40세 때는 전신기의 키만 두드리고 있었다. 그러다가 그가 대성공을 거둔 것은 그로부터 훨씬 이후의 일이다. 미국의 유명한 실업가나 은행가 등의 전기를 보면 40대에서 60대까지가 인간의 가장 생산적인 연대라는 사실을 쉽게 알 수 있다.

사람들은 대개 30대에서 40대가 되어서야 성충동 전환의 기술을 배우기 시작한다. 보통은 우연히 그 기술을 발견하지만 그 발견을 의식하고 있는 사람은 많지가 않다. 그들은 단순히 35세에서 40세가 되어야 성공에 필요한 능력을 갖게 된다고 생각할 뿐, 이 변화에 따른 진실한 원인은 잘 모르는 것이다.

인간은 대자연의 원리에 의해 30세에서 40세가 되면, 사랑과 성의 감정이 조화되기 시작하여 그것을 자극제로 위대한 힘을 끌어낼 수 있게 된다.

천재가 되는 길

성 에너지는 어느 것보다도 강력한 힘을 가지고 있다. 그런데 그 힘은 회오리 바람과 같은 것이어서 때때로 조절하기 어려울 때가 있다. 하지만 사랑의 감정과 성의 감정이 결합하게 되면 침착하게 목적을 생각하고 평정을 유지하며 적절한 판단과 균형을 갖게 된다. 마흔 살이 넘도록 이러한 사실을 깨닫지 못하고 그 힘을 기르지 못하는 사람은 얼마나 불행한가!

단지 성적인 쾌락만 추구하는 사람도 성공을 거둘 수는 있겠지만, 이러한 사람들의 행동은 조직적이지 못하고 본래의 목적에서 이탈하는 일이 많아 실패할 확률이 더 크다. 또 이러한 사람들이 절도나 사기 혹은 살인죄까지도 범하지 않는다고 누가 보장할 수 있겠는가? 그러나 같은 사람일지라도 사랑의 감정과 성의 감정을 결합시킬 수 있다면 건전하게 조화된 이성으로 행동하게 된다.

인간에게 훌륭한 성공을 가져오게 해주는 감정은 사랑과 낭만과 성이다. 사랑의 감정은 균형을 유지하고 평정심을 기르며 건설적인 행동을 이끄는 요인이 된다. 이 세 가지 감정이 결합하여 조화를 이룰 때 천재가 탄생하는 것이다.

감정은 일종의 마음의 상태이다. 대자연의 혜택에 의해 인간은 태어날 때부터 '마음의 화학자'가 갖추어져 있어서 마음속에서 화학적인 작용을 하고 있다. 화학자는 무해한 요소이더라도 혼합하여 화학반응을 일으키게 함으로써 맹독을 만들어 낼 수 있다. 이와 마찬가지로 감정도 그 결합 방법에 따라서 사람을 망쳐버리는 독소가 되는 일이 있다. 예를 들어 성의 감정에 질투의 감정이 혼합되어 반응을 일으키면 사람은 광란하여 야수처럼 되어 버린다.

인간의 마음속에 있는 파괴적인 감정이 화학반응을 일으켜 독약을 만들어내면 인간은 정의감도 공평심도 파괴되어 버린다.

그러므로 성과 사랑과 낭만을 개발하고 조절하여 잘 활용해 나가야 천재가 만들어지는 것이다. 또한 천재로의 길을 완성하기 위해서는 다음의 두 가지를 유념해야 한다.

첫째, 건설적인 감정이 마음을 지배하게 하여 모든 파괴적인 감정을 추방해 버리는 일이다. 마음은 습관에 의해 만들어지는 것이다. 그러므로 '어떠한 감정이 마음을 지배하는가'에 따라 만들어지는 마음도 다르다. 우리는 의지의 힘에 의해 어떠한 감정이라도 극복할 수 있다. 이 의지의 힘을 사용하여 마음을 조절하는 것은 그다지 어려운 일이 아니다. 그것은 단지 인내와 습관이 필요할 뿐이다. 이 조절의 비밀은 전환의 방법을 이해하느냐 못하느냐의 문제이다. 즉 어떤 소극적인 감정이 마음에 나타나도 '자신의 사고방식을 변화시킨다'라는 간단한 방법으로 적극적이고 건설적인 감정으로 전환할 수 있다.

둘째, 자발적인 노력 이외에 천재가 되는 길은 없다는 것이다. 성 에너지만으로 돈을 벌거나 사업에서 성공하는 사람이 있을지도 모른다. 그러나 그런 사람들은 그 행운을 언제까지나 품고 있지는 못한다.

이것은 중요한 일이므로 숙고해야 한다. 그리고 이것이 진실이라는 것을 알게 되면, 이 지식은 남성만이 아니라 여성에게도 그 인생에 도움이 되리라고 생각한다. 이 진실을 몰랐었기에 수많은 사람들이 일시적으로는 부를 이룩했지만 행복할 권리를 잃었던 것이다.

사랑의 힘

사랑의 추억은 영원히 사라지지 않는 것이다. 사랑은 끝나버린 후에도 언제까지나 사람을 인도하여 감화시킨다. 이 사실은 새로운 것도 아니다. 진실한 사랑을 경험한 사람이라면 누구나 그것이 마음속에 영원토록 발자취를 남기고 가는 것을 알고 있다. 왜냐하면 사랑은 원래 정신적인 것이기 때문이다.

때로는 지나간 나날을 뒤돌아보며 아름다운 사랑의 추억으로 마음을 깨끗하게 씻어 주었으면 한다. 그것은 현재의 걱정이나 고민을 달래줄 것이다. 또 현실의 괴로운 생활에 숨통을 터주기도 할 것이다. 그 누구도 모르는 환상의 세계에 잠김으로써 당신의 생활을 경제적으로도 정신적으로도 완전히 바꾸어 버리는 아이디어나 계획이 떠오를지도 모른다.

혹시 당신이 실연을 했다는 이유로 자기 자신을 불행한 인간이라고 생각하고 있지는 않은가? 진정으로 사랑한다는 것이 어떤 것이라는 것을 알고 있는 사람은 결코 모든 것을 잃는 일은 없을 것이다. 사랑은 몹시 변덕스럽다. 사랑은 기분이 좋을 때 찾아와서 아무런 예고도 없이 떠나간다. 그러므로 사랑이 찾아왔을 때는 그것을 맞아들여서 즐겨야 하며, 또한 사랑이 떠나가 버리는 것을 언제까지나 슬퍼해서도 안 된다. 그 슬픔이 사랑을 되찾아 주는 것은 아니기 때문이다.

사랑은 한 번밖에 오지 않는다는 생각도 버려야 한다. 사랑은 수없이 왔다가 그리고 떠나가는 것이다. 그러나 꼭 같은 영향을 주는 사랑은 두 번 다시 오지 않는다. 우리들 마음에 새겨져 잊지 못하는 사랑의 경험은 보통 한 번뿐일 것이다. 미워하거나 원망하지만 않으면 반드시 그 사랑 속에서 무엇인가 얻는 것이 있을 것이다.

지나가 버린 사랑을 탄식해서는 안 된다. 사랑과 섹스의 차이를 알고 있는 사람이라면 탄식하지는 않을 것이다. 그 큰 차이란 사랑은 정신적인 것이며 섹스는 생물학적인 것이다. 무지와 질투를 빼면 정신적 접촉을 경험하는 것은 멋있는 일이다.

사랑이 인생에서 최대의 경험이라는 것은 의심할 여지가 없다. 사랑은 무한의 지성과의 교신을 가능케 하는 것이다. 낭만과 성과 그리고 사랑이 결합하면 우리는 창조력이라고 하는 사다리의 최상단까지 올라갈 수 있게 된다.

또 사랑과 성의 결합에 낭만이 융합되면 인간의 한정된 마음은 무한의 지성과의 사이에 있는 장벽이 제거되고 천재가 태어나는 것이다.

남성은 여성에 의해 움직인다

남성을 분발하게 하는 최대의 원동력은 여성을 기쁘게 하겠다는 소망에 있다. 문명이 동트기 전인 선사시대의 남자들도 여성에게 강한 남성임을 증명하려고 다투어 사냥을 했던 것이다. 이 점에 관한 한 남성의 본질은 전혀 변함이 없다. 현대의 '사냥꾼'들은 사냥한 짐승의 가죽 대신에 여성의 환심을 사려고 아름다운 드레스나 자동차, 돈 따위를 가지고 돌아온다. 단지 옛날과 다른 점이 있다면 남성이 들고 오는 것이 변했을 뿐이다.

남성이 막대한 부를 이룩하거나 지위와 명성을 손에 넣으려고 하는 것도 결국은 여성을 기쁘게 하려는 소망에 의해 움직여지고 있으며 그 남성의 의욕을 살리고 죽이는 것도 여성의 힘 하나에 달려 있다.

이러한 남성의 성질을 잘 이해하고 능숙하게 움직여 가는 여성은 다른 여성과의 경쟁에 어떤 두려움도 가질 필요가 없다. 남성은 다른 남성들과 있을 때는 불굴의 정신을 가진 거인이지만 사랑하는 여성에게는 간단히 조종당하는 어린아이와 같다.

그러나 남성은 여성에게 조종되고 있다는 것을 인정하고 싶어하지 않는다. 그것은 강자로 인정받고 싶어하는 것이 남성의 본질이기 때문이다. 그래서 이 남성의 본질을 올바르게 인식하고 있는 현명한 여성은 결코 자신이 조종하고 있다는 사실을 표면에 나타내지 않는다.

어떤 남성들은 자신이 아내, 연인, 어머니, 누이 등 여성의 영향을 받고 있다는 사실에 굳이 반항하려고 하지 않는다. 여성의 영향력 없이 어떤 남성도 행복해질 수 없으며, 완전하게 되지도 않는다는 사실을 잘 알고 있기 때문이다. 이 중요한 진실을 인식하지 못하는 남성은 훌륭한 성공을 눈앞에 두고 그 힘을 스스로 포기해버리는 것이다.

성 에너지를 활용하라

성충동의 전환이란
'성은 육체적인 것에 지나지 않는다'는 생각을 바꾸어
'성을 다른 에너지로 활용할 수 있다'는 것을 의미한다.
성에 대한 소망은 인간의 소망 중 가장 강렬한 것이다.
이 소망에 사로잡혔을 때 사람들은 평소에는 보지 못하는
왕성한 상상력과 용기, 의지력, 창조력 등을 발휘하게 된다.

성 에너지의 바른 사용법을 알아야 한다.
성 에너지는 우리들에게 커다란 도움이며 지도자인 동시에
어떤 이론보다도 광대한 힘의 원천이다.
그러나 우리들은 이 자연의 위대한 힘을
무시하고 있는 것은 아닌데도
그 존재를 발견하는 데 늦을 경우가 있다.

Think
And

Grow
Rich

잠재의식을

끌어낸다

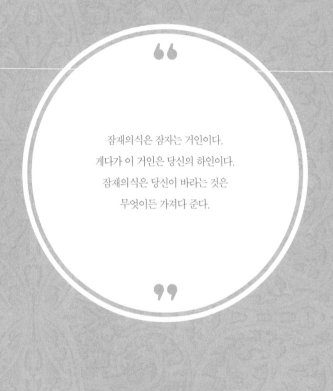

> 잠재의식은 잠자는 거인이다.
> 게다가 이 거인은 당신의 하인이다.
> 잠재의식은 당신이 바라는 것은
> 무엇이든 가져다 준다.

인간의 마음은 현재(顯在)의식과 잠재의식의 두 가지 부분에 의해 포착된다. 우리의 오감에 의해 현재의식에 보내온 모든 정보는 정리되고 분류되어 잠재의식 속에 저장된다. 그리고 그 정보들은 서류보관함에서 서류를 꺼내듯이 필요에 따라 잠재의식 안에서 불려 나오거나 꺼내어 진다.

잠재의식은 어떤 아이디어나 정보일지라도 그대로 받아들여 인화해 버리는 성질이 있다. 잠재의식은 선악을 구별하거나 시비를 판단하지 못한다. 이러한 성질은 우리가 잠재의식을 조절할 수 있다는 가능성을 나타내고 있다. 즉 우리는 자신이 소망하는 대로의 정보를 잠재의식에 입력할 수가 있다. 물론 돈이나 그밖의 것을 얻고 싶다는 소망을 입력하는 것도 가능하다.

또 잠재의식은 신념과 같은 강한 감정에 민감하게 반응하는 성질을 가지고 있다. 이것은 제1단계(STEP 1)에서 소개한 소망 달성을 위한 6가지 원칙과 관련지어 이해해 주기 바란다. 소망을 잠재의식에 전달할 때 신념을 가지는 것이 얼마나 중요한가를 알아야 한다.

잠재의식은 낮이고 밤이고 언제나 깨어 있다. 그래서 잠재의식은 인간이 알 수 없는 방법에 의해 무한의 지성과 서로 교신한다. 잠재의식은 이 교신에 의해 목표 달성에 필요한 가장 확실한 수단을 강구하여 소망을 실현할 수 있는 것이다.

우리가 잠재의식을 완전하게 조절하는 것은 어려운 일이나 의지의 힘에 의해 실현시키고 싶은 소망이나 계획, 목표를 잠재의식에 맡겨둘 수는 있다. 이 방법에 대해서는 제3단계(STEP 3)의 '잠재의식을 움직이는 3가지 원칙'에서 구체적으로 소개했으므로 다시 읽어 주기 바란다.

잠재의식은 인간의 한정된 마음과 무한의 지성을 연결하는 고리라는 것은 많은 증거에 의해 증명되고 있다. 따라서 우리는 잠재의식을 매개로 하여 무한의 지성과 마음대로 교신을 할 수 있다. 또 잠재의식만이 착상을 현실의 것으로 바꿀 수 있으며 잠재의식만이 소망을 알아들을 수가 있다.

마음의 번뜩임을 잡아라

잠재의식과 창조력이 융합될 때 그 가능성은 예측할 수 없을 정도로 어마어마해진다. 그렇지만 잠재의식에 대해 이야기할 때, 우리는 열등감을 갖고 조심하여 말하지 않을 수 없다. 왜냐하면 우리는 잠재의식에 대해 너무나 모르고 있기 때문이다.

만일 당신이 잠재의식을 인정하고, 잠재의식에 의해 자신의 소망을 실현시킬 수 있다는 것을 알게 되면, 당신은 어째서 몇 번이고 '소망을 명확하게 하라', '목표를 종이에 써라'는 충고를 장황하게 했는지 알게 될 것이다. 그리고 이 충고를 실천해 가는 가운데 얼마나 큰 인내력이 필요한가를 알게 될 것이다.

이 13단계의 성공철학은 당신이 잠재의식에 도달하여 감응하는 능력을 갖추기 위한 자극제이다. 그러나 한두 번의 도전으로는 결코 잠재의식에 도달하지 못한다. 그렇다고 포기하면 안 된다. 잠재의식이 습관화되면 자신의 생각대로 움직이게 할 수 있기 때문이다. 그러므로 당신은 신념을 갖추기 위해 더욱 노력을 해야할 것이다. 좀더 참을성 있게, 좀더 인내력을 가져야 한다.

잊지 말아야 할 것은 당신의 잠재의식은 당신이 어떤 노력을 하든, 하지 않든 상관없이 생각대로 움직인다는 것이다. 따라서 당신이 공포·빈곤·부적정인 생각들을 버리고 좀더 건설적인 암시를 주어야만 잠재의식은 건설적인 정보를 계속 저장하게 된다.

잠재의식은 단 1초도 게으름을 피우지 않는다. 만일 당신이 게을러서 지금까지 잠재의식에 소망을 주입시키지 않고 있다면, 당신은 그 벌로 잠재의식에서 암시하는 파괴적인 정보를 지겹도록 받게 될 것이다. 우리의 잠재의식에는 끊임없이 소극적인 정보와 적극적인 정보가 계속해서 주입되고 있음을 유념하기 바란다.

어쨌든 당신의 모든 것들은 수많은 정보의 와중에서 생활을 하고 있다. 이것을 잊지 않고 있다면 이것으로 잠재의식에 대한 상세한 지식은 충분하다. 이 정보들은 어떤 것은 소극적이고 또 어떤 것은 적극적이다. 따라서 당신은 소극적인 정보를 버리고 적극적인 정보만을 입력시키기 위해 되도록 많은 노력을 해야 한다.

이것이 가능하게 되면 드디어 당신은 잠재의식의 문을 열수 있는 열쇠를 손에 넣은 것이다. 거기에다 당신은 그 문을 자유롭게 여닫을 수 있으므로 바람직하지 못한 정보들은 당신의 잠재의식에서 지워버릴 수가 있다.

모든 창조는 인간의 마음에 순간적으로 떠오르는 것, 즉 마음의 번뜩임에서 시작된다. 인간은 결코 마음에 맞지 않는 것은 만들어내지 않는다. 마음에 떠오른 영감은 상상력의 도움을 빌어 체계적으로 편성되고 잠재의식과 서로 협력하면서 여러 가지 성공 계획이나 아이디어를 만들어 간다.

재물이나 기타의 것으로 전환시킬 목적으로 입력된 잠재의식의 정보는 상상력의 작용에 의해 신념과 결합되어야 한다. 그리고 신념은 계획이나 목표가 결합되어 잠재의식에 입력되는데 이때에도 상상력은 필요하다.

이런 사실에서도 알 수 있듯이 잠재의식을 자기 뜻대로 작동시키기 위해서는 13단계의 모든 요소가 동원되어야 한다는 것을 알 수 있다.

건설적인 감정과 파괴적인 감정

잠재의식은 이성보다도 감정에 대해 보다 민감하게 반응한다. 실제로 감정과 결부된 정보가 잠재의식에 입력되기 쉽다는 이론을 뒷받침하는 증거는 얼마든지 있다.

예를 들어 감정적인 선동이 대중을 쉽게 움직인다는 것은 잘 알려진 사실이다. 따라서 잠재의식이 감정과 결부된 정보일 때 보다 민감하게 작용하고 보다 쉽게 반응한다. 그렇다면 우리는 감정이라는 것에 대해 좀더 깊이 있게 알아 둘 필요가 있을 것이다.

감정에는 7개의 건설적인 것과 7개의 파괴적인 것이 있다. 파괴적인 감정은 우리의 잠재의식 속에 쉽게 끼어들어 오지만, 건설적인 감정은 자기암시의 힘을 빌리지 않고는 잠재의식 속으로 편성되지 않는다.

이러한 감정들은 빵을 만들 때 쓰는 이스트균에 비유될 수 있다. 왜냐하면 잠재의식에 주입된 감정은 모든 것들에 반응하여 점점 부풀기 때문이다. 이것으로 감정과 결부된 정보가 어째서 냉혹한 이론보다도 쉽게 잠재의식에 반응을 일으키는지 설명되었으리라 생각한다.

이제 잠재의식의 내적 수신기가 소망을 받아들일 준비가 완전히 갖추어진 듯하다. 다음은 이 내적 수신기와 교신하는 방법에 대해 알아두어야 한다. 왜냐하면 잠재의식과 교신하는 데는 특별한 언어가 필요하기 때문이다. 잠재의식이 가장 잘 받아주는 언어는 바로 감정이다. 그러면 여기에 7개의 건설적인 감정과 7개의 파괴적인 감정을 소개하겠다.

잠재의식 속에 입력할 것은 이들 중 건설적인 것을 선택하여 사용하도록 하고 파괴적인 것은 절대로 사용해서는 안 된다.

7개의 건설적인 감정은 다음과 같다.

- 소망
- 신념
- 애정
- 섹스
- 정열
- 낭만
- 희망

이것 외에 몇 개의 건설적인 감정이 더 있으나 이 7개는 특히 중요한 것으로 사람들이 무엇인가를 창조하려고 할 때에 가장 흔히 쓰이는 것이다. 이 감정들을 완전히 주입할 수 있다면 그밖의 다른 감정도 필요에 따라서 활용할 수 있다. 여기서 또 하나 기억해야 할 것은 당신의 마음을 건설적인 감정으로 가득 채우게 되면 돈이나 명예 등 자신이 바라는 의식이 더욱 개발된다는 것이다.

7개의 파괴적인 감정은 다음과 같다.

- 공포
- 질투
- 증오
- 원망
- 탐욕
- 미신
- 분노

건설적인 감정과 파괴적인 감정이 동시에 마음을 지배할 수는 없다. 반드시 어느 한쪽이 마음을 지배하기 마련이다. 따라서 건설적인 감정이 당신의 마음을 지배하도록 하는 것은 당신의 의무인 것이다. 그러기 위해서는 습관의 법칙을 능숙하게 이용해야 한다. 언제나 건설적인 감정을 활용하는 습관을 몸에 익혀 두기 바란다.

그렇게 하면 당신의 마음은 건설적인 감정으로 가득 채워져 파괴적인 감정이 끼어들 틈이 완전히 사라져 버린다.

이상의 것을 충실하게 실천함으로써 당신은 비로소 잠재의식을 마음대로 조절할 수 있게 된다. 그러나 만약 하나라도 잠재의식 속에 파괴적인 요소가 남아 있다면 그만큼 모든 건설적인 요소가 파괴되므로 조심해야 한다.

잠재의식과 기도

기도하는 것으로 구원을 바라는 사람들이 많이 있다. 그들은 기도의 힘에 대해 잘 알고 있기 때문이다. 실패를 하는 사람들도 기도는 자주 한다. 그런데 왜 실패하는 것일까?

그것은 그들의 기도가 대부분 별 뜻없이 말하는 단어의 나열에 지나지 않기 때문이다. 그들은 공포와 의혹으로 마음이 시달리고 있기 때문에 그러한 것들로부터 벗어나고자 기도하는 것뿐이다. 그러나 그 공포와 의혹의 감정은 잠재의식 속에 입력되어 무한의 지성에 전달되고 만다. 그러면 무한의 지성은 이 감정을 받아 즉각 반응을 일으킨다.

기도할 때 어차피 무한의 지성에도 이르지 못할 것이라느니, 전혀 응답이 없을 것이라느니 하는 마음이 있으면 아무리 기도해도 결국 헛일이 되는 것이다.

만약 당신이 기도에 의해 어떤 일을 성취한 경험이 있다면 그때의 마음 상태를 상기해 주기 바란다. 틀림없이 거기에는 논리를 초월한 그 무엇이 있었다는 것을 알게 될 것이다.

무한의 지성과 교신하는 방법은 음파가 라디오에 의해 수신되는 것과 매우 흡사하다. 라디오의 구조를 잘 알고 있는 사람이라면 음성은 사람의 귀로 감지할 수 없는 높고 낮은 진동으로 하여 통신이 된다는 것을 알고 있을 것이다. 사람의 음성은 방송국에서 몇백만 배나 되는 주파수로 변조되어 비로소 공간에 퍼져 나가는 것이다. 그리고 변조된 에너지(원래는 소리의 진동이었다)는 라디오로 수신되어 원래의 진동으로 변함으로써 우리의 음성을 귀로 들을 수 있게 된다.

잠재의식은 우리들의 기도를 무한의 지성이 수신할 수 있는 주파수로 변조시키는 매체이다. 또한 잠재의식은 그 소원을 무한의 지성으로 전하는 동시에 그 회답을 목표 달성을 위한 명확한 계획이나 아이디어로써 우리에게 전달해 주는 것이다. 이 원리를 알게 되면 왜 성경책을 단지 읽는 것만으로는 사람의 마음과 무한의 지성을 결부시키지 못하는지 이해할 수 있을 것이다.

강력한 영향력을 가진 보이지 않는 힘

당신의 잠재의식은 어떤 정보라도
(파멸을 가져오는 것이거나 아니면 재물이나 성공을 가져오는 것이거나)
구별없이 받아들인다.
따라서 그 어느 쪽을 선택하느냐는 당신 자신의 문제이다.
그 결과는 당신을 살리기도 하고, 죽이기도 하는 것이다.

잠재의식의 번뜩임이
당신에게 무엇을 해야 할 것인가를 가르쳐주면
의심하는 마음을 버리고 당장 행동을 개시해야 한다.
반드시 인스피레이션(영감)의 힘을 믿고,
그 중요성을 올바르게 이해해 두기 바란다.
때가 되기를 기다리겠다는 생각은 실패로 이끌 뿐이다.

강대한 잠재의식을 자유자재로 구사하는 능력을
하루하루 착실하게 구축해 가기 바란다.
머지않아 당신은 모든 계획과 사업을 성공시켜 줄
근원적인 정보를 끌어낼 수 있을 것이다.

Think
And
Grow
Rich

STEP
12

잠재된 두뇌 능력을

계발한다

두뇌에는
위대한 힘이 잠재해 있다.
그리고 당신은
이 위대한 힘을
구사할 수 있는 인물이다.

인간의 두뇌는 마음의 진동을 송신하거나 수신하는 기지(基地)이다. 인간의 두뇌는 무선 통신과 아주 흡사한 구조에 의해 다른 사람의 두뇌로부터 발신된 신호를 수신하는 능력을 가지고 있다. 이것은 제5단계(STEP 5)에서 말한 창조적 상상력과 비교해 보면 알 수 있다.

창조적 상상력은 다른 사람의 두뇌에서 발신된 사고의 번뜩임을 받아들이는 두뇌의 수신장치인 것이다. 창조적 상상력은 우리들의 현재 의식과 논리적인 마음, 사고의 번뜩임 이 세 개의 원천을 결부시키는 작용을 한다.

외부로부터 주어지는 사고의 번뜩임은 자극되고 증폭되어 보다 더 창조적인 상상력에 쉽게 수신된다. 그리고 건설적인 감정이나 파괴적인 감정에 의해 증폭된다. 즉 마음의 진동은 감정에 의해 증폭된다는 말이다.

인간의 감정 중에서 가장 강렬하고 추진력이 큰 것은 성충동이다. 이 성충동에 의해서 자극을 받은 두뇌는 맹렬한 속도로 회전하기 시작한다. 성충동이 전환되어 사고가 자극을 받으면 창조적 사고력은 더욱 민감하게 아이디어를 수신할 수 있게 된다. 또 두뇌의 회전을 고속화시키면 창조적 상상력은 다른 사람의 두뇌에서 발신되는 신호를 수신할 수 있을 뿐만 아니라 다른 사람의 잠재의식과도 직접 교신할 수 있게 된다.

잠재의식은 두뇌의 발신장치이며 여기에서 마음의 진동이 발신된다. 그리고 창조적 상상력의 수신장치가 이 신호의 에너지를 잡게 되는 것이다. 즉 당신 '마음의 교신 시스템'은 발신장치인 잠재의식과 수신장치인 창조적 상상력에 의해 구성되어 있다. 그리고 이 양자의 교신을 성립시키고 있는 것은 자기암시이다.

이와 같이 당신의 '마음의 교신 시스템'은 비교적 간단한 방법으로 작동된다. 잠재의식·상상력·자기암시 이 세 가지를 충분히 소화하게 되면 언제든지 작동할 수가 있다. 다만 주의해야 할 점은 이 세 가지의 근본이 되는 것이 소망이라는 것을 잊어서는 안 된다.

인간은 보이지 않는 힘에 지배되고 있다

지금까지 인간은 너무나 오감만을 의지해온 듯하다. 그 결과 보고, 듣고, 냄새 맡고, 맛보고, 만져보는 물리적인 사실에만 지식이 얽매어 왔다.

그러나 다행히 우리는 과거 어느 때보다도 멋진 시대에서 살고 있다. 현대의 우리는 오감으로는 지각하지 못했던 눈에 보이지 않는 힘을 느끼기 시작한 것이다. 이제 머지않아 우리는 거울에 비쳐진 자기 외에 좀더 훌륭한 또 하나의 자기를 똑똑히 볼 수 있을 것이다.

우리는 흔히 "그것은 오감으로 알지 못하는 일이야"라고 쉽게 단정해 버리기도 한다. 그러나 이 말은 인간은 누구나 보지도 만지지도 못하는 어떤 힘에 의해 지배당하고 있다는 것을 암시한다.

인간의 능력으로 바다에 파도를 일으키고 있는, 눈에 보이지 않는 힘을 이겨내거나 지배할 수는 없다. 또 인간의 능력으로는 이 작은 지구를 광대한 우주 속에 띄우거나 만물을 지구로 끌어당기고 있는, 눈에 보이지 않는 힘에 거역하는 것은 물론 그 힘을 조절할 수도 없다.

인간은 뇌우(雷雨)를 몰고 오는, 눈에 보이지 않는 힘에는 전혀 무력하며, 눈에 보이지 않는 전기의 힘 앞에서도 손발을 쓸 수가 없다. 이렇게 눈에 보이지 않는 것이나, 손으로 만질 수 없는 것에 대한 인간의 무지는 이것만이 아니다. 우리가 이 지구상에서 눈에 보이지 않는 힘이나 지성에 대해서 알고 있는 것은 거의 없다. 그러나 눈에 보이지 않는 이 힘이 모든 음식물, 모든 의복을 비롯하여 주머니 안에 있는 동전까지도 만들어내고 있다.

텔레파시에 의한 교신

인류가 자랑하고 있는 모든 문명과 교육에서도 거의 아니 전혀 이해하지 못하는 사고의 힘에 대해 말하고자 한다. 최근 들어 이 눈에 보이지 않는 힘에 대하여 미흡하지만 점점 해명되어 가고 있다. 과학자들도 두뇌라는 이 흥미로운 문제에 관심을 가진 듯하지만 그 연구는 아직 유치원의 단계를 벗어나지 못하고 있다. 뇌의 중앙제어장치나, 뇌세포를 서로 연결하고 있는 무수한 신경섬유나 그 무수한 조합 등에 대해서 그들은 전혀 알아내지 못하고 있다.

시카고 대학의 C. 재드슨 헬릭 박사는 이렇게 말한다.

"그 조합은 놀라울 만큼 방대한 것으로, 그 조합의 수는 몇억 광년이라는 천문학적인 숫자도 문제가 되지 않을 정도입니다. 인간의 대뇌피질에는 100억 개에서 140억 개에 이르는 신경세포가 있으며, 그 세포들은 일정한 법칙에 따라 질서정연하게 배열되어 있습니다. 최근에는 전자 생리학이 발달되어 여러 가지 사실이 밝혀지고 있습니다. 예를 들면 그 신경세포에서 활동 전류가 생기고 있는데 그 전류를 미소 전극섬유를 사용하여 포착한 후에 진공관으로 증폭함으로써 100만 분의 1 볼트 가량의 전위차를 기록할 수도 있게 되었습니다."

이토록 복잡한 구조를 가진 조직망이 단순하게 육체의 성장과 유지라는 목적만으로 존재한다고 볼 수 없다. 몇십억 개나 되는 뇌세포를 가진 이 시스템은 다른 사람의 잠재의식과 교신하거나 눈에 보이지 않는 힘과 교신할 때에 필요한 매체는 아닐까?

《뉴욕 타임즈》는 듀크 대학의 라인 박사가 이끄는 연구진이 행한 실험 중에서 텔레파시와 투시(透視)의 존재를 확인하는 몇 가지의 연구 성과를 소개한 바 있다. 이 연구 결과와 라인 박사 등의 노력에 의해 지금에 와서는 일반 과학자들도 텔레파시나 투시의 실재를 상당히 믿게 되었다.

라인 박사는 많은 영능자(靈能子)들에게 상자 속에 카드를 넣어두고 가까이 가지 않은 상태에서 무엇이 씌여 있는지 알아맞추는 실험을 했다. 그런데 상당수가 정확히 알아맞추었다. 이것은 운이나 우연이라고 할지라도 100억 분의 1의 확률밖에 없는 일이 빈번하게 일어남을 어떻게 설명할 수 있을까? 그들은 과연 어떤 방법으로 알아맞추었을까? 그 실험은 폐쇄된 방안에서도 했고, 몇백 마일이나 떨어져 있는 곳에서도 했으나 결과는 마찬가지였다.

이러한 현상에 대해서 E. H. 라이트는 "텔레파시나 투시는 물리적인 방사이론으로는 설명되지 않는다"고 말하고 있다. 다시 말해서 모든 방사 에너지는 거리의 제곱에 반비례하여 감소하는 것이지만 텔레파시나 투시는 거리에 관계가 없으며, 다만 다른 정신력과 마찬가지로 사람에 따라 개인차가 있을 뿐이라는 것이다.

텔레파시나 투시는 지금까지의 추측과는 달리 잠을 자거나, 비몽사몽 간에는 그 기능을 발휘하지 못한다. 확실히 정신을 집중하고 있을 때가 아니면 이 능력은 발휘되지 않는다. 라인 박사의 말에 의하면 영능자에게 수면제를 투여하면 정해율(正解率)이 저하하고, 반대로 흥분제를 투여하면 정해율이 향상된다고 한다. 매우 우수한 영능자라도 최선을 다하지 않으면 좋은 성적이 나오지 않는 것이다.

E. H. 라이트는 텔레파시나 투시는 인간이면 누구나 가지고 있는 재능이라고 자신있게 결론을 내리고 있다. 또 텔레파시와 투시는 동일한 능력이라고 하며, 어느 한쪽의 능력을 가지고 있는 사람은 반드시 다른 한쪽의 능력도 가지고 있다는 사실이 그 증거라고 했다. 그리고 이 재능을 발휘하는 데는 스크린이나 벽, 거리 등은 전혀 문제가 되지 않는다고 했다.

이러한 사실과 아울러서 그는 "텔레파시와 투시가 하나의 재능인 것과 마찬가지로 영감의 체험이나 꿈의 계시, 재난의 예감이나 감 등의 현상도 모두 같은 재능의 하나이다"라고 추론하고 있다.

독자가 이 결론을 무리하게 믿을 필요는 없겠지만 흥미진진
한 증언이라 하겠다.

좋은 아이디어를 얻는 방법

E. H. 라이트는 "마음의 반응은 영감에 의한 지각양식이다"
라고 말했다. 이와 관련하여 한 가지 덧붙일 말이 있다.

그것은 실제로 내가 두 연구원과 함께 육감으로 교신하는
방법을 발견한 일이다. 말하자면 처음부터 육감을 개발하려고
했던 것이 아니라 우연히 사업에 관한 의견들을 주고 받으면서
생겨난 일이다.

우리는 손님들의 문제를 해결하기 위해 언제나 세 사람의
마음을 하나로 모을 필요가 있었다. '어떻게 하면 세 사람의 마
음을 하나로 결합시킬 수 있을까?' 하고 여러 가지 실험을 되풀
이한 끝에 드디어 이 방법을 발견했던 것이다.

그 방법은 간단했다. 우리 세 사람은 회의용 테이블 앞에 앉
아 먼저 문제의 본질을 서로 확인한다. 그리고 나서 문제에 대한
의견을 서로 나눈다. 이때는 어떤 착상이건 확인없이 있는 그대
로 발표하는 것이 중요하다. 이렇게 함으로써 서로의 마음을 자

극하게 되고 한동안 계속되는 도중에 불가사의한 일이 일어났다. 마음에 자극을 받음으로써 갑자기 자기가 전혀 경험한 적이 없는 아이디어가 떠오르는 것이다. 즉 눈에 보이지 않는 지식의 원천과 서로 교신을 할 수 있게 되는 것이다.

세 사람이 한 가지 문제에 대해 정신을 집중하고 조화를 유지하면서 토론함으로써 서로의 마음이 통하게 되는 이 방법은 협력자의 사고방식의 가장 간단한 실천적인 응용이기도 하다.

만약 지금 말씀드린 것이 그다지 중요하지 않다고 생각되면 이 페이지를 표시해두기 바란다. 그리고 이 책의 마지막 페이지를 다 읽고 나서 다시 이 단계를 읽어 주기 바란다.

뇌의 노화 방지를 위한 7원칙

노년에 머리가 멍청해지는 것을 막기 위해서는 어떤 점에 유념해야 좋을까? 도쿄 대학 뇌연구소의 아사나가 소장 말에 의하면 다음의 일곱 가지 원칙이 중요하다.

첫째, 해면처럼 잘 흡수하는 뇌의 기능을 유지하기 위해서는 젊었을 때부터 뇌를 많이 쓴다.

둘째, 뇌의 동맥경화를 방지한다. 젊었을 때부터 고혈압에 주의하고, 의심스러울 때는 의사와 상담하여 당뇨병이나 혈중

콜레스테롤 등의 증가에도 주의하며, 건강 유지를 위해서도 평소부터 세심한 주의를 기울여야 한다.

셋째, 한창 일할 나이 때부터 주치의를 갖도록 하라. 맹렬 사원의 돌연사가 늘어나고 있다. 병 같은 것은 앓은 적이 없다고 자신하는 사람일수록 자신도 모르는 사이에 혈압이 올라가 갑자기 뇌졸중을 일으켰다는 경우가 많다. 언제나 이상하다고 생각되면 비록 전화상의 상담이라도 좋으니 의사의 조언을 받는 것이 중요하다.

넷째, 충분한 수면을 취한다. 잠을 자는 것은 노화 방지책의 하나이다. 떠들썩한 통근 전철 속에서라도 앉았다 하면 잠을 자는 사람이 있는데 행복한 일이다. 비록 10분간의 말뚝잠을 자더라도 머리가 상쾌해진다. 그리고 말뚝잠이야말로 노화를 방지하는 바로미터이기도 하다. 뇌의 혈액순환이 나빠지면 수면의 리듬이 무너져서 불면증이 되거나 단시간 내에 잠을 깨게 된다. 잠은 다분히 버릇이니까 애써 잠을 잘 수 있도록 힘쓰기 바란다.

다섯째, 기분 전환을 자주 한다. 실내에서 장시간 일을 하고 있는 사람은 2~3시간마다 짧은 시간이라도 좋으니까 바깥 공기를 쐬고 맑은 공기를 마셔라. 뇌는 산소의 공급을 받으면 기능이 원활해진다. 산책이나 가벼운 조깅으로 기분 전환을 도모하는 것도 좋을 것이다.

여섯째, 손끝과 손가락을 자주 사용한다. 손끝이나 손가락을 재치있게 사용하여 세밀한 일까지 할 수 있게 된 다음부터 인류는 다른 동물을 추월해서 급속히 진화했다. 섬세한 손의 움직임이란 뇌의 많은 부분을 동원하는 것이 되므로 섬세한 일을 하면 할수록 뇌가 자극을 받게 된다. 호도를 손바닥으로 회전시켜 뇌졸중의 기능 회복을 도와주는 것도 이러한 의미에서이다.

일곱째, 호기심을 많이 가진다. 매사에 호기심을 갖고 새로운 지식을 추구하는 것은 중요한 일이다.

그러면 다음에 정신적 노화를 측정하는 체크 리스트를 열거하기로 하겠다. 예스가 10개 정도면 '노화가 시작되고 있다'는 증거이고, 20개 정도면 '상당히 진행중'이라고 생각하면 된다.

- 자신이 고생한 체험을 때때로 화제에 올린다.
- 급한 일에 당면하면 곧 초조해진다.
- 점심시간이나 휴식시간에 여사원에게 차를 마시자고 권유한 적이 좀처럼 없다.
- 연하인 사람의 발언에 반발하기 쉽다.
- 의논할 때 수많은 근거를 가지고 이야기할 수가 없다.
- 몸의 기능에 대단히 민감하다.
- 포르노 이야기는 경원하는 경향이 있다.
- 같은 말을 세 번 이상 되풀이한다.
- 옷은 원색을 좋아하지 않는다.

- 저명 인사의 말을 자주 인용한다.
- 관혼상제의 일에 냉정하다.
- 최근의 사건을 잘 잊어 버린다.
- 옷이나 화장품, 소지품 등을 아내에게 떠맡긴다.
- 낡은 것을 버리지 않고 쌓아 둔다.
- 학교 동창회 등 옛 친구와의 모임에는 빠지지 않고 출석
  한다.
- 점심은 일주일에 3일은 같은 것을 먹는다.
- 유행가나 유행어를 잘 알지 못한다.
- 남의 월급이나 출세에 관심이 없다.
- 전근이나 전속을 좋아하지 않는다.
- 신문의 서적 광고에 관심이 적다.
- 새로운 계획에는 가능성보다 비관적 시각에서의 발언이
  많다.
- 계획 변경을 극도로 싫어한다.
- 그룹보다는 혼자 있고 싶어한다.
- 흥청거림이 지나치지 않는다.
- 소음에는 극히 신경질적이다.
- 새로 뭔가를 배우려는 것에 곤란을 느낀다.

이 체크 리스트와 같은 성질의 것으로써 뇌의 기능을 소생

하고 유지하기 위한 17가지 항목을 소개하겠다. 이것을 바꾸어 말하면 '정신과 육체의 노화를 막는 17개조'라고도 할 수 있다.

- 미래지향적이어서 과거의 일에 구애받지 않는다.
- 기분의 전환이 능숙하다.
- 상식이나 습관에 사로잡히지 않고 때로는 결단을 내려 모험을 한다.
- 호기심이 왕성하며 새로운 지식을 추구하고 싶어한다.
- 남이 싫어하는 것도 귀찮아하지 않는다.
- 이성에 관심을 갖는다.
- 새로운 상황에 적응해 나갈 수 있다.
- 건망증이나 깜박 잊는 일이 없고 한번 머리에 기억하면 잊지 않는다.
- 몸의 피로나 이상이 염려되지 않는다. 몸의 컨디션은 언제나 좋다.
- 언제까지나 움츠리고 번민하지 않고 결심하여 행동에 옮기는 것이 빠르다.
- 고독이나 질병, 그리고 죽음에 관해 생각하는 일이 거의 없다.
- 투정이나 불평을 쏟아놓지 않고 부단히 가능성을 찾아본다.

- 남에게 의뢰하는 것을 좋아하지 않고 자립심이 강하다.
- 같은 것을 되풀이해서 말하지 않는다.
- 상상하여 즐기는 일이 많다. 이상이나 꿈을 가지고 있다.
- 사물을 이해하는 것이 빠르고 그에 대한 반응도 빠르다.
- 어디서나 똑같이 잘 할 수 있다.

잠자는 두뇌를 깨운다

몇 조가 넘는 작은 하인
즉 두뇌의 모든 세포는 당신의 사고나
상상이나 의지에 충실히 따른다.

텔레파시에 관한 마음속 과학의 발견은
당신의 자기 개선 도구로 유용하게 될 것이다.
그것은 다른 사람들이 느끼지 못하는
새로운 '눈에 보이지 않는 힘'을 부여해 준다.

당신 자신의 마음과는 멀리 떨어진 곳에
무한의 지성이 있으나 라디오의 구조와 마찬가지로
당신 마음의 주파수를 바꿈으로써,
당신은 언제나 무한의 지성과
수신도, 송신도 가능하다.
전 우주의 에너지는
당신의 기도를 감지하여 당신을 도와준다.

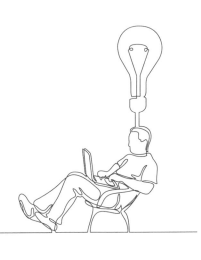

Think
And
Grow
Rich

STEP
13

육감을

불러일으킨다

"

육감은
아이디어·착상·번뜩임·명안 등을
포착하는 수신장치이다.
이 육감을 불러일으켜 활용하라.
성공으로 이어지는 문이
당신을 기다리고 있다.

"

————— 당신이 특별한 노력을 기울이거나 간절히 원하지 않아도 육감은 당신의 무한한 지성과 자유 자재로 교신이 된다. 성공을 바란다면 이 육감을 활용할 줄 알아야 한다. 육감은 잠재의식의 일부로서 창조적 상상력과 깊은 관련이 있다. 또 이것은 아이디어, 명안, 착상 등을 포착하는 수신장치이기도 하다.

그런데 성공철학에 따른 다른 법칙을 마스터하지 못한 사람들에게 이 육감에 대해서 한마디로 설명한다는 것은 불가능하다. 그런 사람들은 육감과 유사한 체험을 한 적도 없으려니와 밑바탕이 될 만한 지식도 없기 때문이다.

육감은 내면에서 울려퍼지는 마음의 진동을 명상으로 받아들일 때 비로소 실감할 수 있는 것이다. 따라서 성공철학을 마스터한 사람들은 육감의 실체를 이해하겠지만 그렇지 않은 사람은 믿기 어려울 것이다.

당신은 이 육감의 묘한 힘에 의해서 기회를 잡을 수 있다.

육감을 익혀서 활용하면 그 묘한 힘은 당신을 영지의 전당으로
인도해줄 것이다.

육감의 실체

보통 인스피레이션(Inspiration)이라고 부르는 마음속의 번뜩
임은 다음 요소들에 의해 얻어진다.

- 무한의 지성
- 잠재의식
- 타인의 두뇌
- 타인의 잠재의식

이러한 것에 의해서 얻어진 번뜩임은 지금까지의 고정관념
을 타파하여 어떤 해답을 찾아준다. 이 번뜩임을 얻었을 때의 느
낌은 마치 비행기를 타고 가다가 지상을 내려다볼 때와 흡사하
다. 비행기에서 내려다보면 지상에서는 보이지 않던 지평선도 훤
하게 바라볼 수 있게 되는 것과 마찬가지로 두뇌의 작용도 자극
을 받아 높아짐으로 해서 지금까지 일상의 의식주에만 사로잡
혀 있던 사고의 한계가 타파되고 모든 억압과 방해 따위로부터

해방된다.

이처럼 비행기를 타고 하늘에서 지상을 내려다보듯이 두뇌의 작용이 높아질 때, 마음은 해방되며 창조적 상상력은 자유로이 활동하게 된다. 이것이 육감이라는 것이다. 육감이야말로 상식으로는 결코 발견하지 못하는 아이디어를 만들어내는 것이다.

마음속의 속삭임

육감은 자신의 잠재의식 외의 원천에 의해 발생할 때는 특히 예리함을 증대시킨다. 그리고 육감은 사용할수록 그 신뢰성이 높아서 더욱더 활발하게 이용된다. 이러한 능력을 개발하여 향상시키려면 계속하여 사용하는 방법밖에는 없다.

인간의 양심이라는 것은 모두가 이 육감의 작용에 의해서 나오게 된다. 훌륭한 예술가나 작가, 음악가, 시인들이 어째서 위대하게 되었는가 하면 그들은 창조적 상상력에 의한 자신의 내부에서 말하는 양심의 소리를 항상 신뢰했기 때문이다.

또 예리한 상상력의 소유자가 가장 좋은 아이디어를 소위 육감에 의해 끌어내고 있다는 것이 밝혀졌다.

어느 교수는 눈을 감고 완전히 창조적 상상력에 의지하지 않으면 좋은 강연을 할 수 없다고 한다. 강연이 절정에 달하기 직전 어째서 눈을 감느냐는 질문에 그는 이렇게 대답했다.

"나는 마음속 깊은 곳에서 용솟음치는 직관에 따라 이야기 하고 있기 때문입니다."

미국에서 가장 성공하였으며 막대한 재산으로 유명한 어느 은행가도 결단을 내리기 2~3분 전에 반드시 눈을 감는 버릇이 있었다. 왜 그러느냐고 물으니 그는 이렇게 대답했다.

"눈을 감음으로써 영지의 샘에서 힌트를 끌어낼 수 있기 때문입니다."

비밀의 교신실

엘머 R. 게쓰 박사는 200가지 이상의 유익한 발명품을 만들어낸 사람이다. 그 발명의 대부분은 기초적이면서 중요한 것뿐이었는데 그것은 모두 감을 단련시켜 활용함으로써 만들어낸 것이다.

박사의 연구실에는 그 자신이 '비밀의 교신실'이라고 불렀던 작은 방이 있었다. 이 작은 방은 완전히 방음 장치가 되어 있었으며, 외부와도 완전히 차단되어 있었다. 그 안에는 작은 책상이 있었고 펜과 한 권의 노트가 준비되어 있었다. 그리고 책상 전면 벽에는 전등 스위치가 있었다.

게쓰 박사는 창조적 상상력을 끌어내려고 할 때는 언제나 이 방에 들어가 책상 앞에 앉은 다음 전등을 껐다. 그리고 연구하고 있는 발명에 대해, 알고 있는 요소에 정신력을 집중시켜 미해결 부분의 해답이 번뜩일 때까지 가만히 앉아 있는 것이었다.

그러면 순서대로 아이디어가 솟아나와 어느 때는 3시간이나 계속해서 메모를 해야할 정도였다. 그리고 그 메모를 조사해보았더니 당시 과학계가 가지고 있던 데이터와 비교도 되지 않을 만큼의 정밀한 정의뿐 아니라 그의 연구에 대한 해답까지도 논리적으로 기술되어 있었다.

게쓰 박사의 생활비는 실업가나 기업 등에 아이디어를 제공하기 위해 앉아 있는 것으로 해서 얻어졌다. 미국의 대기업 등은 아이디어를 위해 앉아 있는 시간에 따라 지불액을 결정할 정도였다.

이론이라는 것은 때때로 틀릴 수가 있다. 이론은 지금까지의 축적된 경험에 의해 크게 좌우되기 때문이다. 인간의 경험에 의해 얻어지는 지식이라는 것은 반드시 언제나 정확하다고 단정할 수는 없다. 그에 비하면 창조적 상상력에 의해 얻어진 아이디어 쪽이 훨씬 더 신뢰성이 높다. 이것은 이론으로는 도달할 수 없는 지식의 원천에서 형성되기 때문이다.

육감과 기적

나는 기적을 믿지도 않으며 두둔하지도 않는다. 왜냐하면 대자연은 '자신이 창조한 법칙에서 절대로 이탈하는 일이 없다'는 것을 잘 알고 있기 때문이다. 그러나 그 대자연의 법칙 중에 때로는 기적이라고 생각될 만한 것이 있다. 내 경험 중에서 육감의 경우가 그러했다.

나는 신 혹은 영(靈)이라는 존재의 힘이 있어서, 그것이 모든 물체의 원자에까지 골고루 영향을 미칠 뿐만 아니라 우리를 둘러싸고 있는 모든 작용을 관장하고 있다고 믿고 있다. 이 무한의 지성이 도토리 열매를 큰 상수리나무로 키우고, 물은 높은 곳에서 낮은 지대로 흐르게 하고, 밤이 지나면 낮이 오게 하고, 겨울이 가면 봄이 오게 하는 등 모든 것이 질서정연한 관계를 유지하도록 한다고 믿는다.

이 무한의 지성이 성공철학의 법칙 중에서 소망을 구체적인 물질적인 것으로 전환시키는 작용을 하고 있다. 이러한 것을 믿는 것은 직접 실험을 하고 체험했기 때문이다.

지금까지 각 단계를 거쳐 당신은 한 걸음 한 걸음 마지막 단계까지 가까워지고 있다. 만일 당신이 지금까지의 각 단계를 마스터 했다면 지금부터 말하는 놀라운 이야기를 의심없이 받아들여야 될 것이다.

위대한 인물을 고문으로 삼아라

내가 영웅 숭배를 하던 시절, 가장 존경하던 인물을 나의 우상으로 정하고 그 사람의 모든 행동을 흉내내려고 했었다.

지금까지도 나에게 이 영웅 숭배의 습관이 남아 있는데, 되도록 위대한 인물을 본받으려고 하는 태도가 보이지 않는 힘이 되어 자신을 위대하게 만들며, 자기암시를 받는 데 매우 효과적인 방법이기 때문이다.

이전에 내가 어떤 것을 발표하려고 원고를 쓰고 있을 때, 문득 이러한 나의 습관이 떠올랐다. 당장에 나는 가장 감동적인 생애를 보냈다고 생각되는 아홉 명을 골라 그 사람들을 흉내냄으로써 자기 자신의 성격을 바꾸어 보려는 실험을 시작했다.

그 아홉 명이란 에머슨(시인, 사상가), 페인(철학가), 에디슨(발명가), 다윈(진화론자), 링컨(정치가), 버뱅크(원예가), 나폴레옹(황제), 포드(자동차왕), 그리고 카네기(철강왕)이다. 1년 이상에 걸쳐 나는 밤마다 이 눈에 보이지 않는 고문들과 상상으로 회의를 열었다.

그 방법은 이러했다. 밤에 잠들기 직전에 조용히 눈을 감고, 나는 그들과 함께 테이블에 둘러앉아 있는 모습을 상상했다. 여기서 나는 이 위대한 인물들과 한 자리에 앉아 있을 뿐 아니라 내 자신이 회의를 진행하는 의장이 되었다.

내가 이 상상으로 하는 회의를 밤마다 연 것은 극히 명확한 목적이 있기 때문이었다. 그 목적이란 눈에 보이지 않는 이 고문들의 개성을 합성하여 내 자신의 성격을 바꾸려는 일이었다. 무지와 미신 가운데서 자라온 자신의 핸디캡을 언젠가는 극복하겠다고 젊은 시절부터 벼르고 있었으므로 신중하게 생각한 끝에 자신을 다시 태어나게 하는 데 이 방법을 사용했던 것이다.

소망과 자기암시

인간을 만들어내는 것 중 하나는 사고방식이고 또 하나는 소망이다. 마음속 깊은 곳에 잠재해 있는 소망이 허리를 펴고 일어날 때, 사람의 마음을 부추겨 잠자고 있던 사고방식도 눈을 뜨고 기지개를 켠다. 자기암시가 자신의 성격을 구축하는 힘센 불도저이고 또, 자기암시만이 실제로 자신의 성격을 구축하는 최대의 원인이라는 사실을 나는 잘 알고 있다.

이와 같이 내가 심리 과학의 원리를 이해하고 있었던 것이 성격을 개조하려고 하는 내게 무척 도움이 되었다. 나는 이 상상으로 하는 회의석상에서 각 고문들을 지명하여 필요한 정보나 지식을 흡수해 갔다. 발언은 항상 분명하게 알아들을 수 있는 목소리로 진행되었다.

"에머슨, 당신의 인생을 훌륭한 시의 세계로 이끈 대자연에 대해서 좀 들려주시겠습니까? 대자연의 신비를 어떻게 속속들이 알게 되었는지 또 어떻게 그 속으로 용해되어 들어갈 수 있었는지 그리고 어떤 것이라도 좋으니 당신의 마음을 사로잡은 것이 무엇이었는지 나의 잠재의식에 심어주십시오."

"버뱅크, 당신은 어떻게 그 가시투성이인 선인장을 식용으로 전환키는 대자연의 법칙을 발견했는지 가르쳐 주십시오. 그리고 외떡잎식물만이 자라던 땅에 쌍떡잎식물을 길러낸 비법도 알고 싶습니다."

"나폴레옹, 당신은 많은 사람들을 감동시켜 용기를 주고, 그들을 결연히 일어나게 하여 용감히 싸우게 하는 믿지 못할 능력의 소유자입니다. 나도 당신을 본받음으로써 그런 능력을 익히고 싶습니다. 또 수많은 전쟁에서 승리하고, 눈앞의 적을 격파한 그 참을성 있는 신념의 힘에 대해서도 배우고 싶습니다."

"페인, 나는 당신을 유명한 학자로 성장시킨 사상의 자유로움과 용기 그리고 사람들을 믿고 따르게 하는 그 명쾌함을 익히고 싶습니다."

"다윈, 자연과학 분야에서 인과법칙에 대해 당신이 보여준 태도, 어떠한 선입관과 어떠한 편견에도 현혹되지 않았던 태도와 믿지 못할 만큼의 그 인내력을 본받고 싶습니다."

"링컨, 예리한 정의감, 끈질긴 인내력, 유머와 센스, 남을 이해하는 힘, 관용의 마음 등 당신의 그런 성격을 나도 기르고 싶습니다."

"카네기, 당신이 위대한 사업을 성취하는 데 사용한 그 성공 철학을 나도 완전히 알고 싶습니다."

"포드, 내가 배우고 싶은 것은 빈곤을 극복했을 뿐 아니라 한사람 한사람의 노력을 거뜬하게 정리하여 조직화하고, 단순화 시킨 그 인내력과 결단력, 자신감입니다. 나는 사람들이 당신의 뒤를 따르는 것을 도우려고 생각하고 있습니다."

"에디슨, 자연계의 비밀을 수없이 해결해온 당신에게 신념의 힘과 몇 번이나 실패해도 반드시 그것을 성공으로 전환시키는 부단한 도전심을 나에게도 심어 주면 좋겠습니다."

상상 속의 회의

내가 눈에 보이지 않는 고문들을 지명하는 순번은 여러 가지가 있었으나 우선 가장 흥미있는 문제의 차례에 따랐다. 그리고 나는 일사불란하게 그들의 인생 기록을 더듬어 갔다. 이렇게 밤마다 회의를 연 지 몇 달이 지났을 때, 놀라운 일이 일어났다. 상상 속의 인물들이 현실의 모습으로 눈앞에 나타났던 것이다.

또 이 아홉 명이 내 눈앞에서 회의를 하는 것을 보며 그들 각자가 독특한 개성을 가지고 있다는 사실에 놀랐다. 가령 링컨은 좀스럽게 구는 것을 싫어하는 성격이었으며 언제나 찌푸린 얼굴을 하고 있었다. 나는 끝내 그의 웃는 얼굴을 보지 못했다.

다른 사람들은 어떤가 하면, 버뱅크나 페인 등은 동료 고문들을 어리둥절하게 하려고 묘한 대화를 나누는 데 열중했다. 어느 때, 버뱅크가 지각을 한 일이 있었는데 그는 방에 들어오자마자 어떤 종류의 나무에나 사과를 열리게 하는 실험을 하다가 늦었다고 해명을 했다. 그러자 페인이 그를 놀리듯이 말했다.

"그러면 남녀간의 모든 문제는 모두 사과가 원인이란 말인가?"

이번에는 다윈이 싱글싱글 웃으면서 끼어들었다.

"사과를 따러 숲에 들어갈 때는 작은 뱀도 조심하게나. 그 뱀도 언젠가는 큰 뱀으로 진화할 테니까."

에머슨도 한마디 거들었다.

"뱀 없는 곳에 사과는 없다."

그러자 나폴레옹은 이렇게 말했다.

"사과 없는 곳에 나라는 없다."

이렇게 하여 회의는 점점 긴장되었다. 수개월 동안, 나는 경건한 마음으로 회의가 진행되는 상황을 지켜보았다. 이 체험은 나에게 너무나 신비로운 사건이었으므로 회의가 분명히 상상으로 하는 것인데도 불구하고 무의식 중에 그것을 잊고 현실로 느끼게 되었다.

나는 지금에 와서 비로소 이 신비로운 체험을 발표하려고 마음먹었다. 지금까지 내가 침묵을 지켜온 것은 이 유례없는 이야기를 발표하면 오해를 살 것이 틀림없다는 것을 알고 있었기 때문이다. 그러나 지금의 나는 이 기적적인 체험을 책으로 정리하여 출판할 만큼 마음이 강해졌다. 그것은 내가 세상의 소문에 별로 신경을 쓰지 않게 되었기 때문인지도 모른다.

하지만 역시 오해를 받는다는 것이 기분 좋은 일은 아니므로 소리를 높여 단언해 두겠지만, 나와 고문들의 회의는 어디까지나 상상으로 한 일이며 그들과의 대화 또한 단순히 내 머릿속에서 생각한 것에 지나지 않는다. 그렇다 하더라도 나를 빛나는 모험의 길로 인도하여 나에게 진실로 위대한 것이란 무엇인가를 재인식시켜 주었다. 뿐만 아니라 나의 창조적인 사업에 용기를 주었으며 나에게 이 진실을 발표하는 대담성을 주었다는 사실도 말해 두고 싶다.

육감을 깨우는 방법

뇌세포의 어느 부분에 감이라든가 번뜩임의 신호를 수신하는 장치가 갖추어져 있다. 이 육감의 장치가 어디에 있는가 하는 것은 지금의 과학자들은 아직 규명하지 못하고 있으나 이것은 그다지 큰 문제가 아니다. 인간이 오감 이외의 기관을 통해 여러 가지 정보를 정확하게 수신하고 있다는 것은 엄연한 사실이기 때문이다.

일반적으로 이러한 육감을 통한 정보는 인간의 정신이 필요 이상의 흥분 상태에 있을 때 수신할 수 있다. 이 육감을 불러 깨우는 긴장 상태란 감정을 흥분시켜 심장의 고동이 빨라진 상태를 말한다. 운전중 사고를 일으킬 뻔했을 때 육감의 도움을 받아 불과 일순간의 차이로 사고를 면한 경험이 있는 사람은 육감의 실체에 대해서 잘 이해할 수 있을 것이다.

지금까지의 이야기는 지금부터 말하고자 하는 고백의 서론이었다. 실제로 이 '눈에 보이지 않는 고문들'과 회의를 계속해온 기간중, 나의 정신은 육감의 번뜩임에 의해 최고로 민감하게 여러 가지 직감이나 정보나 시사를 수신해 주었다.

나는 몇 번이나 생명이 위험할 정도의 궁지에 몰렸으나 '눈에 보이지 않는 고문들'의 기적이라고 밖에 할 수 없는 인도에 의해 이 위험 속에서 빠져나올 수 있었다.

내가 상상 속의 회의를 열었던 당초의 목적은 오로지 자기 암시의 법칙에 의해 자기 자신의 잠재의식을 자극하여, 어느 특별한 성격을 몸에 익히도록 하는 일이었다. 그러나 요즘에 와서 이 실험은 완전히 다른 방향으로 전개하기 시작했다.

요즘은 나의 어려운 문제만이 아니라 의뢰하는 사람들의 고민거리까지 짊어지고 눈에 보이지 않는 고문들과 교신하고 있다.

무엇이든 그들에게 의지할 생각은 없으나 그들이 가져다 주는 해결에는 그저 놀라기만 할 일이 너무나 많다.

육감의 무한한 가치

육감은 간단하게 몸에 익히거나 제거할 수 있는 것이 아니다. 이 위대한 능력은 이 책에서 말한 다른 법칙을 습득함으로써 서서히 몸에 익혀 가게 된다.

당신이 어떤 사람이든 또, 이 책을 읽는 목적이 무엇이든지 이 단계에서 말한 법칙을 이해할 수 없다면 당신은 이 책에서 아무것도 얻지 못할 것이다. 더욱이 당신의 최대 목적이 돈을 버는 것이거나 재산을 이룩하는 데 있다면 더구나 그렇다.

모든 성공의 출발점은 소망이다. 그리고 그 종착점은 자기를 이해하고, 남을 이해하고, 대자연의 법칙을 이해하고, 그리고 행복이라는 것을 인식하여 이해하는 데 있다. 이것은 육감의 법칙에 따르고 또 마음껏 사용함으로써 스스로 알게 되는 것이다.

이 단계를 읽고 나면 아마 당신은 정신적으로 자극을 받아 이상하게 흥분하는 자신을 느끼게 될 것이다. 그렇게 되면 참으로 좋은 일이다. 지금부터 1개월 후에 다시 한번 이 책을 읽어 주기 바란다. 그리고 당신의 정신이 다시 자극을 받아 흥분하는 것을 체험해주기 바란다. 그때마다 얻는 것이 얼마만큼 있는지 없는지 그것을 이해하며 계속하여 이 자극을 체험했으면 한다.

그러면 당신은 실의에서 일어나 공포를 극복하고 모든 제한을 탈피하여 자유롭게 상상력을 구사할 수 있을 것이다. 그때 당신은 진실로 위대한 사상가·지도자·예술가·음악가·작가·정치가들의 혼을 동요케 한 '그 어떤 것'을 실감할 수 있게 된다.

이제 당신은 자기의 소망을 돈이나 그 무엇으로도 분명하게 전환시킬 수 있는 사람이 된 것이다. 이것은 어쭙잖은 장애 앞에 주저앉아 버리거나, 곧 단념해 버리는 것보다도 당신에게 있어서는 더욱 쉬운 일임을 의미한다.

번뜩이는 육감을 가져라

모든 시대의 모든 성공자들이 가지고 있던
그 어떤 것은 현재 당신의 손 안에 있다.

이 어떤 것이야말로
오늘날 예술이나 과학 등을 비롯하여 온갖 분야에서
기적을 일으키고 있는 것이다.

헤아릴 수 없는 가치가 있는 육감을 기르기 위해
당신의 사고를 높이는 노력을 해주기 바란다.

그렇게 하면 모든 사람들의
잠재의식의 저장고와도 자유롭게 교신이 되는 것이다.

Think
And
Grow
Rich

마음의 힘은

무한하다

철저하게
당신의 내면을 분석한다.
그리고 당신의 깊은 곳에 숨어 있는,
언제나 당신을 방해하고 있는
두려움을 내쫓아 버리자.
그렇게 하면 당신은
완전히 무적의 인간이 될 수 있다.

———— 이 인생의 성공철학의 효과를 최대한으로 활용하기 위해서는 우선 마음으로 받아들일 준비가 되어 있어야 한다. 여기서 마음의 준비라 함은 우유부단·의혹·공포라는 세 가지의 적을 잘 연구, 분석하고 이해하여 이것들을 마음속으로부터 없애버리는 것을 말한다.

육감은 이 세 가지의 적 중에서 하나라도 마음속에 남아 있으면 제 기능을 마음껏 발휘하지 못한다. 이 파괴적인 세 적은 매우 사이가 좋은 형제이므로 만약 그 하나라도 발견이 되면 반드시 나머지들도 가까이에 머물고 있다고 생각하면 틀림없다.

우유부단은 공포의 묘목이다. 이 사실을 명심하기 바란다. 우유부단은 결단력의 결여로 생기지만 이것이 의혹을 가져온다. 그리고 이 우유부단과 의혹이 결합하여 공포가 된다. 보통 이렇게 하여 공포가 성장해 가며 그 과정은 매우 느리다. 우리는 이 세 가지 적이 위험한 것이라고 깨닫지 못하고 있다. 그러나 공포는 어느 사이엔가 싹이 터서 자신도 식별하지 못하는 사이에 크게 자란다.

따라서 인생에 있어서 성공철학을 실제로 활용하기 전에 공포에 대해 상세한 연구를 해둘 필요가 있다. 여기서는 6가지의 기본적인 공포의 원인과 그 치료법에 초점을 맞추어 설명하기로 하겠다. 적을 해치우기 전에 우리는 먼저 그 이름과 습관과 장소를 알아두어야만 한다. 또 이 6가지 공포가 당신에게 잠재해 있지 않은지 조사해 보아야 한다.

그런 다음, 우리는 적의 교묘한 술책에 속지 않도록 주의하면서 연구를 진행해야 한다. 공포는 우리의 잠재의식 안에 숨어 있는 경우가 많으나 이처럼 침입하기 어려운 곳에 숨어 있는 것은 내쫓기도 어려운 법이다.

공포는 마음의 상태이다

공포에는 6가지 기본적인 것이 있다. 그리고 이것들이 서로 다투어 사람을 괴롭히고 있다. 이 6가지 중 어느 하나라도 고통을 받은 일이 없는 사람이 있다면, 그 사람은 꽤나 행복한 사람일 것이다. 여기 6가지 공포를 가장 영향력이 강한 것부터 순서대로 나열시켜 본다.

- 가난
- 비판
- 질병
- 실연
- 노령
- 죽음

이 중에서 가난·비판·질병의 공포는 사람들을 괴롭히는 가장 큰 원인이다. 또 이 6가지 외에도 몇 가지 종류의 공포가 더 있으나 여기서는 이 대표적인 것에 대해서만 분석하기로 한다.

공포란 마음의 상태 이외의 다른 아무것도 아니다. 그리고 마음의 상태라는 것은 항상 무엇인가에 의해 지배받고 그 방향을 이끌고 있다.

인간은 마음속에서 떠오르지 않은 것을 창조할 수 없다. 즉 모든 것을 창조하는 힘은 마음의 번뜩임이다. 그리고 중요한 것은 이 마음의 번뜩임이 의식적이든 무의식적이든 관계없이 구체적인 무엇인가를 창조하려는 힘을 가지고 있다. 우리는 작은 우연의 번뜩임에 의해 또는 남의 마음에서 발신되는 번뜩임에 의해서 경제면은 물론이거니와 사업, 직업, 직위 등 모든 운명이 결정되는 수가 많다. 즉 우연한 마음의 번뜩임이라 해도 그것은 의도적으로 기획된 아이디어와 마찬가지로 영향력을 가지고 있다.

똑같은 능력·교육·체험·두뇌의 사람이면서 어째서 어떤 사람들만이 행운의 혜택을 입어 성공하고 또 많은 사람들이 불운하여 성공하지 못했을까?

모든 사람은 자신의 마음을 완전히 지배하는 능력을 가지고 있다. 그리고 그 지배 방법에 따라 자신의 마음을 열어 남의 두뇌에서 발신되는 번뜩임을 수신하여 이용할 수 있으며, 완고하게 마음을 닫아버리고 자기 마음의 번뜩임만을 이용하는 수도 있다.

대자연은 우리 인간의 모든 것을 컨트롤하고 있으나 단 한 가지 컨트롤하지 못하는 것이 있다. 그것은 사고이다. 이 사실은 인간이 창조하는 것은 모두 사고에서 시작된다는 사실과 함께 생각해 볼 때, 공포를 제거하기 위한 방법의 단서를 잡게 될 것이다.

모든 사고에는 그것을 현실화하는 힘이 내포되어 있으나(이것은 의심할 수 없는 진실이다), 공포나 빈곤에 따른 사고의 번뜩임은 파괴적인 결과를 현실화할 뿐 결코 부나 용기를 만들어내는 일은 없다.

부인가, 가난인가

가난과 부는 절대로 타협할 수 없는 관계이다. 가난으로 가는 길과 부로 가는 길은 정반대의 길이기 때문이다. 만일 부를 얻고 싶다면 가난으로 이어지는 모든 것을 거절해야 한다.

부로 가는 길의 제 일보는 소망을 갖는 일이다. 그리고 부를 얻고 싶다면 먼저 그 금액을 명확하게 결정해야 한다. 그 다음 당신은 부를 향해 출발하는 것이다. 당신은 이미 부의 세계에 도착하기 위한 성공철학의 완전한 지도를 가지고 있으므로 그것에 따라 충실하게 전진해 가면 된다. 그러나 만일 출발을 주저하거나, 도중에 포기한다면 그것은 모두가 당신의 책임이다.

부의 세계를 부정하고 도중에서 좌절해 변명을 해도 아무런 소용이 없다는 것을 알아두어야 한다. "마음속으로부터 진지하게 부를 구하는 사람에게만 부가 주어진다. 부를 얻는 데 의심을 가진 사람에게 부가 찾아올 리가 없다"라는 말과 같이 부를 얻게 될지 어떨지는 그 마음에 따라 결정된다.

이와 같이 부는 당신 자신이 결정하는 것이며, 그러한 마음 상태도 당신 자신이 만들어내는 것이다.

공포를 분석하자

공포는 모든 논리를 무력하게 하여 모든 상상을 파괴하고, 모든 자신감을 좌절시키고, 모든 열의를 빼앗아 가고, 모든 의욕을 잃게 하는 힘을 가지고 있다. 또 공포는 사람의 혼을 빼고, 예리한 사고력을 파괴하고, 집중력을 분산시키며, 인내력을 흔들리게 하고, 의지의 힘을 죽이고, 큰 뜻을 부수고, 기억을 흐리게 하며, 모든 수단과 방법으로 실패를 주려고 하는 것이다.

이처럼 공포는 사람들을 나태하고 불행한 세계로 빠뜨려 버린다. 어떤 것이든 마음만 먹으면 희망하는 것을 손에 넣을 수 있는 풍족한 세계에 살고 있으면서, 공포 때문에 우리는 아무것도 손에 넣지 못하고 있는 것이다.

가난에 대한 공포는 6가지 공포 중에서도 가장 파괴적인 것이며 가장 극복하기 어려운 것이기도 하다. 또한 가난만큼 인간에게 고통을 주는 것은 없을 것이다. 가난을 정말로 체험한 사람만이 이 말의 참뜻을 이해할 것이다.

사람들이 가난을 두려워하는 것은 무리가 아니다. 돈이나 재산이 없으면 세상에서 신용을 얻기 힘들다는 사실을 누구나 인정하고 있다. 그래서 사람들은 가난에서 벗어나고 싶다는 일념에서 어떤 수단과 방법을 써서라도 부를 손에 넣으려고 한다.

그러나 진정으로 부를 손에 넣으려고 한다면 냉정하게 자기 자신을 검토하는 일부터 시작해야 한다. 자기를 분석함으로써 알고 싶지 않은 자기의 약점까지 파악해야 한다. 비참하고 가난한 삶을 살고 싶지 않다면 용기를 가지고 자기의 진정한 모습과 맞서야 한다. 자신을 한 항목씩 체크해 갈 때, 스스로가 재판관이며 동시에 판사이고 검사이어야 한다. 또한 변호사이기도 하고 원고, 피고이기도 하며 방청인이어야 한다. 이렇게 하여 결코 자신을 속이지 않고 진실한 자기를 만나 스스로 엄한 질문에 명확하게 답변해야 할 것이다.

이와 같이 자기 분석을 함으로써 비로소 진정한 자기 모습이 밝혀지게 될 것이다. 자기 자신이 솔직하지 못할 것이라고 생각되면 당신을 잘 아는 솔직한 친구가 함께 하는 것도 좋은 방법일 것이다. 이 테스트가 괴로울지 모르겠으나 어떤 대가를 치른다 해도 반드시 해야만 한다.

"무엇이 가장 무서운가?"라는 질문을 받으면 많은 사람들은 이렇게 대답할 것이다. "별로 무서운 것이 없어요"라고. 그러나 이 대답은 진실한 대답이 아니다. 이렇게 대답하는 것은 그들이 공포에 대해 상세하게 모르기 때문이다. 누구나 마음속에 공포가 도사리고 있지만 그 모습을 모르기 때문에 자기는 그것에 사로잡혀 있지 않다고 생각하고 있다.

그러나 우리는 눈에 보이지 않는 이 공포 때문에 얼마나 육체적으로 혹은 정신적으로 자신도 모르는 사이에 손해를 보고 있는지 모른다. 이 공포라는 대적을 알아내어 추방하는 데는 용기있는 분석 이외에 다른 방법은 없다.

그럼 다음에서 당신이 확인해야 할 가난의 공포에 대한 여러 가지 증후를 살펴 보자.

1. 무관심

이것은 일반적으로 원대한 희망이나 큰 뜻의 결여, 가난을 관망하는 태도 등에서 비롯되는 것으로, 육체적·정신적으로 태만한 사람을 만들어 버린다. 무슨 일에나 특히 가난에 무관심한 사람들은 의욕이 없고 상상력이 부족하며 열의도 없다. 또 자기 통제력도 없어지고 만다.

2. 결단력의 결여

이것은 무엇이나 남의 생각에 의지하려는 나쁜 버릇이며 소위 기회주의에 속한다.

3. 시기심

이것은 자기의 실패를 은폐하거나 변명하거나 핑계를 대는 나쁜 버릇이지만 대부분의 경우, 이것은 성공자에 대한 중상모략이나 비난이라는 형식으로 나타난다.

4. 쓸데없는 걱정이나 기우

이것은 남의 실패를 일부러 찾아다니거나 수입 이상으로 겉치레를 화려하게 하거나 혹은 얼굴을 찌푸리거나, 눈썹을 치켜올리는 등의 태도로 나타난다. 때로는 마약이나 술에 빠지는 일도 있으며 모든 일에 신경질적이고 기분에 따라 행동한다.

5. 지나친 조심

어떤 경우에나 부정적으로 보는 습관으로 성공하는 경우를 생각하지 않고 실패의 가능성만 찾으려고 한다. 그래서 무조건 실패만을 들어 얘기할 뿐, 결코 그것에 대처하려고는 하지 않는다. 또 어떤 경우이든 때를 기다리기만 하고 결코 행동에 옮기려고는 하지 않는다. 그리고 실패자의 예는 잘 알고 있으나 성공자에 대해서는 잘 알지 못한다. 즉 도너츠의 구멍만을 보며 도너츠 그 자체를 보려고 하지 않는다. 모든 것에 비관적이어서 일반적으로 소화불량, 변비, 호흡 곤란 등이 나타난다.

6. 미루는 습관

이것은 오늘 할 일을 내일로 미루려고 하는 나쁜 버릇이다. 일은 시작도 안하면서 변명이나 핑계로 해결하려고 한다. 책임을 회피하려고 도망을 다니기도 하고, 단호하게 싸우지 못하고 간단하게 타협을 한다. 어려운 일을 만나면 곧 좌절하여 그것을 극복하

려고 하지 않는다. 또한 실패했을 때의 도피처만을 찾아 후퇴 준
비에 마음이 빼앗겨 있다. 기백도 없고 교활하고 목표를 고의로
애매하게 정해 놓고 있다. 자신감·의욕·열의·야망이 없고 오로
지 자신의 안전만을 바라며 이론적 사고가 없다.

돈과 행복

"어째서 돈을 버는 책 따위를 쓰게 되었는가? 무엇 때문에
행복을 돈으로 측량하려고 하는가?" 이런 질문을 하는 사람이
있을지도 모른다. 물론 돈으로 행복을 잴 수는 없다. 그러나 몇백
만 명이라는 사람들이 이렇게 말하고 있다. "돈이 조금만 더 있
으면 행복해 질텐데"라고.

내가 이 책을 쓴 가장 큰 이유는 수많은 사람들이 가난에
대한 공포에 떨면서 나날을 보내고 있기 때문이었다. 도대체 이
가난에 대한 공포가 사람들에게 어떤 영향을 주고 있는지에 대
해 웨스트 부루크 페글러의 말을 빌려 알아보자.

"돈이라는 것은 현실적으로 단지 쇠붙이나 종이 조각에 지
나지 않는다. 이것은 마음이니 영혼이니 하는 보물과는 비교도
되지 않으나 가난한 사람들에게는 설사 쇠붙이든 종이 조각이
든 어쨌든 필요한 것이다. 세상에는 돈이 없거나 일자리를 구하

려고 헤매는 사람들이 많이 있다. 그들이 성격이나 지식, 능력면에서 어느 누구에게도 지지 않는다고 자부하는 사람일지라도 역시 일정한 직업을 가진 사람 앞에서는 열등감을 가지지 않을 수 없다. 또 일정한 직업을 가지고 있는 사람은 일자리가 없는 사람에게서 우월감을 가지는 법이며 아마 무의식적이겠지만 그를 낙오자로 보게 된다."

일자리를 잃으면 한동안은 빚을 져서라도 살 수 있을지 모른다. 그러나 빚을 지고 사는 생활이 즐거울 수 없고 또, 언제까지 계속할 수도 없다. 오늘 저녁 식사비를 친구로부터 빌려야 할 처지가 되면, 인생의 모든 것이 절망적으로 느껴져 재출발하려고 하는 의욕마저 일어나지 않게 된다. 물론 구제할 수 없는 부랑자나 거지에게는 절망감 따위는 없을지 모르나 역시 자존심과 희망을 가진 정상인에게는 돈이 없다는 것은 견딜 수 없는 고통이라 하겠다.

이렇게 절망의 구렁텅이에 빠진 사람에게 남아 있는 것은 오직 생각할 수 있는 시간뿐이다. 여러 가지로 궁리한 끝에 몇 마일이나 떨어진 먼 곳까지 일자리를 줄 만한 사람을 만나러 간다. 그러나 한발 늦어서 다른 누군가에게 일자리가 돌아갔다는 대답을 듣거나 혹은 거절당한다. 그러다가 간신히 얻은 일자리가 소위 고정급이 없는 커미션 세일즈로 동정해서 사주는 사람 말고는 아무도 살 것 같지 않은 쓸모없는 물건을 파는 일이다. 그래서 그는 단념하고 집으로 돌아온다.

이제 그는 어디든 가볼 만한 곳이 없거니와 그렇다고 해서 집에서 그냥 놀고 있을 수도 없는 처량한 신세가 된다. 오로지 그는 끝없이 걸을 뿐이다. 가는 도중에 그와는 아무런 상관도 없는 호화로운 물건을 진열해둔 쇼윈도를 한숨 쉬면서 들여다보고 있다가 뒤에 온 사람에게 밀려 자리를 비켜준다. 그는 기차를 탈 것도 아닌데 역으로 들어가고, 책을 읽을 생각도 없으면서 도서관으로 간다. 거기 있는 벤치가 그의 목표인 것이다. 한동안 걸터앉아 피로한 다리를 쉬게 하지만 그렇게 앉아 있다고 해서 그에게 일자리가 들어오는 것은 아니라는 생각이 들어 다시 걷기 시작한다. 그가 깨닫고 있는지는 모르지만 그의 모습은 거기 있어도 이제 옛날의 그는 그곳에 없다. 또 일자리가 있었을 시절, 자주 입었던 근사한 옷을 입고 있다 해도 자신의 모습을 숨기지는 못할 것이다. 그는 절망을 감출 수가 없다.

그는 책방 점원이나 역원이나 운수업자나 공사장 인부들이 바쁘게 일하고 있는 모습을 진심으로 부러워하며 바라보고 있을 뿐이다. 자립심과 자존심과 인간다움이 가득 넘쳐 일을 하고 있는 사람에 비해 지금의 자기는 그 얼마나 초라하고 가련한가. 그는 다만 슬픔 속에서 시간을 보낸다. 그런 그가 운좋게도 다시 한번 일어선다 해도 그때까지는 긴 절망의 시간을 보내야 한다.

그에게 그토록 큰 타격을 주는 것은 바로 돈이다. 얼마 되지 않는 돈이지만 안정된 수입만 보장된다면 그는 다시 원래의 모습을 찾을 수 있을 것이다.

비판에 대한 공포

사람들이 언제부터 비판을 두려워하게 되었는지는 누구도 분명하게 밝힐 수 없다. 그러나 확실하게 말할 수 있는 것은 오늘날 이 비판에 대한 두려움은 사람들 마음속에 더욱 크게 자리잡고 있다는 것이다.

나는 비판에 대한 공포는 인간의 선천적인 습성이라고 생각한다. 이 습성은 친구의 행복을 파괴하는 것으로만 만족하지 않고 그를 파멸시킴으로써 자기를 정당화하려고 한다. 도둑이 오히려 도둑맞은 상대를 욕하는 것은 잘 알려져 있는 일이다. 도둑맞은 데다 더욱이 욕까지 얻어먹는다는 것은 참을 수 없는 일이다. 그러나 이것은 부정할 수 없는 현실이다. 정치가들이 자기의 장점이나 우수성을 강조하려고 하기 보다는, 상대편을 비난함으로써 자기를 변호하려는 일도 다반사로 일어나는 현실이다.

비판에 대한 공포를 능숙하게 이용하고 있는 것이 의류회사이다. 우리는 내내 그들의 먹이가 되어 왔다. 계절마다 새로운 소재, 새로운 스타일의 패션이 나오고 있으나 이 스타일을 결정하고 있는 사람은 도대체 누구인가? 그것은 회사측이지 결코 소비자는 아니다. 그런데 무엇 때문에 그렇게 빈번하게 스타일을 바꿀 필요가 있는 것일까? 대답은 간단하다. 스타일을 바꿈으로써 판매가 용이해 장사가 잘 되기 때문이다.

마찬가지 이유로 해서 자동차회사도 매년 모델 변경을 하고 있다. 그것은 누구나 최신형 차를 타고 싶어하기 때문이다.

남으로부터 비판을 받는 것이 두렵다는 이유 때문에 우리는 하찮은 일에도 신경을 쓰며 살고 있다.

비판받는 것을 두려워하는 마음은 사람들에게 주도권을 빼앗기고, 상상력이 파괴되고, 개성이 억압되며, 자존심이 짓밟혀 뭉개져 버린다. 비판은 그밖에도 수많은 해를 끼친다. 부모는 아무런 저의없이 비판함으로써 자식에게 얼마나 많은 상처를 주는지 반성해야 한다. 내가 어렸을 때, 어느 친구의 어머니가 매일 회초리로 그를 때리면서 이렇게 소리질렀다.

"스무 살도 되기 전에 넌 감방에 가고 말 거야!"

그런데 정말 그는 17세에 소년원에 보내졌다.

인간은 누구나 남을 비판하고 싶어하는 경향이 있다. 그러나 우리가 비판하는 데 가장 조심해야 할 사람은 가족이다. 잘 생각해 보지도 않고 무조건 비판을 가함으로써 아이들에게 열등감을 가지게 한다. 아무리 부모라 할지라도 이것은 용서받지 못할 일이다.

인간의 특성을 잘 알고 있는 경영자란 부하의 능력을 최대한으로 끌어올리는 것이다. 그것은 결코 비판하지 않고 건설적인 충고에 의해 이루어진다. 부모도 자식에 대해 이와 같은 진정한 리더쉽을 익혀야 한다. 비판은 인간의 마음에 공포나 증오를 심어주기는 해도 결코 사랑이나 인정을 심지는 못한다.

비판에 대한 공포는 가난에 대한 공포와 마찬가지로 매우 큰 것으로 사람들의 앞날에 있어서 승패의 문제가 되는 것이라 하겠다. 왜냐하면 이 공포는 주도권을 파괴하고 상상력을 소극적으로 만들기 때문이다.

이 공포의 대표적인 증후 7가지를 들어 본다.

1. 겁이 많음

일반적으로 신경질적이며, 더듬더듬 말을 하고, 사람 만나는 것을 무서워한다. 또한 손발의 떨림이 확실하게 나타난다.

2. 침착성 부족

목소리가 작으며 남의 앞에서는 특히 신경질적이고 기억이 명확하지 않고 또, 신체의 발달이 미흡한 경우가 있다.

3. 개성 미약

단호한 결단력이 결여되고 인간적인 매력이 부족하며 낭랑하게 자기 의견을 발표하지 못한다. 또 사물과 정면으로 맞붙지 않고 곧 도피처를 찾게 되며, 타인의 의견을 충분히 듣지 않거나 곧 동의해 버린다.

4. 열등감

열등감을 숨기려고 나오는 대로 함부로 말을 내뱉거나 책임없는 행동을 한다. 또 사람들의 주목을 끌기 위해 허풍을 떨거나 남의 옷차림, 이야기하는 방법, 동작 등을 쉽사리 흉내내려고 한다. 그리고 공상 속의 성공을 자랑하며 우월감을 유지하려고 한다.

5. 낭비

수입 이상의 돈을 써서 허세를 부리려고 한다.

6. 발언권의 결여

의견 발표 등을 두려워하여 자기 성장의 기회를 놓치고 만다. 자기 생각에 자신감을 가지지 못해 리더 등으로부터 질문을 받으면 언제나 회피하려고 하며 행동이나 이야기하는 방법에 있어서도 주저하거나 속임수가 보인다.

7. 큰 뜻의 결여

육체적·정신적으로 나태한 버릇이 있고 자기 주장을 하지 못하며, 결단이 늦고 주위 사람들로부터 금방 감화되어 버린다. 뒤에서 남을 비판하는 버릇이 있으나 겉으로는 비위를 잘 맞춘다. 남들에게 거부를 당하면 곧 좌절하여 아무런 저항도 하지 않고 패배를 인정해 버린다. 또 까닭없이 남을 의심하고 행동이나 말투에 기민성이 결여되어 있고 실패에 대한 책임을 회피하려고 한다.

병에 대한 공포

우리가 병을 무서워하는 커다란 이유는 죽음에 대한 관념적인 공포와 막대한 치료비에 대한 부담 때문이다. 또 우리는 병의 실체도 잘 모르면서 근거없는 추측이나 막연한 불안으로 인해 공포의 세계로 여기고 있다. 이러한 병에 대한 공포를 이용하는 장사가 소위 건강산업이다. 이것만큼 비논리적인 사업이 없으나 현실적으로는 매우 번창하고 있다.

어느 큰 병원의 조사에 의하면 치료받으러 오는 사람들의 75%가 히포콘드리(상상의 병)라고 한다. 즉 실제로는 병에 걸린 것이 아닌데 공포로 인해 마음속에 병이 생긴 것이다. 인간의 마음은 항상 힘이 넘쳐나고 건강해야 한다. 이 마음을 살리거나 죽이는 것은 우리 자신의 책임이다.

약 10년 전에 어떤 실험 결과, 부정적인 암시에 의해 건강한 사람을 진짜 병자로 만든다는 것이 증명되었다. 이 실험은 세 사람이 협력하여 실시되었다.

먼저 한 사람이 '희생자'를 방문하여 "도대체 어떻게 된 거예요? 얼굴빛이 아주 나쁘군요"하고 암시를 준다. 이 단계에서는 "뭐 별로 이상은 없는데요"하고 웃으며 희생자는 무관심한 대답을 한다. 두번째 사람이 방문해서는 똑같이 병에 대한 암시를 준다. 그러면 희생자는 "글세, 확실히 알지 못하지만 어쩐지 기분이 좋지 않아요"라는 대답을 한다. 세번째 찾아간 사람 역시 같은 암시를 하면 이번엔 분명하게 "네, 아픕니다"라는 대답이 나오게 된다. 그리고 그 사람은 실제로 그 증상을 나타냈다.

이것은 병이 부정적인 자기암시에 의해 초래된다는 결정적인 증거일 것이다. 우리는 남으로부터 주어진 암시나 자신이 만들어낸 자기암시에 의해 정말 병에 걸리는 일이 있다.

의사가 환자를 새로운 병실로 옮기게 하는 것도 환자의 '정신적 태도'를 바꾸려고 하는 것이다. 병에 대한 공포의 씨앗은 누구나 갖고 있는 것으로 불안, 공포, 낙담, 절망 등에 의해 씨앗은 싹이 트고 이 씨앗이 성장하게 되어 불행이 초래되는 것이다.

사업이나 사랑에서의 절망은 병에 대한 공포 원인 중에서도 최상의 위치에 놓여 있다. 사랑에 대한 절망으로 입원을 하게 된 젊은이가 있었다. 그 젊은이는 병원 침대에서 며칠 동안, 사경을 헤맸다. 어떤 약도 어떤 주사도 그에게는 효과가 없었다. 끝내는 심리요법 전문의를 불러오게 되었다. 이 전문의는 간호사를 젊고 아름다운 여성으로 바꾸고 그녀에게 환자를 보고 한눈에 반해 사랑하게 된 것처럼 연극을 하도록 지시했다.

그러자 그로부터 3주일도 안되어서 이 젊은이는 퇴원해도 좋을 상태로 회복이 되었다. 물론 완전히 회복된 것은 아니었다. 그것은 그 젊은이가 사랑의 열병이라는 다른 병을 가졌기 때문이다. 그 결과 새로운 사랑이 이루어졌다. 애초에는 치료 수단으로 사용되었던 연극이 진정한 사랑으로 바뀐 것이다. 드디어 그 젊은이는 간호사와 축복 속에 결혼식을 올리게 되고 병도 완전히 나았다.

다음은 병에 대한 공포의 대표적인 증후를 알아 보자.

1. 자기암시

온갖 종류의 질병의 증후를 찾아다님으로써 부정적인 자기암시를 걸려고 하는 나쁜 버릇이다. 상상 속에 병을 즐기는 버릇이 있으며, 그것을 사실처럼 이야기하고 싶어한다. 또 최근 유행되는 치료법이나 ○○식의 치료법이면 무엇이라도 해보자고 하는 버릇이 있다. 대화를 할 때는 수술·사고·병에 대한 화제를 좋아한다.

2. 히포콘드리(상상의 병)

병에 대해 이야기하고 싶어하거나 병에 걸리기를 바라다 끝내 신경성이 되어 버린다. 이것은 고치기가 어렵다. 이것은 부정적 사고의 습관의 결과로 생긴 것으로 긍정적 사고의 습관을 익히는 방법 외에는 없다. 히포콘드리는 실제로 병과 같은 고통을 가져온다. 소위 신경질적인 병의 태반은 상상에서 오는 것이라 한다.

3. 나태

병에 대한 공포는 실제로 병을 일으키는 것이다. 무슨 일에나 겁을 먹게 되고 외출을 싫어하므로 운동 부족으로 비만이 되는 일이 있다.

4. 감수성

병에 대한 공포가 자연적으로 갖추어져 있는 저항력을 약화시켜 병을 받아들이기 쉬운 조건을 만들어낸다. 또 이 공포는 가난에 대한 공포와도 관계가 되어 입원비나 약값만을 걱정하게 되고 묘지를 구입하려고 하거나 장례비를 저축하려고 하기도 한다.

5. 꾀병

마음의 힘은 무한하다. 상상으로 병을 날조하여 사람들의 동정을 사려고 한다. 이것은 일을 하지 않는 구실로도 흔히 쓰인다. 나태의 핑계로 병을 이용하고 또 큰 뜻 결여의 원인을 병탓으로 돌린다.

6. 무절제
술이나 마약으로 두통이나 신경통에서 도피하려고 하며 병의 근본적인 원인을 알아보려고 하지 않는다.

7. 불안
병을 연구하거나 약 광고를 수집하려고 한다.

실연에 대한 공포

남성에게 있어서 사랑의 상실에 대한 공포는 다른 남자의 연인을 가로채려고 하는 일부다처적인 본능에서 생겨나는 것이다. 또 남성은 어떤 여성과도 정다워지려고 하는 경향이 있는데 이것도 사랑을 잃는다는 것에 대한 공포에서 비롯되는 것이다.

질투는 누군가에게 빼앗기지 않을까 하는 불안에서 오는 것이다. 사랑을 잃는 데 대한 공포는 6가지의 기본적인 공포 중에서 특히 사람의 심신을 파괴하는 힘이 강한 것이다.

남성이 사랑을 잃는 것을 두려워하는 것은 석기시대부터의 전통이다. 먼 옛날에는 남성들은 여성을 완력으로 빼앗았다. 오늘날에도 이 습관은 계속되고 있는데, 다만 완력 대신에 유혹적인 말이나 아름다운 옷, 신형 자동차 등이 그 '미끼'로 쓰이고 있다. 이 남성의 습관은 문명의 여명기부터 오늘날까지 그 방법이 변했을 뿐, 본질적으로는 변한 것이 없다.

주의 깊게 분석해 보면 여성은 남성들보다 사랑을 잃는 데 대한 공포에 민감하다는 것을 알 수 있다. 여성은 경험에 의해 남성들이 일부다처적인 경향을 가지고 있다는 사실을 알고 있다. 그래서 남성을 완전히 신용하려고 하지 않는 것이다.

사랑을 잃는 데 대한 공포의 증후는 다음과 같은 것들이다.

1. 의심

아무런 근거도 없으면서 사랑하는 사람을 의심하는 나쁜 버릇, 즉 누구에게나 의심을 가져 남을 믿지 못한다.

2. 결점 찾기

연인이나 친구, 친척 등 만나는 사람은 누구든 그 결점을 찾으려는 나쁜 버릇이다.

3. 도박

애정을 돈으로 연결시켜 애인을 위해 도박이나 절도나 사기를 저질러서까지 돈을 벌려고 한다. 또 빚을 얻어서라도 애인에게 선물을 하여 체면을 유지하려고 한다. 이런 사람들은 불면증에 걸리기 쉽고, 신경질적이 되고, 인내력 및 자제력이 없어지고, 의지력이 약해지고, 감정이 산만해진다.

노령에 대한 공포

나이를 먹는다는 것, 늙는다는 것에 대한 두려움은 다음의 두 가지에서 온다. 하나는 노인이 되었을 때의 수입 걱정이고, 또 하나는 주위 사람들에게 귀찮은 존재가 되는 것에 대한 불안이다. 또 '저 세상에 가까이 간다'는 생각이 노령에 대한 공포를 일으키게 한다.

일반적으로 나이를 먹으면 몸이 약해진다는 것도 노령을 두려워하는 원인 중의 하나이다. 특히 성적 매력의 쇠퇴에 대한 걱정은 헤아릴 수 없는 그 무엇이 있다.

그러나 무엇보다도 노령을 두려워하는 가장 큰 원인은 노후 걱정이다. '양로원'이라는 말은 결코 기분 좋은 것은 아니다. 인생의 후반을 양로원에서 보내야 된다고 한다면 어둡고 쓸쓸한 일이다.

이러한 원인들과 같이 육체적·경제적인 것 외에 사회적으로도 자유가 없어질지 모른다는 걱정 때문에 노령에 대한 두려움을 갖는 것이다.

노령에 대한 공포의 증후를 몇 가지 들어본다.

1. 정신적인 노화

정신적으로 가장 원숙해져야 하는 40세 무렵부터 일찍이 노인 기분이 되어 사업면에서도 사기가 떨어진다. 이것은 열등감을 가져오게 되며 결과가 더욱 나빠진다.

2. 자기 연령에 대한 변명

40~50대가 되면 이미 노인이라고 정해 버리고 무슨 일에나 "이제 나이가 들어서"라고 변명을 하거나 새로운 것에 대한 도전을 피하게 된다. 사람은 40~50대가 되어서야 비로소 실수가 적어지고 현명해지기 때문에 오히려 그 나이가 된 것을 감사해야 한다.

3. 소극적 태도

언제나 자기 자신을 왜소하게 여기고 자신의 생각이나 상상력을 믿지 못한다.

4. 젊은이 흉내를 내는 것

야한 옷차림을 하거나 젊은 사람의 매너를 따르거나 하여 친구나 주위 사람들의 냉소를 산다.

죽음에 대한 공포

죽음에 대한 공포만큼 잔혹한 것은 없다. 죽음에 대한 공포는 사람들을 종교로 향한 광신으로까지 몰아넣는다. 그런데 일반적으로 미개인들은 종교심이 강해 문명인보다 죽음에 대한 공포가 적은듯하다. 인간은 몇천 년 전 옛날부터 자신은 언제, 어디서 죽을 것인가에 대하여 생각해 왔다. 우리는 도대체 어디서 왔다가 어디로 가는 것인가? 먼 옛날에는 이 문제에 대해 현대보다 훨씬 교묘하고 영악한 대답이 준비되어 있었다.

"나의 집회에 들어오시오. 그리고 나를 믿으시오. 그렇게 하면 이 세상을 떠날 때, 아무런 망설임 없이 천국으로 갈 수 있습니다."

나쁜 성직자들은 이렇게 말하여 사람들로부터 돈을 긁어 갔다.

우리 인생을 파괴하고 행복을 앗아가는 것은 죄의식이다. 인류가 태어났을 때부터 죄를 짊어지고 있다는 사상만큼 사회를 혼란시키고 있는 것은 없다. 종교가 천국으로 가는 길을 가로 치주지 않거나 지옥에 떨어지는 것으로부터 구원받는 방법을 가로치주지 않을 때 사람들의 공포는 극도에 이른다. 버림받은 사람들은 상상력을 높여 사후 세계를 두려워하는 것이다. 죽는 것이 움직일 수 없는 현실이면 사람들의 두려움은 한층 더해진다.

좀더 과학적으로 죽음을 생각해 볼 필요가 있다. 세계를 구성하고 있는 것은 에너지와 물질이다. 물리학에서는 물질도 에너지도 인간이 창조하거나 파괴하지 못하는 것으로 증명되어 있다. 물질과 에너지는 변화할 뿐이다.

"생명이란 무엇인가?"라는 질문에 대답해야 한다면 그것은 에너지라고 말할 수 있다. 에너지와 물질은 소멸하는 것이 아니므로 다른 모든 에너지와 마찬가지로 생명도 또한 소멸하지 않는다. 다만 다른 에너지로 변화할 뿐이다. 따라서 죽음이란 단순한 변화에 지나지 않는다.

죽음이 단순한 변화가 아니라고 할지라도 죽음은 평화스러운 영원한 잠임에는 틀림없다. 죽은 후에는 아무 일도 일어나지 않는다. 잠은 아무런 공포의 대상이 아니다. 죽음에 대한 공포는 무지가 원인이다.

다음은 죽음에 대한 공포의 증후를 살펴 보겠다.

1. 죽음에 대한 집착

이 경향은 노인들에게서 흔히 보는 일이나 젊은이 중에서도 인생을 열심히 살아가려고 하지 않고 죽음만을 생각하는 사람이 많이 있다. 이 원인은 생의 목표가 없는 것이 가장 큰 원인이며 열등감이 원인일 경우도 있다. 죽음에 대한 공포를 제거하는 방법은 남에게 봉사하려고 하는 소망을 가지는 일이다. 바쁜 사람은 죽음에 대해 생각하고 있을 틈이 없다.

2. 가난에 대한 공포
가난을 두려워할 뿐 아니라 자기가 죽음으로써 사랑하는 사람
의 생활이 어려워지는 것을 염려한다.

3. 병이나 광기
신체의 병은 마음의 병과 통하는 법이지만 사랑에 대한 절망이
나 종교적인 광신 등도 죽음에 대한 공포를 야기시킨다.

고민은 공포이다

고민은 공포를 가져오는 마음의 상태이다. 고민은 조금씩 그
러나 태산처럼 마음속에 쌓이는 것이다. 또한 고민은 교활하고
섬세하게 마음속을 차지해 간다. 고민은 인간의 논리적인 사고
를 혼란하게 하여 자신감과 의욕을 파괴해 버린다. 고민은 우유
부단함을 조장한다. 그리고 우유부단에 빠지면 결단이 늦어지
고 한 번 내린 결단도 쉽게 변경하게 된다.

우리에게 중요한 것은 '각오'이다. 각오는 위대한 결단이며 각
오를 한 사람은 불안감을 가지는 일이 없다. 나는 언젠가, 2시간

후면 전기의자에 앉게 될 사형수를 만난 적이 있다. 그때 다른 여덟 명의 사형수와도 만났으나 그가 가장 침착했었던 것으로 기억된다. 그는 아주 마음이 안정된 듯이 보여 두세 가지 질문을 할 수 있었다. "얼마 후면 영원한 잠에 들어가야만 하는데 마음이 어떻습니까?"라는 질문에 대해 그는 자신감에 넘친 웃음을 떠우며 이렇게 대답했다.

"죽을 때를 안다는 것은 매우 유쾌한 일입니다. 생각해 보세요. 나의 고민은 이제 얼마 있지 않아 모두 해결됩니다. 나의 생애는 고민의 연속이었어요. 그날그날의 식사도 만족하게 먹지 못하는 비참한 생활이었죠. 하지만 이제는 아무런 고민도 없어요. 나는 죽을 때를 알고부터 내내 기분이 상쾌합니다. 나의 운명을 받아들인 겁니다."

그는 이렇게 말하면서 앞에 놓인 3인분의 식사를 아무런 절망감도 느끼지 않는다는 듯이 즐겁게 먹어치웠다. 그에게 이런 심경을 가져다 준 것은 '각오'였던 것이다. 우리들은 각오함으로써 어떤 고난이라도 받아들일 수 있게 되는 것이다.

여섯 가지 공포는 우유부단과 결합하여 고민을 만들어 낸다. 그러나 우리는 각오를 함으로써 죽음에 대한 공포마저도 완전히 극복할 수 있게 된다. 가난에 대한 공포에 대해서도 마찬가지이다. 아무런 고민과 걱정없이 부를 구축한다는 각오를 세우면 된다. 세상이 어떻게 생각하든 무어라 말하든 그런 것에 상관하지 않고 오직 자기 신념에 따른다는 굳은 결의가 자기에게 쏟아지는 비판에 대한 공포를 없애준다.

노령에 대한 공포에 대해서도 마찬가지라고 하겠다. 노령을 핸디캡으로 받아들이지 않고, 젊은이에게서 찾아보기 힘든 경험, 현명함과 자제심, 이성을 가지고 있는 것으로 생각함으로써 노령의 공포에서 벗어날 수 있다. 병에 대해서도 그 증후를 잊어버리는 것으로 공포는 없어지며, 사랑에 대해서도 사랑이 없어도 살아갈 수 있다고 마음먹음으로써 공포는 없어진다.

세상을 살아감에 있어서 온갖 일을 경험하고 헤쳐나가야 하는데, 어떤 문제에 대해서도 공포는 아무런 소용이 없다는 사실을 깨닫는 것이 중요하다. 이 깨달음을 얻으면 마음의 평화와 안정을 가지게 되고 행복을 손에 넣게 될 것이다.

공포가 마음속에 쌓여가면 모든 지성이 파괴되어 버린다. 그뿐 아니라 그 파괴적인 사고가 주위 사람들에게도 전염되어 가족이나 친구들의 인생마저 파괴시켜 버린다.

파괴적인 사고

공포가 주위 사람들에게 전염되어 가는 상태는 그 주파민이나 휘의 위력민에서 방송국 안테나에서 발신된 전파가 라디오로 수신되는 것과 흡사하다.

부정적이고 파괴적인 사고를 뿌리고 다닌 사람은 반드시 그 보답을 받게 된다. 파괴적인 사고는 말로 하지 않아도 전염되는 것으로 그 보답은 예상보다 훨씬 크게 돌아온다. 파괴적인 사고를 뿌리고 다닌 사람이 그 보답으로 받는 것은 창조적 상상력의 저하이다. 또 파괴적인 사고는 사람들에게 혐오감을 주어 그들을 적으로 돌리며 스스로 파괴적인 인격을 쌓아올린다. 특히 중요한 것은 남의 인생마저 파괴해 버린다는 것이다.

아마 당신은 성공을 원하고 있을 것이다. 그렇다면 먼저 마음의 평화를 지녀야 한다. 불안을 제거하고, 공포를 없애고, 안정된 마음을 회복시키는 일이 무엇보다 중요하다. 그렇게 되면 소망은 차츰 분명해지고 성공이 다가오게 될 것이다. 이것으로 알 수 있듯이 성공으로의 출발점은 안정된 마음을 만드는 일이다.

따라서 당신 자신의 마음을 잔잔하게 하고 마음을 닦도록 노력하라. 당신은 자신의 마음을 조절할 수 있다. 또 당신의 운명을 결정하는 것은 당신 자신이다. 당신은 당신이 희망하는 대로의 인생을 구축할 수 있다. 당신은 성공자가 될 수도 있으며 패배자가 될 수도 있을 것이다.

파괴적인 사고를 허용하는 마음

여섯 가지 공포에 덧붙여서 사람들이 시달림을 받고 있는 또 하나의 악마를 소개할까 한다. 그것은 패배를 위한 준비를 진행시키고 있는 것으로, 너무도 교활하여 발견하기조차 어렵다. 그리고 그것 때문에 우리는 치명적인 타격을 받게 된다. 그것을 표현하는 적절한 말을 발견할 때까지 일단 '파괴적인 사고를 허용하는 마음'이라고 해두자.

막대한 부를 이루고자 하는 사람들은 항상 이 악마로부터 자신을 지키려고 노력하지만 가난하게 되어 가는 사람들은 곧 이 악마의 먹이가 되어 버린다. 어떤 분야라 해도 이 악마에게 승리를 양보해서는 안 된다.

당신도 여기서 '파괴적인 사고를 허용하는 마음'이 있는지 없는지 면밀하게 자기 분석을 해야 한다. 자기 분석을 경시하고 나아간다면 당신은 성공의 문 앞에 도달하지도 못하고 멈추게 될 것이다. 따라서 뒤에 나오는 '공포에 관한 자기 분석표'를 참조하여, 어둠속에서 바늘을 찾듯이 주의 깊게 그리고 원수와 싸움을 벌이고 있듯이 용기를 가지고 자기를 분석해 주었으면 한다.

비유를 하자면, 노상 강도로부터 자신을 지키는 것은 간단하다고 하겠다. 왜냐하면 '법'이 당신의 권리를 지켜주기 때문이다. 그러나 이 '일곱 번째의 악마'를 이기나가는 것은 쉬운 일이 아니다. 법은 이 악마로부터 당신을 지켜주지 않을 것이며 무엇보다도 이 악마는 당신이 잠자고 있을 때나 잠에서 깨어 있을 때나 상관하지 않고 당신 속으로 파고들어 올 것이다. 더구나 소리도 없고 모습도 보이지 않으므로 더욱 잡기가 어렵다.

이 악마는 당신의 마음 상태가 약한 틈을 타서 들어 온다. 그리고 모든 체험 안에 은밀히 숨어 침입하기 때문에 그 위험성은 표현할 수 없을 정도로 매우 크다. 어느 때는 가까운 친척의 달콤한 말을 통해 침입하는 경우도 있으며 또 어느 때는 자기 안에서 발생하는 일도 있다. 이 악마는 독소와 같아서 반드시 사람을 파멸로 몰아넣는 힘을 가지고 있다.

자기 자신을 방어하라

타인의 영향을 받은 것이든, 스스로가 만들어낸 것이든 파괴적인 사고를 허용하는 마음으로부터 자신을 지켜야 하는 것은 당신 자신이며 그것은 변할 수 없다. 이 악마에 대처하기 위해 알아두어야 할 것은 당신에게는 의지의 힘이 있다는 사실이다. 당신은 이 의지의 힘에 의해 자신의 마음속에 면역체를 구축해 두어야 한다.

인간은 누구나 자기 결점을 개선하려는 것에 대해서는 본질적으로 나태하고 냉담하고 관대하다는 것을 알아두어야 한다.

아마 당신도 예외는 아닐 것이다. 당신은 여섯 가지의 공포가 그다지 중요하지 않다고 생각할지 모른다. 그렇다면 더욱 굳건히 일어서 이 공포들과 싸울 태세를 갖추어 주기 바란다.

파괴적인 사고를 허용하는 마음은 당신의 잠재의식 중에 숨어 있으므로 그 발견이 어렵다. 그러므로 과감하게 모든 파괴적인 사고를 철저하게 마음속에서 내쫓아 버리는 작업을 개시해야 한다.

즉 집안에 있는 만일의 경우에 대비한 상비약까지도 모두 내다 버리는 심정으로 당신 마음속에서 내버려야 한다. 감기도 들지 않을 것이며 두통도 일어나지 않을 것이다. 따라서 두려워할 것도 없고 그런 것을 구비해둘 필요도 없다는 것이다. 모든 것을 적극적으로 또한 건설적으로 생각하도록 하여 불필요한 일로 고민하지 않는 강한 마음을 창조하도록 하자.

또 실패하는 것은 아닐까 하는 따위의 불행을 기대하는 생각도 깨끗이 버려야 한다. 인간의 보편적인 약점의 하나로써 아무런 의미도 없이 파괴적인 사고에 마음을 개방하는 버릇을 들수 있다. 인간에게 이 정도로 큰 손해를 입히는 약점은 없다. 그런데 자신이 이런 약점을 가지고 있는 것을 아는 사람은 극히 드물다. 우리가 이 약점을 알아차리는 것만으로도 큰 진보라고 하겠다.

공포에 관한 자기 분석표

다음에서 진정한 자기와 직면하고픈 용기를 가진 사람들을 위해 질문을 만들어 놓았다. 질문을 소리를 내어 읽고 대답을 분명히 해주기 바란다. 자기 목소리를 자기 귀로 들음으로써 자기가 정직한지 아닌지 판단할 수 있기 때문이다.

- 당신은 기분이 나쁘다고 호소하는 일이 자주 있는가? 만일 있다면 그 원인은 무엇인가?
- 하찮은 것이라도 남의 결점이 눈에 잘 뜨이는가?
- 자주 일에 잘못을 일으키는가? 만일 그렇다면 그 원인은 무엇인가?
- 당신의 말투는 비꼬거나 공격적이지 않는가?
- 남과 만나는 것이 귀찮지는 않는가? 만일 그렇다면 그 이유는 무엇인가?
- 위장 상태가 나쁘다고 생각되어 고민하는 일은 없는가? 만일 그렇다면 그 원인은 무엇인가?
- 인생이 허무하다고 생각되거나 장래 희망이 있을 수 없다고 생각되는 일은 없는가?
- 일하는 것이 싫어지는 적은 없는가? 만일 그렇다면 어떤 때에 싫어지는가?

- 자기가 불쌍하다고 생각되는 적이 있는가? 만일 있다면 어떤 경우인가?

- 라이벌에 질투를 느낄 때가 있는가?

- 성공에 대해 생각해 보고 실패에 대해 생각해 보았을 때, 그중 어느 쪽이 많다고 생각하는가?

- 나이가 들면서 자신감이 넘치는가 아니면 자신감이 없어지는가?

- 실패한 경험으로 어떤 가치있는 것을 배운 적이 있는가?

- 친척이나 친지에게 누를 끼친 일은 없는가? 만일 있다면 그것은 어떤 일인가?

- 마음이 약해지거나 의기소침한 일이 있는가?

- 당신에게 가장 큰 영향을 주고 있는 사람은 누구인가? 또 어떤 영향을 주고 있는가?

- 일부러 파괴적인 사고를 허용하는 일이 있는가?

- 외견상으로 부주의한 점이 있는가? 있다면 그것은 무엇인가?

- 자신을 바쁘게 함으로써 고민을 쫓아버리는 방법을 사용하고 있는가?

- 의뢰심을 가졌을 때, 자신을 우유부단한 약자라고 부를 수 있는가?

- 지금 무엇을 고민하고 있는가? 그렇다면 그것은 무엇인

가? 그리고 그것은 고민하면 해결이 된다고 생각하는가?

- 술이나 담배나 수면제로 고민을 해결하려고 한 적은 없는가?

- 누군가가 당신에게 잔소리하는 사람이 있는가? 있다면 무엇이 원인이라고 생각하는가?

- 당신은 명확한 최종 목표를 가지고 있는가? 가지고 있다면 그것은 어떤 목표인가? 또 어떤 구체적인 계획이 있는가?

- 여섯 가지 공포 중 어느 것을 두려워하고 있는가?

- 남에게서 파괴적인 영향을 받지 않도록 자신을 보호할 방법을 가지고 있는가?

- 자기암시의 힘을 사용하여 마음을 강하게 하려고 노력하고 있는가?

- 물질적인 재산과 사고를 컨트롤하는 능력 중 어느 쪽이 가치가 있다고 생각하는가?

- 남의 의견에 간단히 따르는 편인가?

- 당신의 지식 저장고에는 가치있는 정보가 많이 있는가?

- 불행에 맞설 용기가 있는가, 혹은 책임을 회피할 것인가?

- 실패나 결점을 냉정하고 끈기있게 분석할 수 있는가?

- 당신의 약점 3가지를 들 수 있는가? 또 어떻게 하면 그것을 개선할 수 있다고 생각하는가?

- 남의 동정을 구하기 위한 언동을 하는 일이 있는가?
- 일상 생활 가운데서 당신이 성장하는 데 소용이 되는 무엇인가를 받아들이고 있는가?
- 당신의 존재가 주변 사람들에게 부정적인 영향을 주고 있지는 않는가?
- 주변 사람들의 버릇 중에서 당신이 가장 싫어하는 것은 무엇인가?
- 당신은 자신의 생각, 자신의 의견을 가지고 있는가? 혹은 타인의 의견을 자신의 생각처럼 파는 일은 많지 않은가?
- 항상 마음을 평정하게 유지하려고 노력하고 있는가?
- 일에 신념과 희망을 가질 수 있는가?
- 공포를 이겨낸 정신력을 의식적으로 만들려고 하고 있는가?
- 종교는 당신에게 어떤 도움이 되는가?
- 남의 괴로움도 맡아 해결하려고 하는가? 만약 그렇다면 그 이유가 무엇인가?
- 당신의 친구들은 당신의 어떤 점에 매력을 느끼고 있다고 생각하는가?
- 가까운 사람으로 인해 불행하게 된 일은 없는가?
- 친한 사람이 결과적으로 당신의 다리를 끌어당기고 있는 일은 없는가?

- 당신은 유익한 사람과 유해한 사람을 어떤 기준으로 구별하고 있는가?
- 당신이 가장 친하게 지내는 사람은 정신적으로 당신보다 위인가, 아래인가?
- 다음 사항에 대해 하루 어느 정도의 시간을 할애한다고 생각하는가?
  - 일
  - 수면
  - 놀이와 휴식
  - 유익한 지식의 수집
  - 낭비
- 주위에 다음에 해당되는 사람이 있는가?
  - 당신에게 용기를 주는 사람
  - 당신이 가장 경계하고 있는 사람
  - 항상 당신을 견제하는 사람
- 당신이 지금 직면하고 있는 가장 큰 문제는 무엇인가?
- 남으로부터 적절한 충고나 조언을 들었을 때, 솔직하게 그것을 받아들일 수 있는가?
- 당신의 최대의 소망은 무엇인가? 그것 때문에 다른 모든 즐거움을 희생시킬 각오가 있는가? 또 그 소망 달성을 위해 하루에 얼마만큼의 시간을 이용하고 있는가?

- 당신은 자주 마음이 변하는 편인가? 그렇다면 그 원인은 무엇이라고 생각하는가?
- 당신은 무슨 일이든 끝까지 관철하는가?
- 당신은 직위나 학력이나 근무처 등으로 사람을 평가하는 편인가?
- 다른 사람이 당신을 어떻게 생각하고 있는지 무척 신경이 쓰이는 편인가?
- 사회적인 지위가 높다거나 돈이 많다거나 하는 이유로 그 사람에게 접근하려고 한 적이 있는가?
- 당신이 가장 위대하다고 생각하는 실재의 인물은 누구인가? 그 사람은 당신보다 어떤 점이 뛰어나다고 생각하는가?
- 지금까지의 질문을 분석하여 정확하게 대답하는 데 몇 시간이 걸렸는가?

지금까지의 질문에 정확하게 대답했다면 당신은 누구보다 자신을 가장 잘 아는 사람이다. 매주마다 한 번씩 진지하게 이 질문을 읽고 대답하기 바란다. 이렇게 몇 개월 동안 계속하게 되면 이 질문이 얼마만한 가치를 만들어내는지 체험으로 알게 될 것이다. 질문 중에 대답하기 어려운 것이 있으면 솔직한 제삼자의 도움을 받는 것이 좋을 것이다. 이때의 제삼자는 반드시 당신

에게 좋은 말만하지 않고 객관적으로 말해 줄 수 있는 사람을
선택해야 한다.

오늘이란 테두리 안에 살라

1871년 봄, 한 젊은 청년이 어떤 책을 읽다가 대단히 마음
에 드는 구절을 발견했는데, 이 글을 읽은 것이 그 청년의 장래
에 큰 영향을 주게 되었다.

그는 의사시험에 합격할 수 있을까, 합격한다면 무엇을 할
것이며 어디로 갈 것인가, 어떠한 방법으로 개업하고 장차 어떻
게 살아나가야 할 것인가에 대해 고민하고 있었다. 그러던 중 우
연히 읽은 책의 한 구절이 그를 당대의 가장 유명한 의사로 만
든 것이다.

그는 세계적인 명문인 존스 홉킨스 의과대학을 창립하였고,
영국의 의사로서 최대의 영예인 옥스포드 대학 명예교수가 되었
다. 그는 영국 왕으로부터 훈관(勳官)을 제수받았고, 사망한 후에
는 1,500페이지에 달하는 두 권의 전기가 간행되었다.

그의 이름은 윌리엄 오슬러이다. 그가 1871년에 읽은 책은
카라일의 글로써 그로 인하여 그는 일생 동안 고민으로부터 해
방되었던 것이다.

"우리들의 중대한 임무는 멀리 있는 희미한 사물을 보는 것이 아니고, 뚜렷하게 자신 가까이에 있는 것을 몸소 실행하는 데에 있다."

이 글이 바로 그 구절이다.

그로부터 42년 후, 교정에 튤립이 만발한 어느 봄날 저녁, 윌리엄 오슬러는 예일 대학 학생들에게 강연을 했다. 그는 4개 대학의 교수였고, 평판이 높은 책을 저술했다는 점에서 특수한 머리를 가진 사람처럼 생각되고 있지만 그것은 잘못된 생각이다. 그의 친구는 그가 '가장 평범한 두뇌의 소유자'라는 사실을 스스로 잘 알고 있다고 말했다. 그렇다면 그의 성공 비결은 무엇이었을까?

오슬러는 예일 대학에서 연설하기 두서너 달 전에 큰 기선을 타고 영국에서 대서양을 건너 미국에 왔는데, 그 배는 선장이 버튼 하나만 누르면 즉시 기계가 움직이고 배의 각 부분이 차례로 닫혀져 방수실(防水室)로 변하는 것이었다. 오슬러는 삶을 그 배에 비유하면서 예일 대학 학생들에게 다음과 같이 말했다.

"지금 여러분은 여객선보다 훨씬 훌륭한 조직체이며, 보다 긴 항해를 해야 할 존재입니다. 내가 권하고 싶은 것은 여러분의 항해를 편안히 하는 방법으로, 반드시 오늘이란 구획을 정하여 살도록 기계를 조정하는 것을 배우라는 것입니다. 선교(船橋)에

올라가 보면, 배를 움직이는 기관이 잘 정돈되어 있음을 알 수 있을 것입니다. 버튼을 눌러 보십시오. 여러분의 인생은 모든 평면에서 과거를 닫게 되고, 이미 소용없는 어제를 닫아버릴 철문의 소리가 들릴 것입니다. 또 하나의 버튼을 누르십시오. 그것은 미래, 다가오지 않은 내일을 금속 커튼으로 닫아버릴 것입니다. 그래야만 비로소 여러분의 오늘이 안전한 것입니다. …… 과거를 폐쇄하십시오. 지나간 일로써 과거를 매장하십시오. …… 내일의 길은 가장 강한 사람까지도 무릎을 꿇게 합니다. 미래까지도 과거와 같이 튼튼하게 닫아버리십시오. …… 또한 정력의 낭비, 정신적 고민 이러한 것은 미래의 일에 사로잡히는 사람들의 발 밑에 달라붙게 마련입니다. 그러므로 앞뒤의 큰 칸막이를 닫아버리고 확실하게 오늘이란 테두리 안의 생활을 습관화하도록 해야 합니다."

오슬러는 우리가 내일의 준비에 대해 어떠한 노력도 할 필요가 없다고 설명한 것일까? 결코 그렇지 않다. 그는 내일을 위한 최선의 준비 방법은, 오늘 일을 오늘 해치우기 위해서 모든 지성, 모든 정열을 모으는 것이라고 얘기했다. 그것이 바로 내일을 위해 준비할 수 있는 유일한 방법인 것이다. 그리고 현재의 삶을 누리는 것, 이것이 바로 그의 성공철학이었던 것이다.

옛날에 어느 가난한 철학자가 돌이 많은 마을을 서성거리고 있었다. 거기는 생활이 곤란한 마을이었다. 어느 날 언덕 위에서 군중이 그의 주위에 모였다. 그리고 그는 항상 즐겨 인용하던 다음과 같은 교훈을 말했다.

"너희는 내일 일을 고민하지 말라. 내일 일은 내일 가서 고민하라. 하루의 노고는 그날로써 충분하다."

그렇지만 많은 사람들은 "내일 일을 고민하지 말라"라고 한 그의 말을 거부했다. 그들은 이 말이 실행 불가능한 이상적인 생각이라고 여겼고, 이렇게 말하는 사람도 있었다.

"나는 내일 일을 생각하지 않으면 안 됩니다. 가족을 보호하기 위해 보험에 들어야 하고 노후에 대비해서 저금해 두어야 합니다. 출세하기 위해 장래를 계획하고 준비해 두어야만 하지 않겠습니까?"

물론 그래야만 할 것이다. 그러나 그 철학자가 말하고자 한 것은 내일을 생각하지 말라는 것이 아니라 내일에의 불안을 갖지 말라는 것이었다. 다시 말해서 미리 내일 일을 용의주도하게 생각하고 준비하고 계획해야 하지만 이에 대해 불안을 가져서는 안 된다는 것이다.

제2차 세계대전 중 미군의 모든 지도자는 내일을 위해 계획을 세웠다. 그러나 불안을 품을 여유는 없었다. 그 당시 미국 해군을 지휘하고 있었던 어네스트 J. 킹 제독은 이런 말을 했다.

"나는 가장 뛰어난 군대에 최상의 장비를 공급했습니다. 그리고 가장 현명하다고 생각되는 사명을 그들에게 주었습니다. 그것이 내가 할 수 있었던 모든 것입니다."

그는 계속해서 이렇게 말했다.

"군함이 격침되었을 경우 그것을 끌어올리는 것은 불가능한 일입니다. 또 배가 침몰하려 할 때 그것을 막을 수는 없습니다. 이와 마찬가지로 어제 일어난 일로 고민하는 것보다는 내일의 문제에 대해서 생각하는 것이 훨씬 보람 있는 시간의 활용법인 것입니다. 게다가 지나간 일에 언제까지나 사로잡혀 있어서는 도저히 몸의 건강을 유지할 수 없습니다."

모래시계가 준 교훈

어느 때를 막론하고, 좋은 생각과 나쁜 생각은 뚜렷한 차이점을 가지고 있다. 구체적으로 말하자면 좋은 생각은 원인과 결과를 다루며, 논리적이고 건설적인 계획과 통한다. 반면에 나쁜 생각은 가끔 긴장과 신경쇠약을 초래하기 일쑤이다.

최근에 나는 세계에서 가장 이름 있는 신문의 하나인《뉴욕타임즈》의 발행인 아더 헤즈 슐즈바쟈와 회견을 한 적이 있다. 그때 그는 이런 말을 했었다.

"나는 제2차 세계대전의 전화가 유럽을 덮었을 때, 너무 놀라서 앞날에 대한 불안감을 가진 나머지 불면증에 시달렸습니다. 그래서 밤중에도 일어나서 불안을 물리치기 위해 화폭에 그림을 그렸습니다. 그러다가 어느 날 찬송가의 노랫말 속에서 마음의 평화를 찾게 되었습니다."

그가 찾은 찬송가의 일부를 소개하면 다음과 같다.

끝없이 영묘한 빛이어 ……
가는 곳마다 감싸주심을 비옵니다.
주여, 나의 약한 다리를 보살피시어
한 걸음 한 걸음 갈 길을 인도하옵소서.

거의 같은 무렵, 유럽 어디선가 종군중이던 댄 벤저민이라는 청년도 전쟁에 의해 극도의 피로병에 걸려 있었다. 그는 그때의 상황을 다음과 같이 쓰고 있다.

1945년 4월, 나는 극심한 오뇌 끝에 경련성 횡단결장(痙攣性 橫斷結腸)이라 불리는 심한 통증에 시달렸다. 만일 그 무렵에 전쟁이 끝나지 않았더라면, 나는 완전한 육체적 페인이 되었을 것이다. 나는 지칠 대로 지쳤었다. 나는 보병 16사단 소속의 전상병(戰傷病) 기록계의 하사관이었는데, 전사한 사람, 행방불명된 사람, 병원에 후송된 사람들을 기록하는 것이 임무였다. 또 적이나 아군을 불문하고 서둘러 대충 매장해 버렸던 전사한 병사들의 시체를 다시 파내는 일도 거들어야만 했다. 나는 전사자들이 남기고 간 소지품을 모아, 이것에 틀림없이 깊은 애착을 느낄 유가족에게 보내지 않으면 되었다. 그래서 이 유품들이 서로 뒤바뀌는 잘못이 없도록 각별한 주의를 해야 했다.

나는 무사히 살아 돌아가서 아직 본 일도 없는 생후 16개월 된 내 아이를 팔에 안을 수 있을까 걱정했다. 그로 인해 체중이 34파운드나 줄었다. 나는 고민 끝에 반미치광이 상태가 되고 말았다. 폐인이 되어 귀국하게 되지나 않을까 두렵기 그지 없었다. 그리고 기진맥진하여 늘 아이처럼 흐느껴 울었다. 마음이 약해져서 혼자 있을 때는 눈물이 나왔다. 이제 두 번 다시 전과 같은 건강한 인간이 되지 못하는 게 아닐까 두려웠다.

그런데 그 불안이 군의 진료소에서 감쪽같이 사라졌다. 어느 군의관의 말이 그의 일생의 전기(轉機)가 된 것이다. 군의관은 정중하게 그를 진찰한 후, 그의 병은 정신적인 것이라고 단언하며 이렇게 충고했다.

"댄, 군생활을 모래시계라고 생각하는 거야. 모래시계의 맨 위에는 아주 많은 모래가 있어. 그것이 천천히 일정한 사이를 두고 중앙에 있는 좁은 곳을 통과하지. 한 알 이상을 통과시키려고 하면 그것은 고장나고 말아. 우리는 이 모래시계와 같은 것이야. 아침에 우리는 그날 중에 해버리지 않으면 안 될 일이 산더미처럼 쌓여 있는 것으로 생각하곤 하지. 그러나 우리가 그것을 한 번에 한 개씩 천천히 차례를 두고 해나가지 않으면 마치 모래시계가 고장 나듯이 우리의 육체도 파괴되고 말 거야."

그는 군의관으로부터 이 잊지 못할 말을 들은 날부터 줄곧 그 철학을 실시하고 있다. '한 번에 한 알의 모래 …… 한 번에 한 가지의 일'이라는 충고 덕분에 그는 전쟁 중에도 정신적·육체적인 구원을 받았으며, 현재 인쇄회사의 광고부장으로 일하는 데도 큰 도움이 되고 있다.

지금도 그는 전장에서처럼 많은 일에 쫓기고 시간이 없다. 재고품 부족·신기술 도입·거래처 명부의 개정·지점의 개폐 등. 그러나 그는 조급하게 서두르지 않는다. 그 군의관의 말, '한 번에 한 알의 모래, 한 번에 한 가지의 일'을 항상 명심하고 있기 때문이다. 그는 이것을 끊임없이 되풀이함으로써, 싸움터에서 혼란으로부터 해방되었고, 산뜻하게 일을 해치우고 있는 것이다.

오늘을 사는 의미

현대인의 생활에 대한 가장 놀라운 비판의 하나는 병원 침대의 절반이 축적된 과거와 불안스러운 미래라는 무거운 짐에 억눌려 신경적·정신적 장애를 앓고 있는 사람들에 의해 채워지고 있다는 것이다. 그러나 만일 이들이 "내일 일을 생각하며 괴로워하지 말라"고 한 어느 철학자의 말이나, 오슬러의 "오늘을 살라"라고 한 말에 귀를 기울였다면 오늘날 행복하고 유익한 생활을 보낼 수가 있었을 것이다.

우리는 두 가지의 영원이 서로 만난 순간에 서 있다. 즉 영원을 지속시켜 온 거대한 과거와 이미 작정된 때의 최후의 음절까지 꿰뚫고 나갈 미래 사이에 위치하고 있는 것이다. 그러나 우리는 이들 영원의 어느 쪽에서도 살 수가 없다. 한 순간이라도 그럴 수는 없는 것이다. 만일 그렇게 하려다가는 육체도 정신도 파괴되고 만다. 그러므로 우리는 살 수 있는 유일한 때만으로 만족하자는 것이다. 지금부터 잠들 때까지.

로버트 루이스 스티븐슨은 어느 글 가운데서 이런 말을 했다.

"아무리 무거운 짐이라도 밤까지는 운반할 수 있다. 아무리 어려운 일이라도 하루 동안이면 할 수 있다. 누구든지 즐겁고 참을성 있게 생활할 수는 있다. ——— 해가 지기까지는. 그리고 이것이야말로 인생이 참으로 뜻하는 모든 것이다."

그렇다. 그것이 인생이 우리에게 요구하는 전부인 것이다. 미시간 주에 사는 쉐일드 부인은 자살 직전에 이 사실을 깨닫게 되었다. 그녀는 나에게 말했다.

"나는 1937년에 남편을 잃었습니다. 나는 절망했습니다. 더욱이 수중에는 돈 한푼 없었답니다. 그래서 전에 근무하고 있던 회사에 부탁하여 복직하였습니다. 나는 계약금만 마련해서 중고

차를 산 뒤 각 지방의 학교에 책을 팔러 다녔습니다. 그러나 혼자서 차를 몰고, 혼자서 식사를 한다는 것은 여간 고통스러운 일이 아니었습니다. 그 무렵 시골은 그다지 장사가 되지 않았고, 많지는 않았지만 자동차의 월부금 치르는 데도 너무 힘이 들어서 죽을 지경이었습니다.

1938년 봄에 나는 미주리 주 바사일즈 근방에서 일하고 있었는데, 대부분의 학교는 가난한 데다가 도로마저 험했습니다. 나는 고독과 절망 끝에 자살하려고 결심한 적도 있었습니다. 성공은 불가능했고, 삶의 목적도 없었습니다. 나는 매일 아침 나다니며 삶에 직면한다는 것이 두려웠던 것입니다. 자동차의 월부금을 치르지 못하게 되지나 않을까, 집세를 치르지 못할까, 밥값에도 곤란을 받지나 않을까, 점점 몸이 쇠약해지는 것 같은데 의사의 진찰 비용은 어떻게 마련할 것인가? 이것저것 모든 게 걱정거리었습니다. 내가 자살을 단행하지 못했던 이유는 만일 내가 죽으면 동생이 느끼게 될 슬픔과 나의 장례 비용 때문이었습니다. 그런데 어느 날 우연히 책 속의 한 구절로 말미암아 실의에서 구제되고, 살아갈 용기를 얻게 되었습니다. 나는 언제까지나 그 문구(文句)에 감사하고 있습니다."

그녀에게 삶의 희망과 용기를 불어넣은 문구는 무엇이었을까? 그것은 "현명한 인간에게는 하루하루가 새로운 생활이다"라는 말이었다. 그녀는 이 구절을 언제나 볼 수 있도록 차의 창문에다 붙여 두었다. 그녀는 어쨌든 하루하루를 살아간다는 것이 그렇게 어려운 일이 아니라는 것을 알게 되었고, 지난 일을 잊고 내일 일을 생각하지 않도록 하는 방법을 배웠다. 매일 아침 그녀는 "오늘도 새로운 인생이다"라고 혼잣말을 했다.

이렇게 그녀는 고독의 공포와 결핍의 공포를 극복하는 데 성공했다. 지금 그녀는 행복하고 제법 성공도 했다. 또한 인생에 대해서도 정열과 애정을 느끼고 있다. 그녀는 이런 말로 대화의 매듭을 지었다.

"나는 앞으로의 생활이 어떻게 되든지 두 번 다시 겁내지 않을 것입니다. 이제는 내일을 걱정할 필요도 없는 것입니다. 나는 '한 번에 하루만 산다' 그리고 '현명한 사람에겐 하루하루가 새로운 인생이다'라는 것을 알게 되었습니다."

내일, 내일은 늦으리

이 시를 쓴 사람은 누구일까?

행복하리로다, 홀로 있으면서도
오늘을 내 것이라고 말한 사람은
마음 편히 그렇게 말한 사람은

내일은 최악의 것일지라도
오늘의 삶을 내가 누리었나니.

　이 시는 근대의 것으로 생각되지만, 로마의 시인 호라티우스
가 쓴 것이다.
　인간의 속성 가운데 가장 비극적인 것의 하나는 우리 자신
의 생활에서 도피하려고 드는 일이다. 우리는 대부분 지평선 저
쪽 마법의 장미꽃밭을 꿈꾸면서도 오늘 자기 창 밖에 피어 있는
장미꽃은 거들떠보려 하지 않는다.
　그렇다면 왜 우리는 이토록 현명하지 못할까? 비극적인 바보
이기 때문일까?
　스티븐 리코크는 그의 저서에서 다음과 같이 말했다.
　"우리들 인생의 움직임은 실로 기묘하다. 어린 아이들은 '내
가 큰다면'이라고 말한다. 큰 소년은 '어른이 된다면'이라고 말한
다. 그리고 어른이 되면 '이제 결혼만 한다면'이라고 말한다. 그러
나 결혼했다고 해서 어떻게 된다는 것인가? 다음에는 '은퇴하게
된다면'이라는 말을 꺼내기 시작한다. 그러다가 결국 은퇴할 무
렵이 되면 지나간 자신의 모습을 되돌아본다. 차가운 바람이 주
위를 스쳐간 것이다. 그가 '인생이란 그날 그때의 이윤을 살아가
는 것이다'라고 뉘우친 때는 이미 늦은 것이다."
　디트로이트의 에드워드 S. 에번스는 고민 때문에 죽을 뻔했

지만 '인생이란 그날 그때의 이음을 살아가는 것이다'는 것을 깨닫고 구제된 사람이다. 원래 가난한 집에서 태어난 그는 신문배달원에서 잡화상의 점원이 되고, 그 뒤 도서관원 조수가 되어 7명의 가족을 부양했다. 월급은 적었지만 그만둘 수는 없었다. 8년 후에야 그는 가까스로 독립할 기회를 얻게 되었다.

　그는 독립을 하게 되자, 55달러의 빚을 자본으로 해서 연수입 2만 2천 달러의 사업을 이루었다. 그런데 그때 불경기가 닥쳤다. 그는 친구를 위해 거액의 어음에 보증을 서 주었는데, 그 친구가 그만 파산하고 말았다. 그가 가진 모든 돈을 맡겨 둔 은행이 망하고만 것이다. 그는 가지고 있는 돈을 전부 잃었을 뿐만 아니라, 1만 6천 달러의 빚을 지게 되었다. 완전히 기진맥진한 상태에 이르렀다.

　그는 극도의 고민 때문에 잠도 안 오고 식욕도 떨어졌다. 그러다가 어느 날 거리에서 정신을 잃고 쓰러지더니 자리에 눕게 되었다. 온몸이 끓는 듯한 열과 심한 통증으로 너무 견디기 어려웠다. 날로 쇠약해 갔다. 의사는 그가 앞으로 2주일을 넘기기 어렵다고 선고했다. 그는 눈앞이 캄캄했다. 유언장을 쓰고나서 병상에서 죽음이 다가오는 것을 기다릴 뿐이었다.

　이제 아무리 발버둥쳐도 소용없다는 체념이 들어 마음을 진정시키고 잠을 청했다. 그동안 두 시간 이상을 자본 적이 없었는데, 이승의 괴로움이 끝나려고 할 때, 갓난아이처럼 푹 잤던 것이다. 그런데 어찌된 일인지 그후 그의 견딜 수 없는 피로감은 사라지기 시작했으며, 식욕도 나고 체중도 늘어갔다.

2~3주일 뒤엔 지팡이를 짚고 걷게 되었고, 6주 후에는 일을 할 수 있게 되었다. 그는 1년에 2만 달러 가량 벌게 되었고 자진해서 주급 30달러의 일을 맡았다. 그가 하는 일은 자동차를 배에 실을 때 차바퀴 뒤에 놓는 받침대를 파는 일이었다. 그는 어떤 도를 깨달았다. 그에게는 이제 고민이 없어졌다. 과거에 있었던 일에도 후회하지 않고, 앞날을 두려워하지도 않게 되었다. 그는 자신의 시간·에너지·정열의 모든 것을 이 받침대 파는 일에 집중할 수가 있었다.

그는 눈부시게 향상했다. 그리고 수년 후에는 에번스 프로덕트 컴퍼니의 사장이 되었다. 그 회사의 주식은 뉴욕 증권거래소에 상장되었고, 그린랜드에는 그의 이름을 딴 비행장도 생겼다. 두말할 것도 없이 그의 성공은 그가 '오늘에 산다'는 것을 체득한 덕분인 것이다.

이 이야기와 관련하여 프랑스의 철학자 몽테뉴가 한 말은 시사하는 바가 크다.

"나의 생애는 무서운 불행에 차 있는 것처럼 생각되었지만 그 대부분은 걸코 일어나지 않았다."

인생은 놀라운 스피드로 지나가 버린다. 우리들은 매초 19마일의 속도로 공간을 질주해 간다. 오늘이란 것은 우리의 가장 귀중한 소유물인 것이다. 그것은 우리에게 허락된 최고의 소유물임에 틀림없다. 오늘이란 날은 두 번 다시 오지 않는다는 사실을 잊지 말라.

이 사실을 잊지 않기 위해, 로웰 토마스는 그의 방송실 벽에 다음과 같은 시편의 한 구절이 적혀 있는 액자를 걸어놓았다.

오늘은 주께서 창조하신 것
우리들은 즐거이 그 속에 살리라

또 존 러스킨은 책상 위에 오늘이란 단어를 새겨놓은 한 개의 돌을 놓아 두었다. 나는 윌리엄 오슬러가 항상 책상 위에 놓아 두었던 인도의 희곡작가 카리다사의 시를, 매일 아침 면도할 때 볼 수 있도록 거울에 붙여 두었다.

이날을 보라. 여명이 밝아오는 아침
이날이야말로 솟구치는 생명의 날
오늘의 짧은 항로 안에
그대 존재의 모든 진실과 현실들이 담겨 있나니
성장의 환희
행동의 영광
성공의 화려

어제는 꿈에 지나지 않고

내일 또한 환상에 지나지 않는다

그러나 충실하게 지낸 오늘은

어제도 행복한 꿈이라 생각하고

내일은 희망에 찬 환상이라

그대여 이날을 기억하라

이것이야말로 여명에의 인사이다

이상과 같이 인생으로부터 고민을 몰아내고 싶으면, 오슬러 박사가 실행한 대로 행동해 보라. 즉 과거와 미래를 두텁게 닫아 버리고 오늘이라는 테두리 안에서 살라. 그리고 다음과 같은 자문자답을 적어 보면 좋을 것이다.

- 나는 장래를 걱정하거나, 먼 저편의 마법의 장미화원을 동경한 나머지 현실을 도피하려 하지 않는가.
- 나는 과거에 일어난 일을 후회함으로써, 현재를 괴롭게 하고 있지는 않는가.
- 매일 아침 일어났을 때 "오늘을 체크하자, 오늘이란 시간을 최대한도로 활용하자!"고 결심하고 있는가.
- 오늘에 산다는 것으로써 인생으로부터 보다 많은 보람을 거둘 수 있겠는가.

- 이것을 언제부터 시작할까? 내주? …… 내일? …… 오늘?

마음속의 재산

단 한 가지를 빼고는 세상 모든 것이 자연의 법칙에 의해 지배되고 있다. 그 한 가지란 인간의 사고를 말한다. 우리 인류가 알고 있는 사실 중에서 이 이상 중요한 것은 없을 것이다. 우리가 조정해야 하는 것 중 가장 중요한 것은 '사고'이다. 사고 중에는 예지(豫知)능력도 포함되어 있다. 이 예지 능력이라는 특권을 사용함으로써 우리는 자신의 운명을 결정할 수 있다.

만일 당신이 자기 마음을 조정하지 못한다면 당신은 세상에서 무엇 하나 조정하지 못할 것이다. 만약 당신이 이것을 조정할 수만 있다면 비록 당신이 재산이 적은 사람이라고 할지라도 무엇 하나 걱정할 것이 없다. 진실로 가치 있는 재산은 당신 마음속에 있다. 당신이 그 마음속의 재산을 사용할 때 주의해야 할 것은 반드시 그 재산을 가치 있는 것에 투자해야 한다는 것이다. 조금이라도 필요없는 곳에 버리지 않도록 할 일이다. 그 사용 방법을 조절하기 위해 당신에게는 의지의 힘이라는 것이 마련되어 있다.

우리는 법률에 의해 파괴적인 사고로부터 보호되어야 한다.

파괴적인 영향을 확산시키는 사람은 법에 의해 다스려야 할 성질의 것이다. 그러나 지금은 자기가 자기를 지키는 도리밖에 없다.

파괴적인 사고를 가진 사람들은 인간의 소리를 기록하거나 재생시키는 기계를 만들 수 없다고 토머스 에디슨을 설득하려 했다. 그때 그들이 들고나온 근거는 "지금까지 어느 누구도 그런 기계를 만든 사람이 없다"라는 것이었다. 그러나 에디슨은 그들의 말에 영향을 받지 않았다. 그는 인간이 마음속에서 상상하고 믿고 있는 것은 반드시 실현될 수 있다는 진실을 믿고 있었고 또, 그가 무지하지 않았기 때문이다.

파괴적인 사고를 가진 사람들은 F. W. 울워스를 향해 10센트 균일가 상점은 반드시 실패할 것이라고 예언했으나, 그는 신념과 이론에 근거를 둔 명확한 계획은 반드시 성공한다는 것을 믿고 있었기 때문에 결국 10억 달러 이상의 부를 이룩했다.

헨리 포드가 처음으로 자동차를 디트로이트의 대로에서 시운전하려고 했을 때, 사람들은 냉소를 보냈다. 어떤 사람은 그런 것이 실용화될 리 없다고 했으며 또, 어떤 사람은 그런 것에 돈을 댄 사람은 아무도 없을 것이라고 장담했다. 그러나 포드는 "이 자동차는 가까운 장래에 지구 전체를 매우게 될 것이다"라고 단언했다. 그리고 현실은 포드의 말과 같이 되었다.

부를 진지하게 바라는 사람들을 위해 이것만은 말해 두고 싶다. 헨리 포드와 사람들과의 차이는 포드에게는 마음을 조정하는 의지의 힘이 있는데 반해 그들에게는 무엇이나 비판하려고 하는 불만만이 있었다는 것이다. 물론 그들에게 의지의 힘이 없었다는 것은 말할 것도 없다.

의지의 힘을 써서 마음을 조정할 수 있느냐 없느냐는 자기 훈련과 습관에 의해 결정된다. 당신이 마음을 지배하느냐, 마음이 당신을 지배하느냐 하는 것 중의 한쪽인 것이다. 여기에는 어떠한 타협도 없다.

자기 훈련의 가장 구체적인 방법은 목표를 향한 확실한 계획을 세우고 그것에 몰두하는 것이다. 즉 자신의 목표를 향해 매진하는 그런 사람으로 육성하는 것이다. 저명한 성공자의 전기를 분석해보면 그들은 반드시 자신을 목표에 몰두시켰다는 사실을 발견하게 된다. 자신의 마음을 지배하려면 명확하고 가치있는 목표를 가지는 일이 절대 필요하다.

변명 리스트

성공을 못하는 사람들에게는 공통점이 한 가지 있다. 그것은 자신이 실패한 이유를 잘 알고 있으며 그것에 대한 완전한 핑계거리를 가지고 있다는 것이다. 그들의 핑계는 논리적이어서 거의가 그것이 맞다고 생각되는 것들뿐이다. 그러나 중요한 것은 그들이 아무리 교묘하게 핑계를 댄다고 해도 그것으로 행복해질 수도 없으며 부를 이루지도 못한다는 사실이다. 정말 중요한 것은 성공을 하고 싶은가, 하기 싫은가를 분명하게 하는 것이다.

어느 정신분석의 권위자가 대표적인 핑계의 리스트를 만들었기에 이를 소개한다. 이 리스트를 보면서 자기 분석을 해보는 것이 어떨까 한다. 당신은 이러한 핑계를 댄 적이 없는지 생각해 보라. 그리고 이 핑계가 아무리 그럴듯하게 보였다 해도 결코 속지 않도록 해야 한다.

- 만일 아내와 가정만 없었다면……
- 만일 좋은 연줄이 있었다면……
- 만일 돈이 좀더 많았다면……
- 만일 좋은 대학을 나왔다면……
- 만일 보다 좋은 회사에 근무하고 있었다면……
- 만일 몸이 건강했다면……
- 만일 시간이 좀더 있었다면……
- 만일 좀더 타이밍이 맞았다면……
- 만일 나의 일을 좀더 알려 준 사람이 있었다면……
- 만일 좀더 사태가 나쁘지만 않았다면……
- 만일 인생을 다시 한번 시작할 수 있었다면……
- 만일 그들이 무섭지 않았다면……

- 만일 운이 따라주었다면……

- 만일 미움을 받고 있지 않았더라면……

- 만일 그가 말리지 않았다면……

- 만일 좀더 젊었다면……

- 만일 하고 싶은 대로 했다면……

- 만일 부잣집에 태어났다면……

- 만일 좀더 훌륭한 사람을 알고 있었다면……

- 만일 좀더 능력이 있었다면……

- 만일 말주변이 있었다면……

- 만일 그때 그것을 하고 있었다면……

- 만일 자식이라도 없었다면……

- 만일 조금이라도 저금해 놓은 돈이 있었다면……

- 만일 상사가 나를 바르게 평가해 주었다면……

- 만일 누군가가 도와 주었다면……

- 만일 가족들의 이해가 있었다면……

- 만일 도시에 살았다면……

- 만일 다시 한번 기회가 주어진다면……

- 만일 자유로운 몸이었다면……

- 만일 나에게 개성이 있었다면……

- 만일 몸이 뚱뚱하지 않았다면……

- 만일 나의 재능을 인정받을 수만 있었다면……

- 만일 휴식을 할 수 있었다면……
- 만일 방법만 알고 있었다면……
- 만일 빚만 없었다면……
- 만일 반대하는 사람이 없었다면……
- 만일 좀더 좋은 사람과 결혼을 했더라면……
- 만일 사람들이 그렇게 멍청하지 않았다면……
- 만일 가족들이 좀더 절약을 해주었다면……
- 만일 자신감이 있었다면……
- 만일 나쁜 곳에 태어나지 않았다면……
- 만일 하면 된다는 말이 정말이라면……
- 만일 좀더 즐거워진다면……
- 만일 그때 손해를 보지 않았더라면……
- 만일 참지 않고 말을 했다면……
- 만일 주위에 좋은 사람들이 있었다면……
- 만일 나에게 과거만 없었다면……
- 만일 이것이 나의 회사였다면……
- 만일 좀더 내 말을 들어 주었다면……

'만일……' 중에서도 가장 중요한 것인데, 만일 자기 자신의 참모습과 직면하는 용기만 있으면 자신의 결점을 알고 개선하여 성장할 수 있다. 또 과거의 실패 중에서 이익을 만들어낼 수도 있다. 즉 자기 약점만 알고 있으면 우리들은 어디에서나 배울 수 있다. 그것에 비해 자기를 분석하지 않고 얼렁뚱땅하려고 하거나 핑계거리만을 생각한다면 누구든 자기를 성장시킬 수 없다.

핑계는 습관이다

자기의 실패를 변명하려는 것은 인생을 농락하는 것이다. 핑계는 인류의 탄생과 동시에 생겨난 것이지만, 이 핑계에 의해 얼마나 많은 사람들이 성공을 단념하였는지 모른다. 왜 사람들은 이렇게 핑계를 고집하는 것일까? 사람들은 자신이 만들어낸 핑계에 묶이고 만다. 왜냐하면 핑계를 변호하려고 또 다시 핑계를 만들어야 하기 때문이다.

핑계를 만드는 습성은 여간해서는 극복하기 어렵다. 플라톤도 다음과 같은 말을 하고 있다.

"가장 재빠르고 가장 가치 있는 승리는 자신을 극복하는 일이다. 자기에게 정복당하고 만다는 것은 가장 치욕스러운 일이다."

또 다른 철학자도 이렇게 말한다.

"내가 남에게 발견한 가장 추한 것을 자기 자신에게서 발견했을 때만큼 놀라운 일은 없다."

"이것은 나에게 가장 신비적인 일이었다"라고 말한 앨버트

허버트는 이렇게 덧붙여 말했다.

"인간은 왜 자기의 약점을 감추려고 핑계를 대어 자신을 바보로 만드는가? 그런 일에 소비하는 시간을 자신의 약점을 개선하는 시간으로 사용한다면 좀더 성장할 수가 있을 것이고, 무엇보다도 핑계를 댈 필요가 없을 텐데."

인생이란 체스 게임과 같다. 당신의 상대는 '시간'이다. 만일 당신이 머뭇거리고 있으면 상대는 그 사이에 계속 앞으로 나아가 버린다. 당신이 싸우고 있는 상대는 결코 우유부단한 상대가 아니다.

당신은 예전에 핑계를 댄 일이 있을 지도 모른다. 그러나 이 책의 인생의 성공철학을 마스터한 지금에 와서 핑계는 필요없다. 우리는 무엇을 마스터했는지 눈으로 보지는 못하지만 그것은 우리의 마음속에 단단하게 맺혀 있다. 그리고 그것을 앞으로 얼마든지 사용해도 상관 없다. 그러나 만일, 이 마스터한 것을 사용하지 않는다면 우리는 그만한 대가를 치루어야 할 것이다. 우리는 여기서 마스터한 인생의 성공철학에 의해 자기 자신을 테스트하여 확신이 더해가도록 해야 한다.

에머슨은 이렇게 말했다.

"만일 인연이 있으면 또 만납시다."

그의 말을 빌리며 이 책을 마무리하겠다.

"만일 인연이 있으면 이 책 안에서 다시 만납시다."

마음가짐이 중요하다

공포란, 인류 공통의 고민이며
아무리 애를 써도 그 안에서 벗어나지 못할 것이다.
그러나 대부분의 공포는 우리들의 사고 하나로
극복할 수 있는 것이다.
공포는 우리가 우유부단함을 없애고
의혹을 버림으로써 극복할 수 있다.

우리들은 손으로 만질 수 있는 부를 구축할 수도 있으며
또 눈에 보이지 않는 부도 이룩할 수 있다.
그러나 손에 만져지는 부, 그 중에서도 돈은
결코 가볍게 생각해서는 안 된다.
우리들은 돈으로 인해 행복하게 되고 장수도 할 수 있다.
그리고 마음의 평화도 가질 수 있다.

성공에는 설명이 필요없다.
마찬가지로 실패에 변명은 필요없다.
우리들의 핑계는 결국 우리를 묶어버릴 따름이다.
인생의 성공철학을 마스터한 지금,
우리들에게는 어떠한 핑계도 사라졌다.

놓치고 싶지않은 나의 꿈 나의 인생 ❶

초판 1쇄 발행 · 1990년 7월 20일
개정 8판 1쇄 인쇄 · 2024년 12월 13일
개정 8판 1쇄 발행 · 2025년 1월 2일

지은이 · 나폴레온 힐
옮긴이 · 권혁철
펴낸이 · 이종문(李從聞)
펴낸곳 · 국일미디어

등   록 · 제406-2005-000025호
주   소 · 경기도 파주시 광인사길 121 파주출판문화정보산업단지(문발동)
영업부 · Tel 031)955-6050 | Fax 031)955-6051
편집부 · Tel 031)955-6070 | Fax 031)955-6071

평생전화번호 · 0502-237-9101~3

홈페이지 · www.ekugil.com
블 로 그 · blog.naver.com/kugilmedia
페이스북 · www.facebook.com/kugilmedia
E-mail · kugil@ekugil.com

· 값은 표지 뒷면에 표기되어 있습니다.
· 잘못된 책은 바꾸어 드립니다.

ISBN 978-89-7425-930-3 (14320)
ISBN 978-89-7425-929-7 (세트)